SHEHUI XINLIXUE

社会心理学

第二版

时蓉华 编著

上海人民出版社

第二版序言

1986年笔者所编著的《社会心理学》问世，至今本书已重印13次，总共发行了近26万册。它被许多大学选为非专业类选修课教材，也常常被用作干部学习培训教材，还有不少青年喜欢读它以提高自身素养，我也应邀常去各地讲授此课，深受欢迎。在此感谢广大读者的支持。

十多年来，中国社会发生了天翻地覆的变化，中国的社会心理学也从劫难后的恢复阶段一步步走向成熟，为了适应学科的发展和教学的需要，对本书重新修订，出版第二版显得尤为必要。

新版本仍然保持了原版本简明、通俗、系统、基础理论和社会实践相结合的特点，主要是对文字进行了校订；对案例作了些调整；对部分观点作了修正；并且在体系结构的安排方面作了些改动："自我意识"一章原排在本书第九章，现在把它提前，紧接"社会化"一章之后，这样做，从内容结构上看更符合逻辑；在内容方面也加以充实：把"个人行为"一章扩充为三章，即"相符行为"、"利他行为"、"侵犯行为"，另外增加"男女性别角色的心理差异"一章，作为社会化的深入与具体化。目的是为了使社会心理学更加贴近生活实际，帮助读者运用社会心理学理论分析社会现实,指导自己的行动。全书从十一章增至十四章。

虽然作者为第二版的修订作了些努力,但可能还有不足与缺点,恳请读者指正。

时蓉华

2001.12.

目　　录

序

社会心理学在近代中国心理学的发展历史中是薄弱的环节。解放前在一些设有心理学系的大学中,社会心理学并不是必修的课程,社会心理学只在社会学系中讲授一些课时,但也是居于社会学的附庸的地位。解放后,社会心理学和社会学处于同样的命运,同被认为属资产阶级的反动货色而被抛弃掉。极左思想在学术界中的影响,表现之一就是简单地随心所欲地宣称某种学科是资产阶级的,因此人们就不敢去问津了。如果有人敢涉足禁区,就成为十目所视和十手所指的人物了。我们应正确对待资产阶级所遗留下的文化,去粗取精,去伪存真,百花齐放,百家争鸣。党的十一届三中全会以后,恢复了正确的文化政策,社会学的研究得到了支持,社会心理学也得到了新生。现在在设有心理学系和社会学系的大学里,开始开设了社会心理学课程。由于教学上的需要,社会心理学讲义陆续编写出来。又由于这一门学科恢复的时间还不长,所以由国家出版社正式出版公开发行这一类的书籍,还不很多,时蓉华同志这一本《社会心理学》,算是出版较早的一本吧!有句成语叫做“抛砖引玉”,这一本著作是“砖”还是“玉”,还要由读者去评定,即使是“砖”,能够从它引出“玉”来,这块“砖”也是值得重视的。为“玉”作序固然光荣，但为“砖”作序也一样光荣。我不曾为同行们写过序，但这一次却破例为这一本书写序，因为无论是“玉”还是“砖”，都必须向大家推荐，提倡研究社会心理学，发展社会心理学，使社会心理学为现代化建设作出有益的贡献，这是社会心理学会的会员应尽的责任，也是我为时蓉华同志这本《社会心理学》写序言的目的。

一本书的序言，一般是由作者自己写的，内容应该包括本书的概要介绍，主要的思想线索，写作的过程和经验，研究的方法和心得等等。如果由别人来写，不外起两方面的作用，第一，向读者推荐和介绍；第二，对本书进行评价。如果要达到这两个目的，我想不应该由写序言的人来做，应该由读者自己解决。既然书到手了，在进行阅读了，何必再由他人置喙。评价也应该由读者自己来做，读者自己会有判别力的。所以，我主张由书的作者写序言，而现在我又为什么不揣谫陋写起序来了？我的目的不是评价本书，而是想借序言的简短篇幅，向读者宣传社会心理学的作用，并向社会心理学家提出一个建议。

社会心理学对心理学的基本理论的建设和发展，具有重要的作用。人的心理是客观现实在人脑这块特殊物质中的反映。心理是自然的产物，同时也是社会的产物。生理心理学或大脑两半球机能的研究是心理学的基础，但人的社会关系、社会生活、社会诸现实，都对人发生影响，反映在人脑中，成为人的心理产生的客观条件。本书在总论之后，即谈到社会化问题，人的行为是社会化了的行为，行为是在社会环境中产生的。行为的取舍和发生、发展、变化的过程，都是社会化的过程。社会化和个性化是相辅相成的，没有不经过社会化的个性，也没有不具个性的社会化，正如本书著者所说的：任何时代的社会都会使用种种方法对人们施加影响，而个人也随时随地以其自身独特的方式对社会环境作出种种反应，反作用于社会环境。对社会化问题的研究，将会有助于社会主义精神文明的建设。社会化是社会心理学研究中的重要课题，对这方面问题的研究要加强。同时，在社会主义物质文明的建设中，社会心理学也会发挥它的一定的作用，如在工厂管理中，如果管理部门懂得人际关系的道理，懂得人和机器的关系的心理因素，懂得集体心理学的知识，对于团结集体，和衷共济，将起一定的作用。又如，在学校教育中，如果形成班集体，树立集体观念，这对在集体中锻炼人的意志和培养人的情感，将起一定的作用。所以社会心理学无论在理论上和实践上，都是一门急需大力发展的学科，时蓉华同志的著作，为社会心理学的发展起了促进作用。希望在不久的将来，会有更多的社会心理学著作涌现，为建设社会主义的物质文明和精神文明作出贡献。

由于多年间断对社会心理学的研究，在这恢复研究的开始时期，自然不免对外国心理学有所借鉴，但社会心理学的发展前途必须走中国化的道路。社会主义社会的结构，人与人之间关系的原则，集体的精神支柱，政治和经济生活中的准则，政治信仰在群众生活中的作用，人的社会心理的民族因素，社会化的道路，如此种种都与西方国家不同，如果只求其同，将会脱离实际，把理论变成教条。如果强调中国化但求其异，也将失去借鉴的机会。但中国化是方向，而借鉴只是手段，是为达到目的服务的。我相信：社会心理学一定能为社会主义现代化事业作出有益的贡献。

中国社会心理学会会长　　陈元晖

甲子年冬至于北京

第一章　总　　论

什么是社会心理学？它的研究对象是什么？它的学科性质怎样？它与其他邻近学科有什么关系等等，这些问题是学习社会心理学时首先会遇到的，也是首先必须予以明确的。

第一节　社会心理学的研究对象

一、社会心理学的研究对象

（一）社会心理学的定义

社会心理学，是从社会与个体相互作用的观点出发，研究特定社会生活条件下个体心理活动发生发展及其变化的规律的学科。

我们的社会是由单个的个体所组成的，社会中的每个个体一方面受该社会的影响，另一方面，个体又对这个社会发生着作用。社会心理学既研究个体心理活动如何在特定的社会生活条件下受其他人或团体的影响，同时也研究个体心理活动如何影响社会中的其他人或团体。

人类的社会是一种有组织的社会，这种有组织的社会从结构上看，可以分为宏观结构与微观结构。宏观结构的社会，是指国家、民族等；微观结构的社会，是指家庭、学校、里弄、工厂等单位。宏观结构的社会与个体的相互作用是间接的，微观结构的社会与个体的相互作用则是直接的。一般认为，宏观结构的社会通过微观结构的社会对个体发生作用，个体也通过微观结构的社会对宏观结构的社会发生作用。作为个体的人一旦降临于人世间，必然落到一个具体的家庭内，随后进入某一个学校、工作单位；而任何一个家庭、学校、工作单位总是处于由特定的政治、经济、文化等许多因素交织起来的社会关系的网络之中。于是，社会的宏观世界就透过微观世界对个体施予一定的影响。

一个人从婴儿、幼儿，一直到青少年，被其家庭与学校施以一定的道德规范的影响，从而变成一个社会人。家庭中的父母与学校中的教师对孩子所提出的行为规范与要求，反映了它所处的国家、民族的要求与标准。例如，要求孩子爱劳动、守纪律、诚实、公正等，正是我们社会主义国家所一贯提倡的。同样，个体也是通过本人所在单位的具体社会实践与变革对宏观结构的社会产生反作用，从而使自己的心理面貌也随之发生巨大变化。例如，在社会经济体制改革的热潮中，某个工厂厂长提出了一项先进的改革方案，带动了其他工矿企业的革新，从而对我国四化建设作出了贡献。而这个厂长在推广和普及其改革经验的过程中，自身的心理面貌也发生了新的变化。

（二）社会心理学着重探讨社会与个体的相互作用

社会心理学十分重视研究社会与个体的相互作用，也就是研究社会生活中人与人之间的相互作用,其媒介物是具有社会意义的社会刺激物——语言。人们生活的大部分时间是处于相互交往之中,人都有合群的需要,喜欢与周围的人一起生活,从而发生作用。在人们相互作用过程中所产生的社会心理现象,就是社会心理学研究的对象。

(三)社会心理学强调要探讨情境

社会心理学最关心的乃是个体所处的社会环境,特别重视个体与社会环境之间的关系。以小孩不慎摔跤为例,同样是摔跤,同样是感到疼痛,但在不同的场合,不同的社会背景下,孩子会发生不同反应。孩子如在家里摔跤了,看到、听到或想象到妈妈来安慰自己,多半会哭叫起来;孩子如在学校里摔倒了,他看到、听到或想象到老师或同伴来鼓励自己,多半会坚强地爬起来而不哭,以显示自己的勇敢。另外,同样是摔跤,在不同的社会情境下其疼痛感觉的程度也是不同的,因为他所受到的暗示方向不同,疼痛反应也不同,前者被暗示为痛得厉害,后者被暗示为不怕痛。这不同的社会心理反应,是受当时的社会情境所制约的。所以说,人们的思想感情以及行动,往往受社会上他人的思想、感情与行动的影响;同时,人们也对社会上的其他人发生影响。社会心理学,就是研究社会生活中人与人之间的相互关系及其相互影响的。

对于"相互影响"这个词汇,可以理解为个人对其他人和团体、其他人和团体对个人之间的相互影响(即相互作用),双方既是影响者,又是被影响者。这种相互作用,有时是有目的有意识地进行着的;有时是无意识地、潜移默化地进行着的。

（四）社会心理学注重个体内在的心理因素

社会心理学虽然强调情境的影响，但在相同的情境下，由于人们的内在心理因素不同，必然会发生不同的反应。个人内在的心理因素，主要是指个性的各种心理特征，如性格、气质、能力、兴趣、需要等，这些心理特征都能对其心理活动发生一定的影响，而个性的倾向性——信念、理想、世界观对一个人的社会心理活动发生着最深刻的影响。

二、社会心理学家关于社会心理学研究对象的论述

由于社会心理现象的复杂性，许多社会心理学家都根据自己的见解，对社会心理学的研究对象下了各自的定义。为了加深对于社会心理学研究对象的理解，兹介绍几个有代表性的定义。

（一）国外社会心理学家关于社会心理学的定义

美国社会心理学权威奥尔波特认为，“社会心理学是设法了解与解释个人的思想、情感和行为怎样受到他人存在的影响。这个‘他人存在’包括实际存在、想象中的存在或暗指的存在。所谓‘暗指的存在’，是指个人由于其在社会组织中的地位和文化团体中的会员身份而进行的许多活动。”

奥尔波特所提出的定义在美国比较流行，曾被社会心理学家们广泛地引用。

苏联社会心理学家库兹明等人在其主编的《社会心理学》一书中提出：“社会心理学是研究不同水平上的交往：个人之间，组织机构与个人之间，正式组织与非正式组织之间的交往。”他们强调：“交往是社会心理学的中心现象，通过交往，产

生人们相互的感知、理解、模仿、暗示、信任、团结与冲突、态度与目标。”

日本的社会心理学家中村阳吉在其所著的《心理学的社会心理学》一书中指出:“社会心理学是从社会和个体相互作用的观点出发,研究社会中个体的行为。”

(二)我国社会心理学家关于社会心理学的定义

我国已故社会学家孙本文指出:“社会心理学是研究社会行为的,一方面研究社会对个人行为的影响,另方面研究社会所受个人的影响。”我国台湾省的一些社会心理学研究者都认为,社会心理学是研究个人与社会的相互作用。如李长贵(1979)指出:“社会心理学研究人与人之间的相互潜移默化。”

我国著名的社会心理学家吴江霖教授认为:“社会心理学是研究个体或若干个体在特定社会生活条件下心理活动的发展和变化的规律的科学。”

吴江霖教授对上述定义作了具体解释。为什么要提研究个体或若干个体在特定社会生活条件下的心理活动?这是因为社会心理学固然要研究个体在特定生活条件下的心理活动,但人生活在社会中,并不是孤立的个人,个人的社会行为总是与其他若干个体相联系的,这“若干个体”,既包括比较松散的、不是很有组织的若干个体,也包括严密的组织的若干个体。所谓“特定社会生活条件”,包括物质资料生产方式、在一定的物质资料生产方式中所处的经济地位和经济状况、政治法律制度、社会规范、社会价值体系(对事物或现象的社会意义的评价、判断、观点的体系)、信仰体系、风俗和民俗、种族和民族、职业、宗教、农村或城市、家庭和学校、友伴、社会团体等。以上列举的这些社会生活条件,都可以调节并影响人的心理活动,使人的心理活动朝着一定的方向发展。由于社会生活条件是不断发展与变化的,因此人的心理活动也不是凝固不变的。人的心理活动并不是社会生活条件消极的产物,不是无能为力的,而是通过社会实践活动对社会生活条件发生主观的能动作用。

(三)对于各社会心理学家诸定义的分析

以上这些关于社会心理学的定义的共同点是:比较着重研究社会对个人行为的影响。此处所讲的行为,都泛指人的心理活动。人的行为有内隐与外显两类行为,内隐行为指思维、想象、记忆等;外显行为指活动、动作,如写字、说话、实际操作等。另外,这些定义中的某些词汇的意义比较相近,如"影响"、"作用"、"交往"、"潜移默化"等都是指的类似现象。

上述这些定义也有些差别:

"影响"是指单方面的影响,还是指双方的相互影响,社会心理学家们有不同的理解。有的定义强调社会对个人的影响,有的定义则认为是彼此作可逆性的相互影响。

研究社会对人的行为或心理活动的影响中,"人的行为或心理活动"仅指个体的行为抑或兼指个体与团体的行为,人们对此也有不同的理解。有的定义指的是研究个体行为,有的定义则兼指个体与团体的行为。

"社会影响"的内涵是指什么,诸家对这个问题也有不同的着重点。有的定义认为是"其他人存在的影响";有的定义认为是"彼此思想、情感和行为的相互影响";有的定义则指出是"人与人之间的相互潜移默化";有的定义则强调"个人之间,组织机构与个人之间，正式组织与非正式组织之间的交往”。

第二节　社会心理学的特点

关于社会心理学的特点，可以从不同的角度来加以理解。

一、社会心理学是心理学的一个分支

关于社会心理学和心理学的关系，G·奥尔波特曾指出：“心理学的所有分支都是研究个体的科学，作为社会心理学当然是心理学的一个部分”。照这样来看，社会心理学与普通心理学的关系是局部与整体的关系。因为从传统观点看，心理学是包罗万象的，由它生发出各个分支，如教育心理学、管理心理学、医学心理学等，社会心理学亦是其中的一个分支。可以认为，这一观点为广大社会心理学家所赞同。

苏联心理学界多数人亦持上述观点。70 年代中期以后，社会心理学家洛莫夫将系统论思想引进了心理学，他用系统论的观点来分析心理学。

系统论把人的心理看成是一个由各种不同成分所构成的多水平、多层次的系统，从这一观点出发，可以把心理学比作科学之林中的一棵大树，这棵大树的树身最下面的一段是心理学史，上面是普通心理学，然后分成两条主干，一条是社会心理学，一条是个体心理学。在社会心理学的主干上又有许多分支，如民族心理学、阶级心理学、犯罪心理学、宣传心理学、管理心理学、教育心理学等；在个体心理学的主干上，分出了诸如神经心理学、动物心理学、缺陷心理学、生理心理学等。

分支与分支之间还有许多交叉,彼此相互联系、相互渗透。这棵大树的树根分成两条,一条主根是哲学(反映论),一条主根是生理学(反射论)。心理学这棵大树与其他学科的树又有联系,例如与生理学、社会学、教育学、医学等学科都有密切联系,由此构成科学之林。

二、社会心理学和生理心理学是心理学的两大支柱

吴江霖教授认为,生理心理学与社会心理学是心理学的两大支柱。他指出,心理的实质乃是人脑对外界事物的反映,因此心理学必须研究人的心理活动的神经生理基础,研究大脑活动的生理机制,这是生理心理学的任务。生理心理学就是研究个体心理活动的发生、发展及其变化的规律,研究个体与客体的关系,揭示外部刺激作用于主体后是怎样转化为人的主观映象的。社会心理学也研究个体的心理活动,其特点在于它所研究的个体是在社会中的个体,既研究个体的心理如何在社会影响下发生、发展与变化,也研究个体的心理活动又如何对社会团体及其他人发生影响。

人的心理活动决不是单纯的神经生理活动。根据马克思主义观点看,人的本质乃是社会关系的总和。人不是在真空里成长起来的,一个人从母胎里分娩出来之后就处在一个特定的社会环境之中,接受各种社会因素的影响,可以说,人的生理运动也在特定的社会生活条件下接触各种社会因素,转化为复杂的心理活动,所以人的心理活动在某种意义上也是社会化了的生理运动。

生理心理学与社会心理学两者研究的具体对象是不同

的。生理心理学重视个体心理活动的生理结构方面的研究，而社会心理学不必对人体的生理结构、生理变化以及生理结构、生理变化对其心理活动的影响发生特殊浓厚的兴趣。社会心理学最关心的乃是个体所处的社会环境，特别是重视个体与社会文化环境之间的关系。

吴江霖认为，把心理学中研究人的心理活动的社会基础这一侧面独立出来，加以更加详细、深入的研究是十分必要的，把社会心理学作为心理学的一大“支柱”是十分合理的。

实质上，吴江霖的这一观点也是在承认社会心理学是心理学的一个分支的前提下提出的，只不过论述的范围限于社会心理学与生理心理学两者的关系方面，这对于理解社会心理学的性质和特点是有启发的。

三、两种倾向的社会心理学

社会心理学有向两个方向发展的趋势。国外有一些社会心理学家，把社会心理学分为——心理学的社会心理学与社会学的社会心理学两类，两者的区别当然是相对的而不是绝对的。一般认为：用心理学方法研究而建立起来的社会心理学，属于心理学的社会心理学；用社会学方法研究而建立起来的社会心理学，属于社会学的社会心理学。或者说，心理学家研究的社会心理学，是心理学的社会心理学；社会学家研究的社会心理学，是社会学的社会心理学。这两者的区别主要是着重点的不同，同样都是为了研究人们的行为，社会学的社会心理学偏重于阐明政治、经济、社会条件等如何影响人的行为，而心理学的社会心理学则首先要分析心理变化与过程，找出影响个人行为的社会条件，还要揭示制约个人行为的动机与自我概念等是如何发生作用的。

四、社会心理学与社会学的关系十分密切

在社会心理学形成与早期发展的过程中，许多社会学家起了重要作用，他们对社会心理学的理论与实验的发展作出了很大贡献。1908 年第一次出版了两本社会心理学的著作，一本是英国心理学家麦独孤写的，另一本是美国的社会学家罗斯写的。正如社会心理学家库兹明等所指出：许多著名的社会学家如英国的斯宾塞、法国的黎朋和美国的罗斯等，都对社会心理学的形成与发展起过重要作用。他们的理论观点还形成了社会学发展中的心理学派。由此可见，社会心理学的形成与发展和社会学有着十分密切的关系。

社会心理学与社会学在理论与方法论方面，有许多内在的相通之处：它们都非常重视从社会环境与个人相互作用的关系上来分析其研究对象，都非常注重对人的社会关系和社会行为的研究；它们都互相倚重对方的研究成果，社会学借助社会心理学的研究成果，完成了人—社会系统中的心理分析，而社会心理学则借助于社会学的研究成果，成功地把人的心理活动置于社会分析的基础之上。

在研究对象方面，社会心理学与社会学也有相同之处，只是双方的侧重点不同，在分析某些社会事件的原因和情况方面，有不同的角度与出发点。社会心理学与社会学对于个人的价值、动机、需要等都很感兴趣，研究方法也十分接近，但也有一定的区别，社会学比社会心理学研究得更加概括。例如，

对于资本主义社会条件下的犯罪现象，社会学家需要研究的是种族的差别、教育程度、社会经济地位、居住地区等社会因素与犯罪率高低的关系，他们要研究的问题并不是一个人为什么会犯罪，而是要研究具有什么特别的社会属性的人，有更多犯罪的可能性。社会心理学则主要研究犯罪的动机，为什么要犯罪，这种犯罪动机是如何形成的，它是怎样通过直接的社会交往以及其他因素的影响而形成的等等。

在研究方法方面，社会心理学与社会学也有相同之处，即都采用了问卷法、谈话法等方法。

近二三十年以来，社会心理学的发展十分迅速，它已经广泛地渗透并扩展到社会学与心理学的各个领域中，国外的社会心理学与普通心理学、社会学的界限实际上已经不存在了。许多普通心理学教科书中，都有专章介绍社会心理学。如美国希尔加特等三人合著的《心理学导论》一书，其中就有一章“社会心理学”；苏联彼得罗夫斯基著的《普通心理学》一书，也有专章阐述“人与人之间关系的心理学”。即使是一些教育心理学教科书也不例外。这种现象在50年代与60年代是很少见的。可以认为，这种情况的产生是社会心理学兴旺发达的象征，也表明了社会学、心理学从各自的角度加强了社会心理学方面的研究，这将有利于社会心理学的进一步发展。

整个社会制度对人们的心理活动发生作用，乃是通过直接交往的棱镜而折射出来的。如果我们在各种社会心理现象中，只看到社会制度及其各个方面的反映，这是站在社会学的立场上；如果把它们看作是人们直接交往的结果，那就是站在社会心理学的立场上。由此可见，社会学与社会心理学在研究对象上有许多地方是重合的，但又各有所侧重。如果我们看到宏观环境或微观环境和某些社会心理现象(社会行为特征)的关系，那是站在社会学立场上；如果我们在这个基础上，还能进一步了解从宏观环境到微观环境的折射，以及个人经验的折射，最后使宏观环境的影响内化于个人身上，并表现在他的思想、情感和行动中，那就是站在社会心理学的立场上。所以说，社会心理学是社会学的深入与补充，因为透过直接交往的三棱镜，不仅可以反映出社会结构，而且还反映了人们的心理特点、年龄和性别差异。从这个意义上讲，社会心理学是社会学与心理学之间的一座桥梁，社会心理学应当依靠心理学家与社会学家并肩作战，联合起来进行协作，共同作综合研究，这是最有前途的。

社会心理学是建筑在社会学与心理学这两门学科的基础上而产生的，按其起源来说，也是社会学与心理学两门学科相互接近而形成的，尽管社会心理学的发展，今后还要继续从社会学与普通心理学中吸取养料，但现代社会心理学已经从社会学、普通心理学两门学科的孕育中脱胎而出，成为一门具有独特观点及体系的独立学科，而且在社会生活中将发挥出更大的作用，这是无可怀疑的。

关于社会心理学与邻近学科的比较，兹列表于下：

社会心理学和邻近学科的比较

类　别	研究重点	研究立场	研究范围	研究方法
生理心理学	个体心理(生理心理)	个人角度	个人心理的各种过程及其生理机制	实验、观察

（续上表）

类　别	研究重点	研究立场	研究范围	研究方法
社会学	社会生活的本质	整个社会生活的总体	各类社会现象及其相互关系、社会的发展与变化	社会调查、理论分析
社会心理学	个体及群体的社会心理	人与人之间的相互影响（社会相互作用）	和人们相互作用有关的个人、小团体、大型群体（包括各种社会及个人的现象）	实验、调查、观察和理论分析相结合

关于社会心理学学科体系的归属问题，多数社会心理学者认为，社会心理学应作为心理学的一个分支，而不认为它是社会学的一个分支；一些社会学者则持不同观点，认为社会心理学应该是社会学的一个分支。这些看法正反映了社会心理学的边缘学科性质。在心理学分类中，各国都普遍地把社会心理学列作其中之一类，同样，在社会学的分类中，各国也普遍地把社会心理学列为其中之一类。我们认为，只要在马克思主义指引下，社会心理学应该发展成为具有许多不同特色、风格的流派，竞相为祖国现代化建设服务。

第三节　社会心理学的研究方法

社会心理学的研究，必须贯彻辩证唯物主义与历史唯物主义的原则，这是进行社会心理学研究的方法论基础，是不容置疑的。但在辩证唯物主义与历史唯物主义原则指导下，必须采用多种多样的具体的方法进行研究。

社会心理学研究的主要方法有以下几种；

一、实验室实验法

实验室实验法，是社会心理学最早采用的研究方法，是在实验室条件下，控制一切估计会干扰实验结果的其他因素，有目的、有组织地操纵某个因素，查明被实验者心理效果和影响。

在实验操作时，实验者不能主观地任意挑选被实验者，而是应该使某一范围里的每个人都有机会作为被实验者，这称之为实验取样的随机化，以使实验结果减少特殊性与偶然性，加强可靠性。

实验室实验必须设立对照组。实验结果如何，必须将实验组与对照组加以比较，对照组人员的条件应与实验组完全相等或尽量相仿，所不同的只是实验组接受特殊的实验措施，而对照组不接受特殊的实验措施。如果两组之间发生了差别，就可以归结为实验组接受了特殊的实验的影响所致。例如，要查明表扬对人们行为的影响，可以设立一表扬组(实验组)，对被实验者工作加以表扬；再设立一对照组，即不对该组成员的工作加以表扬。一段时间之后，比较两组后继工作的成绩，若表扬组优于对照组，其原因可视为由于表扬所致。

实验室实验方法的优点是控制条件严格，可以避免许多其他因素的干扰，所以实验结果的说服力较强。

但是由于实验室实验是关在实验室内进行的，脱离了活生生的社会生活，增添了人为因素，故其真实性较差。因此，对于实验室实验的结果不能迷信，对其实验结果的推广与应用,必须持慎重态度。

二、现场研究法

现场研究法,是结合社会生活实际情况进行研究的方法。有以下三种形式:

(一) 现场实验

这是利用现存的团体,企图验证某项措施或检验某项改革管理办法所产生的效果而采用的方法。主要是在自然情况下控制条件进行实验,对于由此发生的相应的心理变化进行分析研究,作出结论。例如,工厂比较计时工资与计件工资对工人生产积极性的影响,可以把条件相仿的两组工人施以两种不同的工资制,然后比较双方劳动的热情与生产率,以判断两种工资制孰优孰劣。

这种方法在很大程度上可以推断出因果关系。但运用这种研究方法必须与有关方面建立协作关系。它与实验室实验法比较起来,控制条件与施加实验措施可能不如实验室实验法那样方便,但它更接近于生活的真实情况,故其实验结果较易于推广。

(二) 现场调查

这是结合社会生活中发生的问题而进行的调查研究方法。调查者可以针对人们的情绪、动机、需要等心理状态,运用问卷、谈话等方式,进行广泛的调查,以收集材料并加以分析归纳。如可以通过大量问卷进行民意测验,以测定人们对于物价的看法,对于住房制度的意见等。

这种研究方法比较简便而切实可行,调查所得的情况可提交有关部门参考。调查前必须精心设计调查表,调查问卷可以采用无记名方式。面对面谈话必须在融洽的气氛中,使人们的心理状态能真实地反映出来。

(三)现场观察研究

这是围绕着团体生活的正常活动进行的系统观察,以获得数据作出结论。例如,有位心理学家以大学生价值观的变化为研究课题,对某大学的一个班级学生进行了为期四年的跟踪观察,获得了大量丰富而又真实的材料。

这种研究方法的最大优点在于:对于所研究的团体既没有施以任何外来的影响,又能够掌握研究对象的许多生动活泼的实际材料,所以它有很大的现实意义,资料的可靠性也较强。但这种研究方法也有一定的缺点,研究者对于被研究者的情况即使了解得很清楚,但任何团体都有其特殊性,因此很难把研究成果运用于其他的团体中去;尤其是研究者即使对团体成员心理活动的变化看得很清楚,但要作一般的推论几乎是不可能的。不过,不管怎么说,现场观察研究毕竟不失为一种十分重要的手段。

运用现场观察时,应注意以下几点;

进行连续性观察。即对同一对象的同一问题要作多次观察,如果只作个别一两次的观察,则观察所得免不了有很大的偶然性。多次观察可以发现研究对象的心理活动的稳定性,只有观察到稳定的心理活动,才能获得具有重要价值的材料。

进行轮换性观察。即对同一课题变换几次对象进行重复观察,以验证同一类研究对象的心理活动是否有同样的变化,如果变换了的研究对象对同一课题有基本相同的心理变化,这样获得的资料也是很有价值的。

进行隐蔽性观察。即研究者的观察活动力求不使被研究者觉察到，这样才能使被研究者的心理活动自然流露出真实的变化。否则，容易出现种种假象——迎合心理或逆反心理。所谓“迎合”心理，就是被研究者出于“好心”而主动配合研究者的意图，故意表现出符合研究者主观愿望的心理变化；所谓“逆反”心理，就是被研究者出于“好奇”或反暗示，而故意反常地表现出自己的心理活动。不管是迎合心理或逆反心理，它们都是假象，都不能反映其真实的心理状态，从而使研究资料失去意义。

隐蔽性观察如果在室内进行，可装置里明外暗的观察室，研究者通过“观察窗”可以任意地对研究对象的一言一行作详细观察而不被本人觉察。如果研究对象在室外活动，研究者可扮演该团体中的一个普通成员，以掩盖其真实身份，从而获得可靠资料。

（四）模拟研究

模拟研究，是研究者设计的一种人为情境，是对真实社会情境的模拟，以期探求人们在特定的社会情境下的心理活动的发生与变化。例如，研究人们在什么样的社会情境下容易发生助人行为，研究者可设计不同情境，请工作人员扮演醉汉、病人或残废者，在公共场合下故意摔倒，观察周围的过路人是否进行帮助，对哪些困难者帮助得最多。许多社会心理学的研究课题都能采用模拟研究。

这种方法虽然是人为地创造情境以模拟社会，但对被研究者来说，如果未被觉察人为因素，则其反应是真实的，也是可信的。所以模拟生活情境必须逼真，不被人识破。

此外，还有历史档案分析法。历史档案分析法，是收集历史上所记载的某个团体或个人的心理活动的资料，加以分析，从中寻找社会心理活动的规律。例如，对历史上的杰出人物的研究应采用此分析法，收集该人的传记、自传、日记、信件、讲演等材料，以总结他的心理活动发生、发展及其变化的规律。又如，有人收集了各国学龄前儿童读物中的男女主人公故事以及插图进行分析，以研究男女性别角色的社会化问题。

以上介绍的几种研究方法都各有利弊，很难说哪一种方法最好。研究者应该根据研究课题的性质，拥有的人力、物力与条件，有选择地采用某种方法。如果有可能，最好把上述几种方法结合起来，以便相互印证，这样的综合研究方法最有说服力。

三、社会心理学研究的伦理问题

进行社会心理学研究时所遇到的伦理问题，主要有以下几个：

(一) 研究必须无损于被研究者的身心健康

社会心理学的研究不管采用任何一种方法，最重要的一条原则，就是不能影响被研究者的生理与心理的健康。在研究过程中，不应该给以任何恐怖、担心以及情绪冲击等不良刺激，并且应该避免产生不愉快、疲劳感等研究程序。

被研究者参加实验或接受调查时，应该根据自愿原则，而不能采取强迫命令的手段。在研究过程中，被研究者具有中途提出中止活动的权利。那么，为了尊重被研究者的意志，研究者能否采取公开征求志愿者的形式呢？这种办法固然不违反伦理原则，能出自被研究者的志愿，并能很好地配合研究工作的顺利进行。但亦有不妥之处，一则志愿者可能产生迎合心理，二则志愿者充当研究对象，缺乏代表性，不符合研究取样随机化的要求，故其研究结果的普遍意义不大。

（二）社会心理学研究中的某些技术问题不能视为欺骗行为

社会心理学研究通常对被研究者出示假目的，这不能看作为不尊重被研究者的人格，更不是欺骗行为。研究时，为了排除被研究者隐蔽其真实行为的可能性，不论是实验室实验还是现场研究，都往往要隐瞒研究的真实目的与意图，这是一种研究策略，是正当行为。可以认为，研究者出示假目的的动机纯粹是为了获得可靠的结果，并无他意，也不会危害被研究者的身心健康。例如，研究暗示对人们疼痛的影响时，就不能向被研究者讲清目的，否则就无法顺利地进行暗示。当然，待研究结束以后，研究者有责任把研究的真实目的原原本本向被研究者讲清楚。

社会心理学研究常常要请工作人员充当被研究者或扮演其他角色，这也是出自研究工作的需要，而不是欺骗行为。研究者为了获得可靠的数据，不得不请其“同伙”参与研究情境之中，这一般也是允许的。例如，研究助人行为时，研究者“同伙”扮演了不同的求助者角色，就是为了能更好地控制条件，避免其他偶然因素的干扰。

社会心理学是一门介于心理学和社会学之间的边缘学科，它的发展还有待于心理学与社会学合作的加强。社会心理学工作者可以利用自己的研究方法与其他领域的专家的合作，把社会心理学的观点引入这些领域。社会心理学还应当运用社会学、历史学、人类学、经济学以及政治学的研究成果，综合分析它与这些学科之间的相互作用，共同探讨与解释种种社会生活现象，并共同努力解决重大的社会问题。

第二章　社会心理学的历史与动向

自从有了人类，有了人类社会，人与人之间，人与团体之间，团体与团体之间发生了各种各样的相互作用，产生了许多社会心理现象，表现出了人们的喜怒哀乐，引起了人们之间的团结与协作，反抗与斗争。这些社会心理现象是由什么原因所引起，引起之后又会发生哪些连锁性的反应，……这些问题，自古以来一直受到许多哲学家的重视，他们总是千方百计地予以种种解释。

第一节　社会心理学的发展简史

当心理学尚未从哲学中分化出来时，社会心理学根本谈不上有自己独立的体系，但是作为社会心理现象则是早已存在着的。心理学真正成为一门独立的学科只有一百多年的历史。冯特于 1879 年建立了世界上第一个心理实验室，心理学才成为一门独立的学科。社会心理学作为心理学的一个分支，只有七八十年的历史。

社会心理学家对于社会心理现象的解释与探讨经历了两个阶段：在早期阶段，企图把人的一切社会行为都用一个简单的基本原则加以解释，称为单一支配理论；到了后期，随着实验社会心理学的兴起，社会心理学逐渐发展成为一门具有应用价值的新兴学科。

一、单一支配理论

单一支配理论如快乐说、权力说、同情说等都是哲学家们的主观思辨，虽然缺乏客观事实的根据，但是直至 20 世纪 20 年代，单一支配理论仍有一定的影响。

一些早期的社会学家与社会心理学家，也曾接受过单一支配理论。美国社会学家罗斯的《社会心理学》和英国心理学家麦独孤的《社会心理学导论》，都企图用单一原则来解释人们的社会心理现象。单一支配理论虽然缺乏科学的根据，但这些论述可以启发我们的思考。

（一）快乐说

古代希腊的哲学家们认为人的本性是追求快乐。著名的哲学家本瑟姆提出，快乐是支配人类行为的原则，认为人们的行为总是趋利避害，追求快乐与幸福，逃避痛苦与不幸，因此苦乐的感受就成为人们行为的主要原因。本瑟姆还认为，感受到的苦乐程度可加以数量化，可以从快乐与痛苦的持久性方面加以测定。当时他虽然提不出衡量苦乐程度的客观指标，但他认为苦乐的感受可以从动机力量和活动方向方面加以衡量，这些见解在当时来说已经相当新鲜。

这一学说后来影响到弗洛伊德的精神分析学，弗洛伊德的人格结构包括三个部分——本我、自我、超我。本我是天生的，是所有生物性本能欲望的总组合，它专门追求快乐以满足欲望。精神分析学以快乐原则来解释人们行为的动力，当痛苦的经验遭到压抑之后就成为下意识而存在于个人的心理体系之中。

以后的一些社会心理学家都同意上述观点，认为趋利避害是人们行为的动机，也是一种解除生理心理紧张的方法。也就是说，快乐和痛苦的感受能推动个人的行为，从而能缓和痛苦，增加快乐。

可以认为，追求快乐确实可以支配和影响人们的一些行为，但并不能解释人们的全部行为。所以，快乐原则决不是人们行为的唯一原因。快乐说只是生理性的苦乐标准，是以机体的生理需要是否满足为其前提的。

麦独孤指出，快乐原则不能成为人们行为的动机，它只能是人的本能的指标，趋利避害是人类本能的表现。

（二）自我说

自我说也称权力说，最早由 17 世纪英国哲学家霍布斯提出。他认为人的基本行为是权力的追求，因此人类的行为表现为自我的热情与自我的力量。因为人们要获得快乐，其前提是必须自已有力量，有权力，于是人们就不断地争取权力、追求权力，有了权力才能建立自我。

霍布斯这一思想为后人所发展与继承，认为人的行为是受权力的欲望所驱使，称为自我原则，也称为权力说。

自我原则影响到社会心理学中的自尊、自我意识、角色与地位以及自我调节机能等概念。直到今天，在社会心理学领域中自我原则仍然占有相当重要的地位。但是，自我说与快乐说一样，它虽然可以支配人们的一些行为，然而却不是制约人们行为的唯一因素。

（三）同情说

同情说是快乐说的发展与补充，认为人们不仅关心自己的快乐与痛苦，还会关心他人的快乐与痛苦。我国古代的思想家孟子说：恻隐之心人皆有之。人都有同情心，同情他人是实行社会合作的必要前提，有了同情心就会产生利他行为、利社会行为，有时为了帮助他人而作自我牺牲。

同情说由18世纪英国经济学家亚当·斯密所提出，他认为同情是人类的本性，是人类社会行为的心理基础。后来，俄国的克鲁泡特金根据同情原则指出，博爱、人与人之间的相互帮助是人们行为的基础，是人类团结的本性。

同情说也为后来许多心理学家所支持。例如，麦独孤认为同情是人类的本能；法国心理学奠基人赖波特也强调了人们同情的重要性，认为只有同情才是一切社会存在的基础，指出同情有三方面的意义：约束自己；把他人的痛苦视为自己的痛苦；对他人忠诚、宽容、博爱。

（四）模仿说

从19世纪末期到20世纪初，模仿说是当时社会上很流行的一种理论，即用模仿来说明人类的行为和社会心理现象。模仿说的代表人物是法国社会学家塔尔特，他认为“社会就是模仿”，因为他看见一切自然现象都有反复性，所以他在观察社会现象时认为，人们行为的一致是最基本的，而要行为一致，必须通过模仿，故模仿传播于整个社会之中。他还认为，所谓人们内部的意识或精神，都是先于文化的外形，人们智慧的元素都是先于物质的元素。他说，下级对于上级，也有一种模仿的行为，但是塔尔特没有说明人们为什么能模仿，怎样产生模仿，他只是充分强调了模仿的作用。

与塔尔特同时期的美国心理学家巴尔温也曾强调模仿，他把模仿作为儿童心理发展的中心概念，认为模仿既可以是有意识地进行，也可以是无意识地不知不觉完成，人们经常对他人以及文化中所反映出来的行为方式加以模仿，作为自己的心理内容。

角色理论的创始人米德认为，社会角色和行为的学习，是由模仿他人角色和行为而获得的，在模仿过程中言语占有重要地位，而且模仿活动必须有动机力量来支持。

塔尔特的主张曾影响了一些后来的心理学家，但把模仿作为人们行为的唯一原因，已经不被人们接受了。因为人们的行为以及心理活动只有其中一部分是由模仿所产生，尤其是儿童，模仿行为确实占有很大比重。但人类是具有思维活动能力，能够进行创造性活动的，如果人们的行为仅仅停留在模仿阶段，那么社会就永远无法前进。

（五）暗示说

1890 年以后，许多学者都研究群体行为。法国社会学家黎朋认为，集体行为总是带有集体神经质的感染因素，即群众活动受集体气氛所感染，从而构成群众的共同意志与精神，个人在群众活动中会失去理智，以致使群众行为带有冲动性与盲目性，缺乏思考。他认为由于人们的情感、情绪容易受到一种暗示而被激发出来，当群众中一个人接受了暗示者的主张和口号之后，就会对被暗示的人物与事件深信不疑，从而构成集体行为。

美国社会学家罗斯进一步发展了黎朋的观点，认为群众经过受暗示之后，会发生相互影响，这种相互影响就是群众的力量，因此群众经过相互影响之后，一些荒唐的暗示就更加能吸引群众，遂引起骚动，经过骚动之后，群众也就更加相信他们所受到的暗示，因此越来越狂热。这一观点导致群众行为研究的深入，并向两个方向发展，一是开辟了群体动力的研究，另一是将群众行为的研究转入了对社会帮派和不良集团的研究。

可以认为，受暗示或受感染这一社会心理现象是存在的，但并不是普遍的，它是在特定的社会情况下发生的。

（六）本能说

麦独孤把他的社会心理学体系完全建立在本能概念的假设上，他认为人的本能会影响个人对社会的认识、兴趣、情操、行为等，本能可以组成一连串的社会心理特征，例如，个人宗教信仰是混合了好奇的本能、恐怖的本能等。他还认为人的本能是其行为和思想的动力。麦独孤在他所著的《社会心理学导论》一书中，从头至尾都以本能为原理而加以发挥，一共列出了 12 种本能：求食、拒绝（排斥）、求新、逃避、斗争、性、母爱、群居、支配（统治）、服从、创造、收集等，每一种本能都包含着三个先天因素，即认知、情感、意志。总之，他认为一切行为都以本能为基础。

后来的心理学家如桑代克、杜威等都曾经支持过麦独孤的本能论，都认为社会心理与本能有密切关系。麦独孤的本能论在 20 世纪 20 年代对社会心理学的影响很大，但也遭到了另一些心理学家的反对。他们认为本能在社会生活中并不占重要地位。他们指出，决定行为目的并为行为提供动力的乃是社会环境；他们还认为麦独孤的本能论不全面，不完整，甚至含糊不清。后来麦独孤放弃了“本能”这一词汇，采用“行为倾向”这一新的词汇来代替“本能”一词，进一步提出了人有18种行为倾向，其内容与他提出的12种本能雷同。

麦独孤的本能理论对现代社会心理学也还有影响。现在虽然不用“本能”一词，也不用“行为倾向”一词，但社会心理学领域中如愿望、需要、动机等概念，仍然是十分重要的概念，这些概念与本能概念的关系非常密切，从麦独孤的观点看，也可以说它们都是由本能所引起的。

众所周知，人的本能是与生俱来不学而能的先天功能，本能对人们的行为并不起重要作用。麦独孤把它用来解释人们的全部行为，显然是站不住脚的。

（七）习惯说

这是美国哲学家、心理学家詹姆士提出来的，他在肯定本能的存在及其重要性的同时，也强调了习惯这一社会心理现象在社会心理学体系中的地位。詹姆士认为，习惯是本能的转移，本能活动若经过多次重复就会变成习惯。

詹姆士的这一主张，影响了后来一些心理学家的思想。杜威一度也认为习惯是社会心理学的主题，杜威还发挥了詹姆士的思想，认为环境的变化会改变旧的习惯，形成新的习惯。后来，习惯这一概念已并入态度概念的范畴之内。

用习惯来解释人们的社会行为是不妥的，尤其是詹姆士把习惯完全建筑在本能的基础上。习惯只能解释人们一些简单的社会行为，而不能解释复杂的社会心理现象。

（八）态度说

自从心理学家研究社会心理学以来，态度这一课题始终保留在社会心理学体系之中，而且占有相当重要的地位，社会学家杜马斯把社会心理学定义为“研究态度的科学”，也就是说，态度是社会心理学研究的主要课题。

早期的社会心理学家认为，态度是一种神经心理状态，随时都能带动心理与生理活动，即态度会对心理与生理活动发生影响。后来的社会心理学家索性把认知、判断、记忆、学习、思维等心理活动，都归结在态度的范围内，并强调态度在上述因素中所占的地位，认为这些心理因素若得不到态度的支持，则人的活动就会陷入混乱。态度对人们心理活动起一种准备作用。

社会心理学家研究了人的各种态度，如对金钱的态度、对药物的厌恶态度、对学者权威的态度，随之就产生了一个新的概念——价值。有些社会心理学家把态度分为有意识的态度与下意识的态度，精神的态度与生理的态度，个人的态度与团体的态度。到了 1930 年左右，态度已经被认为是个人对客体反应的精神准备状态。从此，态度这一概念就成为社会心理学的基石。1937 年，麦独孤用“倾向”一词代替态度。

强调态度对于人们行为的影响，这无疑是前进了一大步。但人们的心理活动是极为复杂的，企图用一种理论来解释人们形形色色的社会行为，总是太简单化了。理解人们的社会行为，必须从主客观的相互作用观点出发，以一定的社会关系为背景，才能揭示其行为的深刻原因。

二、实验社会心理学的兴起

社会心理学从理论上的阐述，发展到用实验的方法进行研究，积累资料，提出观点，建立理论体系，这是现代社会心理学发展的必然规律。社会心理学是一门新兴学科，它的发展有一定的文化背景与社会政治历史的背景。

（一）实验社会心理学建立与发展的客观条件

社会心理学不仅和生理现象、心理现象有关，而且也和社会现象有关，甚至和自然现象也不无关系。因此，社会心理学的发展首先要受到人类知识水平的限制，在关于人的生理、心理以及人类社会没有取得科学解释之前，是不可能开展真正的社会心理学的研究的。随着近代自然科学的迅速发展，18世纪末期建立了人体解剖学与精神病学，以及颅相学的提倡，由此促进了对于人脑和感官的研究。

自从冯特在德国莱比锡创设了心理实验室以来，许多心理学家将社会心理学有关的各个因素带进实验室，逐渐发展了实验社会心理学，它对社会心理现象不作权威性的思辨或纯理论的探讨与分析，而是根据实验数据作出结论。实验社会心理学的特点，是把人们的社会心理现象当作客观的自然现象一样，加以观察并作定量化分析，并且根据研究所得材料来解释、控制与调节人们的行为。

社会心理学的发展也是适应了社会政治、经济的需要，它与其他有关学科一起，对社会发生了一定的推动作用。由于社会心理学具有一种科学技术的“工具”价值，它可用于诊断与预测某些社会事件的产生。例如，舆论测验与舆论控制，为社会团体或个人提供社会心理咨询服务，参与城市及社团的设计与鉴定，为提高企业的劳动效率及城市建设提出合理化建议等。

在现代资本主义社会中，由于社会生活的现代化也带来了许多社会问题。因此，现代资本主义社会需要社会心理学家帮助统治者维护社会秩序并巩固其统治地位。西方社会中，自杀、犯罪、交通事故、环境污染、城市住宅布局等问题都极需社会心理学家协助解决，以实现对于人们行为的调节与控制。

（二）早期的社会心理学实验

19 世纪末到 20 世纪 20、30 年代，许多社会心理学家都致力于团体对个人行为影响的研究。最早进行这方面研究的是特里布莱特，他研究了人们骑自行车的速度，发现个人单独骑自行车的速度要比一群人一起骑自行车慢 20%。后来，他又以一群 10 至 12 岁的儿童为实验对象，内容是卷线，发现团体卷线比单独工作的效率要高 10%。他根据这两个实验结果得出结论：团体工作效率远比个人工作效率高。然而，他只是肯定了这一社会心理现象，但未分析其心理原因，忽视了人们行为的情绪因素与动机因素。

心理学家梅耶在学校教育领域内进行了有关研究，他观察学生在家庭内做作业和学校内做作业有无差别。结果表明，学校内团体作业对学生记忆诗歌、作文、数学等学科的学习，远比在家里单独作业有效。

德国的莫德、美国的 F·奥尔波特、苏联的别赫捷列夫等心理学家，都自觉地把实验推广到社会心理现象的研究上来。

莫德在德国莱比锡发表了他进行的团体实验结果。实验内容是测定耐痛阈、辨别声音的能力、注意的稳定性、计算能力、用手紧握测力机的强度等多项内容。每次内容都先后测定多次，第一次是一个被试单独接受测定，第二次增加一个被试，第三次又增加一个被试，一直增加到八个被试同时接受测定，结果得到与上述研究同样的事实，被试在单独条件与团体条件下，各项测定成绩都表现了明显差异。他在实验中还发现，被试对团体的态度表现出不同的类型——积极的、消极的、中间的；团体对个人的影响在认识方面要小于对情绪、动作、意志等方面的影响。也就是说，人们的认识受团体影响不大，而情绪、动作、意志受团体影响很大。他还发现，由于人们对于团体的态度不同，因此在心理方面也有不同的变化。

20 世纪 20 年代，F·奥尔波特用类似方法进行实验，以哈佛大学学生为实验对象，过程如下：准备一个大房间，五个相互隔离的小房间，要求五个被试既在大房间一起作业，又在小房间单独作业；作业内容有乘法、删去字母、辨别图形、分辨气味、区分物体重量、自由联想以及反驳古代哲学家著作的片断文章。研究者比较被试在上述两种不同条件下发生的感觉、注意、思维等心理活动的特点。研究结果表明，由于作业性质不同，发生的心理活动在两种条件下有不同的特点：被试在单独作业情况下，对于古代哲学家著作评价质量要比在团体中进行为高，自由联想也是个别作业好。但在辨别气味、区分重量等方面，大家在一处则能减少判断的极端性。

别赫捷列夫对医学院和精神病院学生也作了团体实验。例如，呈现几套不同的图片，10 秒钟以后，让被试再看图片的细节，以确定图片的异同，讲出自己对图片中所反映的事件的看法。又如，请被试对他人设计的纪念碑提出建议等等。每个实验都让被试进行两次。第一次实验时，先记录下每个人单独情况下的反应，作为指标。第二次实验时，让被试进行共同讨论，并允许被试作补充或修改以前的反应。实验者把被试前后两次反应加以比较与对照，发现团体的讨论会扩大他们的知识面，纠正错误，从而使原来的指标普遍提高。

（三）30年代以后社会心理学的研究

20世纪30年代以后，社会心理学的研究进一步涉及社会问题。那时，世界经济的萧条和社会的动荡不安，引起了社会心理学家对领导作风、舆论、谣言、种族关系和价值的冲突等问题的重视，并加以研究。这时期的代表人物是美国心理学家谢里夫和德国心理学家勒温。谢里夫开始研究社会规范，这是在实验室内用似动错觉的内容进行的。勒温和他的助手们控制了三种形式的领导作风——专制的、民主的、放任的，形成了三种团体气氛，观察不同的团体气氛对工作效率与生产质量的关系。

40年代，社会心理学受到第二次世界大战的影响，研究的课题都倾向于信仰、偏见、劝导和宣传问题。例如，研究为什么纳粹分子会把一个先进的现代化的德国变成黑暗的地狱，为什么只是宗教与种族的原因就使几百万犹太人遭到屠杀，也有人研究个体具有哪些人格特征容易接受法西斯主义或类似的思想。

50年代，社会心理学研究的范围扩展到人们社会交际的形式以及各种人格特征对社会行为的影响，其中最有代表性的是美国的菲斯汀格创立的认知失调理论，认为人们的认知因素之间失调之后就会使人不安，因此就要设法使失调变为协调，从而解除不安。类似的还有美国社会心理学家海德、纽加姆等人提出的理论。这种理论对于改变态度具有重要意义，成为后来的社会心理学研究的重要课题。

60 年代以后，社会心理学得到了充分的发展，其研究范围又进一步扩大了，几乎涉及到人们社会行为的各个方面，形成了比较完整的科学体系和众多的分支学科，在社会生活中起着越来越大的作用。由于社会心理学研究资料的积累已飞速地增长，理论体系也不断地建立与发展，学科对象也逐渐明确，终于在学术界占有一定的地位。

第二节　社会心理学的动向

社会心理学在国外十分流行，这是众所周知的事实。世界各国如美、英、法、德、日本以及苏联等都在社会心理学领域取得了一些成果，下面分别作些简单介绍。

一、美国社会心理学概况

从许多资料来看，美国社会心理学发展得最快。美国许多大学的心理学系以及其他有关系科都普遍开设社会心理学课程。社会心理学专业队伍庞大，人员众多，2 亿多人口的美国，其中加入心理学会的就有 5 万人，而从事社会心理学工作的专业人员不少于 5000 人。美国还拥有一批享有盛名的社会心理学家，出版了许多社会心理学专著，1968 年出版的《社会心理学手册》,就有 5 大卷,250 万字。有人从英美图书目录中查到,以《社会心理学》为书名出版的教科书就有几十种。美国的许多社会心理学家同学校、精神病院、工矿企业、家庭都建立了密切的联系,开展了大量的研究工作。

美国社会心理学不仅在国内有很大影响,而且在国外的影响也很广泛,特别是第二次世界大战以后,随着美国政治、经济、文化的扩展,社会心理学的理论和方法也向许多国家输出。

美国社会心理学强调研究团体情境下人际关系中的个人心理及行为。起初,偏重于研究规模较小、使人们彼此能够直接接触到的团体,认为大规模团体如阶级、民族等基本上是属于社会学研究的范围,以后,研究的团体范围有所扩大,既研究小团体又研究大团体。在研究方法方面,过去一直偏重于采用实验研究,即在实验室内进行社会心理学研究。后来,鉴于此种方法的局限性,难以将实验结果推广到现实生活中去,因而提出采用现场研究法。许多美国社会心理学家认为,必须采取多种研究方法,将它们结合起来进行综合性研究,可以取长补短。

60 年代末至 70 年代中期,美国社会心理学曾发生过一场危机。由于 60 年代的美国社会动荡不安,学生运动、妇女解放运动风起云涌,在这种形势下,社会心理学显得无能为力,无法解决上述矛盾,因而引起社会各界人士的不满。对此,社会心理学家纷纷著文发表各种意见,开展了一场大辩论,有的指出,美国社会心理学应用性不够,必须加强应用研究;有的指出,美国社会心理学太偏重于实验室研究,不易解决实际问题;有的指出,社会心理学忽视了作为社会一员的个人和社会的统一,而以个人为中心的社会心理学是无法解决日常的社会心理学问题的等等。其实,美国的社会心理学家并没有意识到资本主义国家的民族矛盾、种族矛盾、阶级矛盾等是决定于本国的社会政治与经济制度,社会的诸种基本矛盾是资本主义制度的必然产物,想要依靠社会心理学来解决是根本不可能的。

二、日本社会心理学概况

在美国社会心理学的影响下,日本社会心理学的研究发展得也很迅速。第二次世界大战以后,日本社会心理学主要是向美国引进,并试图在此基础上建立起适合日本国情的社会心理学体系。从 60 年代初开始,日本社会心理学出现了"社会学的社会心理学"和"心理学的社会心理学"两派。"心理学的社会心理学"一派,致力于社会心理学的体系化,主要是以人格*为中心建立心理学的社会行为理论,他们大力开展并充实了实验研究和调查研究工作,并取得了一定的成果。"社会学的社会心理学"一派,则力图从理论上补充与充实上一派的不足,并开展了宏观的总过程方面的研究,尤其是填补了社会心理学中有关价值、艺术的文化行为研究、信息科学的

---

* 人格,就词义来说,乃是意味着个体所固有的特质。人格是以素质为基础,通过与外界环境的相互作用而产生的。人格虽然不是凝固不变的,但它足以反映其比较一致而稳定的个人形态。人格是个体的一种"格式",因此,人格又称为个性或个别性。个体之间在诸如需要、动机、态度、气质、能力倾向以及外形与生理等方面,都存在着不同程度的差异。

设想等。同时，他们还积极开展了日本社会心理学史方面的研究。

由于上述两派社会心理学的研究，因而作为一门独立学科的社会心理学亦赢得了社会的公认。随后，社会心理学的研究开始从社会学领域逐渐扩展、渗透到政治学和其他社会科学领域之内。社会心理学家对于日本高速度经济发展所带来的社会生活方面的问题，也提出了各自的见解，研究了城市化、核心家庭等大众社会心理特点与问题。

70 年代以来，日本社会心理学的发展有以下几个动向，值得关注。

为了能够更好地分析、解释和解决现实生活的社会问题，社会心理学开始摆脱在实验室内进行的假设、验证或重复实验的阶段，进入了采用实验性社会心理学的理论和方法的阶段。

社会心理学扩展到社会学、政治学、经济学、人类学等邻近的社会行为科学与决策科学以及管理科学的各个领域之内，从而大大地增强了学科之间的协作。

社会心理学的研究课题广泛地面向实际，从理论研究转向应用研究。日本的社会心理学家注重于不同社会文化背景下社会心理的共同性与差异性，开展了跨文化研究。

三、苏联社会心理学概况

苏联社会心理学的发展曾走过一条“之”字形的曲折道路。早在 20 世纪 20 年代苏联就开展了社会心理学方面的研究，但在 30 年代苏联心理学界对社会心理学采取了全盘否定的态度，因此从30年代到50年代这段时期内，社会心理学作为一个独立的学科在苏联是不存在的，直到1959年7月举行的苏联心理学第一届代表大会上，还没有专门的研究社会心理学的文章以及有关问题的讨论。

60年代初，苏联科学院、苏联医学科学院、苏联教育科学院、苏联高等教育部等单位，联合召开“讨论高级神经活动生理学和心理学的哲学问题”会议，会议总结了50年代以后的工作经验与问题，指出了研究社会心理学的必要性。从此，苏联心理学界对社会心理学的态度产生了急剧的转变，在1963年苏联心理学第二届代表大会上，对社会心理学的一些基本问题进行了讨论。60年代列宁格勒大学建立了苏联第一个社会心理学教研室，70年代初莫斯科大学也建立了社会心理学教研室。许多心理学者遂纷纷开展社会心理学的研究工作，60年代以后他们讨论了许多社会心理学中的重大理论问题。例如，社会心理学的对象，社会心理学与其他学科的关系和区别，关于“交往”概念的理解，关于社会心理学的方法中“测验”问题的估价，强调要由许多有关学科共同进行协作以及对于苏联社会心理学发展水平的估计等等。

从60年代开始，苏联参加了国际上有关社会心理学的许多专题会议。从70年代开始，苏联向国际心理学会议提交大量的有关社会心理学的研究报告。1977年在莫斯科举行的第五届心理学大会期间，举行有关社会心理学专题讨论会，会议材料汇编成册，收入了近250篇报告、论文和实验研究材料。从此，苏联社会心理学有了较大的发展。

苏联社会心理学的体系包括以下几方面内容：

大型群体，即宏观环境的社会心理现象。其中包括：群众沟通问题(广播、电视、印刷品等)，各种群众沟通手段对不同人们共同体影响的效果与机制，流行，流言，群众情趣的倾向，各种礼节仪式的形成，各种成见与偏见的散布，社会情绪的波动等等的规律性。以上这些都是属于阶级心理、群众心理、民族心理的问题。苏联过去几乎没有这方面的研究材料。

小群体，即微观环境，如家庭、学校以及社会团体的社会心理现象。其中包括：小群体中的人际关系，心理相容问题，团体的心理气氛问题，社会交往问题，领导人与被领导人问题，团体类型问题，正式团体与非正式团体的相互关系问题，团体规模及其团结的水平与原因，群众中对人知觉问题，团体的价值定向问题等。小群体研究还包括群体发展的最高阶段——集体的心理特点问题。

人的个性的社会心理现象，即个性社会心理学。个性可以从不同的角度去研究，社会心理学研究人的个性，是从它与群体的相互关系这一角度来研究个性特点的。例如研究个性怎样受各种群体的影响，个性怎样适应群体的社会期望，怎样掌握群体的价值目标而内化于个性之中，个性的自我评价怎样依赖于主观与客观条件等等。对于个性的社会心理学研究的具体课题有：个性的倾向性、个性的自我评价、自我感觉、个性的自尊心、集体主义与个人主义、个性的心理定势及其变化等。

苏联社会心理学的发展，有以下几方面的原因：

科学技术革命促进了社会心理学的发展。在现代科学技术飞速发展的形势下，苏联也面临着一个如何协调人际关系及调动人们的积极性问题,因此要求社会心理学为挑选领导人,创造良好的团体心理气氛,提高工效等问题提供心理学依据。苏联著名的社会心理学家巴雷金,在1979年一次学术会议上所作的专题报告中指出:“在科学技术革命所引起的各种各样的后果中,最引人注意的是社会心理现象……要把科学技术进步的成果和社会主义社会发展的优越性有效地结合起来的最重要的条件,就是要研究社会心理现象,并且在工作中考虑到这些现象。”

社会中存在的各种矛盾,也促进了社会心理学的发展。例如,领导作风问题、群众情绪问题、婚姻与家庭问题、犯罪问题、男女关系问题、邻里纠纷问题等,都对社会心理学提出要求,从而促使它的发展。巴雷金1981年在《心理学问题》杂志上,发表一篇题为《苏共二十六大与社会心理学的迫切问题》的文章中指出:“社会心理学要敢于大胆地提出和解决社会生活中各种最骇人听闻的问题,不要怕做‘安宁的打扰者’。”

苏联政府从50年代末期以后,对西方采取了一些开放性政策,促使苏联社会心理学者从西方获取不少有关信息,有助于他们开展社会心理学的研究。

以维果茨基、列昂节夫与鲁利亚为首所组成的学派,为建立苏联社会心理学奠定了方法论的基础,他们揭示了人的心理的社会制约性,提出与发展了人的心理的社会历史起源的思想。此外,这个学派还提出了有关社会心理学的对象、方法等基本观点。这个学派影响日益广泛,从而进一步推动了社会心理学的发展。

虽然苏联社会心理学已经开创了一个新局面,但真正开展研究也还只有很短暂的历史。苏联社会心理学的代表人物洛莫夫一再指出,苏联社会心理学近年来虽然发展迅速,但也存在不少问题:和社会学的研究混淆不清;抄袭西方社会心理学观点;从马克思主义立场来探讨问题还不够等。

四、我国社会心理学概况

新中国建立以前,中国曾出版过几本《社会心理学》著作,也翻译过西方的有关著作。建国后,由于诸种因素,使社会心理学的研究工作中断了整整 30 年。

党的十一届三中全会以来,我国心理学界开始重视社会心理学。1981 年,北京心理学会首先举办了第一次“社会心理学学术座谈会”,与会者就社会心理学的对象、性质、方法等基本问题进行了初步讨论。会议认为:社会心理学必须坚持马克思主义的指导,社会心理学要有中国特点,不能全盘照搬外国。1982 年春,中国社会心理学研究会成立,后改为中国社会心理学学会。1983 年起发行不定期的《社会心理学简讯》,以交流情况,提供信息,后改名为《社会心理学研究》。

1983 年 12 月,中国社会心理学研究会在上海举行学术讨论会,100 多名社会心理学工作者出席了会议,大会共收到论文 98 篇。20 世纪 80、90 年代,我国各省市纷纷建立起地方性的社会心理学会,开展了社会心理学的实际研究和理论探讨。由于我国的社会心理学工作者刚刚组织起来,社会心理学方面的研究工作起步不久,所以在社会心理学的理论方面与实际研究方面,尚未形成不同的流派。但通过社会心理学工作者的努力与协作,必将会创建出一门具有中国特色的社会心理学。

第三章　社　会　化

社会心理学要揭示个体心理活动发展变化与其所受的社会环境影响的关系，并且还要研究个体对社会环境表现出的行为方式的特殊性。即研究个体自出生以后是如何适应社会，又如何形成具有独特行为方式的主体，这实质上就是人的社会化问题。

社会化，是社会心理学研究的一个重要课题，同时，它也是发展心理学、性格心理学研究的重要课题。社会化问题不仅是心理学者，而且也是社会学者、文化人类学者共同关心的问题，但各个学科都是从自己的角度出发来探讨的。心理学者关心的是自然的人如何变成社会的人，个体在发展过程中受到了什么样的社会影响，为什么个体在社会化过程中都具有不同于他人的独特的个性，并进而探讨个人社会化过程本身的心理机制。社会学者与文化人类学者，则着重于研究社会是如何将个人培养成为一定的社会成员，他们关心的是在同一社会环境影响下人们所表现出来的共同的行为模式。

第一节　社会化概述

一、什么是社会化

（一）社会化的定义

在特定的社会与文化环境中，个体形成适应于该社会与文化的人格，掌握该社会所公认的行为方式，叫做社会化。个体的社会化是一个过程，是经过个体与社会环境的相互作用而实现的，它是一个逐步内化的过程。

人，作为一个生物体的个人，刚从母胎里分娩出来，就被置身于一个复杂的社会环境之中，任何时代的社会都会使用种种方法对他施加影响，使其成为一个符合该社会要求的成员，使他懂得什么是正确的，是被社会所提倡与鼓励的；什么是错误的，是被社会所禁止与反对的。与此同时，个人也随时随地对当前的社会环境以其自身的独特方式作出种种反应，反作用于环境，从而表现出了人的主观能动性。由此可见，个人的成长与发展就是经历了一系列的社会化的结果。个人成为一个怎样的人，这取决于他的周围环境对他的影响以及他本人对周围环境反作用的行为方式。

（二）社会化是一个复杂的过程

人的社会化是一个极为复杂的过程，因为每个人从来到社会的第一天起，就必然生活在一个具有某种关系（如阶级关系、亲属关系）的社会环境里，而在不同的社会历史条件下，社会化的内容是不同的，因为不同的社会有不同的社会规范与行为标准，对人们的要求也不同。所以说，个体的社会化体现了社会的特点与时代的风貌。

社会环境对于人的影响，是通过各种直接与间接的渠道进行的。个人对社会要求的认识与掌握可能是自觉的、积极的与主动的，也可能是不自觉的、消极的与被动的。也就是说，个人的社会化有时是有意识、有目的地进行的，有时是无意识、潜移默化地进行的。总而言之，社会化是在一定的社会环境的影响下，不管个人喜欢还是不喜欢，总是会在他身上实现的。

二、社会化的特点

个体的社会化有以下几个特点：

（一）个人的社会化是以其生物的遗传素质为基础的

人之所以为人，从生物学意义上讲，正是由于物种在漫长的进化过程中，不断分化并使其遗传素质表现出自身发展所特有的趋势，从而为发展成为一个社会的人提供了可能性。

动物(即使是类人猿)由于其自身所具备的遗传素质不同于人类，它们虽然长期生活在人类的社会中，也掌握了某些类似于人类的行为方式，但最终还是个动物。

在狼窝里长大的人——“狼孩”，虽然从小生活在动物的环境中，当他回到人类社会，在一定程度上所以能够恢复人的行为，除了周围环境对他的影响外，就他自身而言，是因为他是人类遗传信息的携带者。在他体内内在地存在着由上代所遗传给他的心理活动和行动方式的结构与机能。因此只要在一定的社会条件的影响下，这些先天的由人类进化而来的潜能就能转变为现实。

由此可见，人类的遗传素质，乃是一种由上代为下代提供有利于人类从事社会活动的特殊素质。可以认为，这种素质对于人类来说，已经不完全具有生物学意义，它是通过人类长期社会实践而不断受到社会影响，并为适应人的活动而逐渐形成与发展起来的一种特殊功能。因此，这种素质本身也就包含了人类实践活动的社会因素，并且以生物体内的物化形式(遗传信息，大脑中枢系统的结构、功能等)遗传给后代。所以人类这些特殊素质体现了它对环境因素的内化作用，从而为人的社会化奠定了生物学基础。

(二) 人的社会化过程也是个性化过程

社会化是随着各人所具备的条件(遗传的特性、生理需要和状态)而有选择性地形成的。人们即使生长在相同的环境中，他们的社会行为和意识也是不同的，这是因为个人遗传的特点和某个瞬间的生理需要和状态不同的缘故。

社会化过程与内容，由于个人的特点(性别、年龄、智力、性格、体质等)而不完全一样。

即使在同一个社会中，由于性别、年龄、智力、性格、体质等不同，社会对人们所容许的行动的范围和能够完成的课题也是不同的。生长在同一家庭中的双胞胎，虽然他们的遗传素质基本相同(同卵双胞胎)，根据心理学家的研究与生活实践提供的资料表明，由于他们的出生顺序而决定了他们不同的社会角色：出生早数十分钟的为兄或姐，迟数十分钟的为弟或妹。由此，社会对他们的要求则稍有差别，从而使孪生兄弟(或姐妹)的社会化有所不同。此外，个人在社会化的生活道路上，一方面要按照其性别、年龄，根据社会规范而行动，另一方面，还必须解决自己面临的任务，以实现其发展。因此，每个人的社会化过程是不同的。

社会化的目标，是将每一个社会成员培养成为适合所属社会需要的人。社会化了的个人，是精神健康的成人，不仅获得了能够适应外界情境的各种行为方式，有统一的人格，还必须能积极地支配环境。也就是说，一方面能灵活适应社会生活，同时还怀有积极的需要及活生生的人格。这种社会化包括着被个人内心实现的、来自社会方面的价值观的一致。因此，社会化不是把人变成为一模一样的人的过程，而是个性化的过程。日本社会心理学家阪本一郎对比了社会化与个性化之后指出，社会化寓于个性化之中。

(三) 个体的社会化具有某种共性

个人通过社会化，既有共性也有个性。如国籍不同，国民性也不同，中国人有勤劳的传统，家庭观念较重；美国人富有进取性，家庭观念比较淡薄等。而同一国家、同一民族，其成员一般都有一些共同的心理倾向。

社会心理学关于国民性的研究比较多，下面介绍几个材料：

1. 国民性比较之一

社会心理学家勒温认为，同一个国家的国民有相同的人格特征，并作了国民性的分析。他比较了美国人与德国人的人格特征。勒温根据场的理论，提出了个人的生活空间概念，这个生活空间是由环境和人组成。生活空间中的个人、环境和人的行为全部是相互依存的，只要其中一方有变化，其他方面就会发生相应变化。勒温还认为,作为一个整体的个人,其内部包括着相互依存的各个部分。个人的心理活动可以分为两大部分,一部分是与外界环境接触的知觉运动领域,一部分是内部的人格领域;而人格领域内又可进一步分为比较表面的外层和中心深层,这个中心深层又可以进一步分为与各部机能相联系的不同区域。人的心理的各个领域之间是相互制约相互影响的,所以人有个别差异。

从上述观点出发,勒温比较了美国人与德国人的国民性。勒温是犹太裔的德国人,他在美国度过了晚年,对美国人与德国人都比较熟悉,以此作为他分析两国国民性的根据。下图表示,德国人人格的外围领域与中心领域的界线在较表面部分,因此德国人不大能直率地与人交往;相反,美国人人格的外围领域与中心领域的界线在相当深的位置,所以他们比较开放,交往的范围也广泛。可是德国人因为界线处于较表面部分,比较脆弱,容易打破界线,一旦界线被冲破,就可以一口气开放到核心的深层,从而可以看透其内心,表现为相互之间

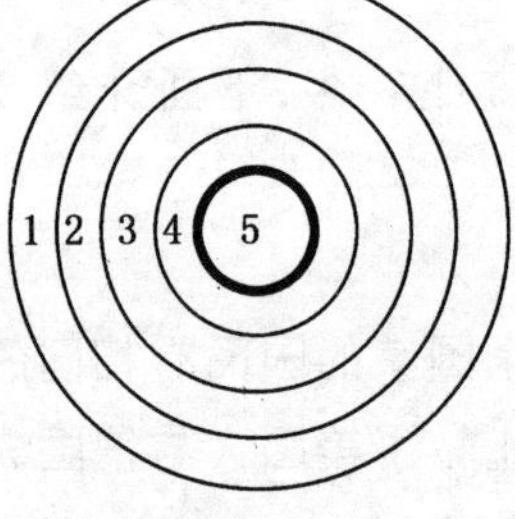

美国人

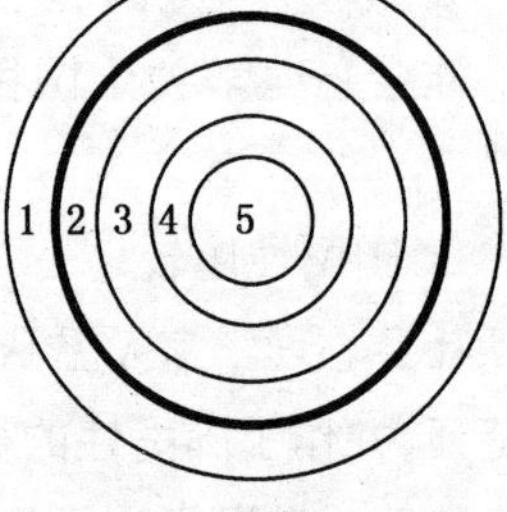

德国人

勒温的国民性比较(1936)

(图中粗线表示人格的外围领域与中心领域的界线)

产生敌对行为，或彼此成为知己。美国人的内心深层处于最中心，防守得很牢固，一般可以相处得很好，但他们不会轻易暴露出自己内心深处的东西，不大可能与他人推心置腹地成为知己朋友。

2. 国民性比较之二

社会心理学家麦克拉纳汉，调查了 1929 年一年中在美国与德国上演的受群众欢迎的 45 部戏剧，分析这些戏剧的内容，并作两国国民性的比较。他认为，这些戏剧既然受群众欢迎，就意味着文化反映了人们当时的客观要求、一定的思想内容以及价值观等。参看表 3-1。

表 3-1 戏剧内容分析与国民性比较

项目		德国	美国
主题		观念的、哲学的、历史的、指向于社会的。	个人问题（恋爱、日常生活问题）
主人公		杰出的人（女性少）	普通人
结尾	大团圆	40%	67%
	悲剧	27%	9%
	其他	33%	24%
态度、性格的变化		顽固、不妥协，必须用大力气才能改变。	通过说服、讨论、摆事实而得以改变，强调了教育的可能性。

3. 风靡日本的“阿信热”体现了现代日本人的国民性

20 世纪 80 年代，日本掀起一股“阿信热”。市场上充斥着阿信娃娃，阿信名酒，阿信唱片，阿信歌曲，许多东西都冠以

"阿信"。1983 年 4 月至 1984 年 3 月,日本广播协会的电视台播放了名为《阿信》的电视剧,播放期间路上乏人行走,店铺门可罗雀。《阿信》是讲一个名叫阿信的女子一生的故事。她出身贫寒,自幼就离家谋生,后来嫁给一个庸碌无能的丈夫,婆婆又是一个搬弄是非的恶妇,因此她 24 岁时就离乡背井,携子奔赴东京经商,若干年后,她成了超级市场的老板。可是在战时,她失去了儿子与丈夫,市场又不景气,但她始终含辛茹苦,惨淡经营,终于成了一个拥有亿万金钱的富孀,她在物质生活上富有了,可是她的精神世界却越来越空虚。

这个故事情节是虚构的。在日本社会里,由妇女经商致富,可以说是绝无仅有,但是阿信个人奋斗的经历,正反映了 20 世纪以来日本社会生活的缩影,在一定程度上代表了日本国民的倾向性,他们向往的就是如何面对贫困,最终成为百万富翁,过优裕的生活。日本国民心目中的英雄,就是像阿信那样的人,因此《阿信》播映后,立即受到日本各界人士的热烈欢迎与普遍重视。

《阿信》在某种程度上形象地表现了日本民族在 20 世纪克服种种困难,从贫困走向繁荣的历程;还刻画了日本人民勤劳勇敢,坚忍不拔的精神;同时又迎合了观众追逐财富的心理。令人奇怪的是,虚构的阿信的出生地,竟有人竖立了一座阿信的雕塑像,煞有介事地要使阿信成为日本人心目中毅力与信心的象征。

(四)社会化是通过人的整个一生完成的

个体从婴儿期开始,经过儿童期、青年期、成年期到老年期,都在不断地进行社会化。国外有研究证明:学前期是接受社会化的最佳时期,但以后的各个时期都在继续完成社会化。

个体生理的发展与智力的发展,到青年期或青年期以后基本上达到了顶点,以后明显地下降,但成年期以后,社会化还在发展,还能解决许多问题。例如,哈维哈斯特提出,成人期发展的课题有:习惯于与合作者协同生活、管理孩子、对职业生活的适应、完成市民的社会责任等。他还提出老年期的发展课题,如自己与同年龄的人大量地交往、自觉承担社会义务等,可参见表 3-2。

表 3-2 人生各时期的发展

幼儿期	1. 学习走路。 2. 学习吃固体的食物。 3. 学习说话。 4. 学习大小便的方法。 5. 懂得脾气的好坏,学习控制自己的脾气。	6. 获得生理上的安定。 7. 形成有关社会与事物的简单概念。 8. 与父母、兄弟姐妹及他人建立情感。 9. 学习区分善恶。
儿童期	1. 学习一般性游戏中必要的动作技能。 2. 培养对于自身有机体的健康的态度。 3. 和同伴建立良好关系。 4. 学习男孩或女孩角色。 5. 发展读、写、算的基础能力。	6. 发展日常生活必要的概念。 7. 发展道德性及价值判断的标准。 8. 发展人格的独立性。 9. 发展对于社会各个单位和各个团体的态度。
青年期	1. 学习与同年龄男女的新的交际。 2. 学习男性与女性的社会角色。 3. 认识自己的生理结构,有效地保护自己的机体。 4. 从父母和其他的成人那里独立地体验情绪。 5. 有信心实现经济独立。 6. 准备选择职业。	

（续上表）

青年期	7. 作结婚与组织家庭的准备。 8. 发展作为一个市民的必要的知识与态度。 9. 追求并实现有社会性质的行为。 10. 学习作为行动指南的价值与伦理体系。
壮年初期	1. 选择配偶。 2. 学会与配偶一起生活。 3. 家庭中添了第一个孩子。 4. 教养孩子。 5. 管理家庭。 6. 就职。 7. 担负起市民的责任。 8. 寻找合适的社会团体。
中年期	1. 形成作为市民的社会责任。 2. 建立一定的经济生活水平,并且维护这种水平。 3. 帮助十几岁的孩子成为一个能被人信赖的幸福的成人。 4. 充实成人的业余生活。 5. 接受并适应中年期生理方面的变化。 6. 照顾年老的双亲。
老年期	1. 适应体力与健康的衰退。 2. 适应退休和收入的减少。 3. 适应配偶的死亡。 4. 与自己年龄相近的人建立快活而亲密的关系。 5. 承担市民的社会义务。 6. 对于物质生活的满足方面要求降低。

第二节　社会化的因素与类别

一、社会化的主要因素

社会化是通过个人和与之有关的其他个人和团体的相互作用而形成的。

人的行为，是按照社会规范，通过与其他人的相互作用而来满足在一定时间、地点、条件下的个人需要的过程。因此可以说，社会化因素就是影响个体的全部社会环境。例如，家庭的影响(父母条件及其教育方式)，社会地位的影响(阶级、阶层、身份)，社会文化的影响(政治、经济、风俗、传统等)，学校的影响(教师、团体、教材等)，居住条件的影响(城市、农村、街道等)。上述诸种影响归纳起来，可以分为三个主要方面的影响，即社会文化、学校与家庭三方面因素的影响。

(一) 社会文化的影响

社会文化，包括政治、经济、国家的宣传体系、宗教、团体、风俗、习惯、传统以及生产力水平等等。在同一文化圈内生活着的人们，往往具有共同的人格特点，即所谓典型人格。

文化人类学家米德，观察了新几内亚三个原始部落社会中人们的行为，发现不同的社会文化因素的不同影响，而同一个文化圈内生活着的人们都具有共同的行为方式与人格倾向。例如，住在山地上的人，传统上一向和平相处，因此该地居民人与人之间很合作，性格温和，对人亲切；住在河岸的土人，由于传统上好斗、残酷，不论男女，其性格极为相似，因而当地居民也是相互攻击，不合作，占有欲望很强；住在湖边的土人正处于母系社会，男女性别分化得很明确，女性支配男性，握有经济大权，男子在家带领孩子，有自卑感，在陌生人面前显得腼腆。

我国社会心理学工作者张世富调查了云南省少数民族克木人与基诺族的某些人格特征。克木人与基诺族在新中国建国前都处在原始社会末期，建国后整个社会发生了巨大的变化，但文化与习俗仍保留许多原始社会的特点，表现在当地的居民私有观念淡薄，没有偷盗，家门不锁，每年收割完毕，粮食就放在地头的棚里，随取随用，没人看守。他们热爱劳动，学习刻苦，诚实不欺。父母不打孩子，青少年在一起不打架骂人，尊重老人及长者。他们没有盗窃犯、抢劫犯和杀人犯，相互之间借贷不要利息，村寨之内，从来都是和睦相处。村民若遇有灾难，往往整个寨子的人去帮助，表现出舍己为人的高尚品质。

（二）学校的影响

学校的作用，主要是把社会规范、道德的价值观以及历代所积累下来的知识、技能传授给下一代。学校有一定的教育方针、培养目标，有计划、有步骤地对下一代施加影响，以使学生实现社会化。

学校通过教材、教师人格、教育方式、考试与考核、学生的各种组织——学生会、合唱队、兴趣小组等等对学生的社会化发生影响。其中以教材的影响最大，尤其是基础课教材特别重要。

在学校教育影响的同时，国家的宣传机构、法律机构等也从中加以配合，使学生变成符合社会要求的社会人。

（三）家庭父母的影响

父母对子女社会化的影响大于其他人（包括教师）的影响。父母的行为是孩子学习的榜样，对孩子的行为起着潜移默化的作用。

儿童的家庭生活、幼儿园以及学校生活对他的社会化都产生深刻的影响。家庭环境的影响具有特殊意义，儿童在家庭中生活的时间很长,约占其全部生活时间的2/3;儿童首先受到的是家庭环境的影响,然后才是幼儿园及学校的影响。国外已有研究表明,学前期是接受社会化的最佳时期,这就足以证明家庭影响对个人社会化的重要性。

家庭父母的教育方式与教养态度对子女人格的影响尤为重大。鲍尔特温把父母对子女的教养态度分为四种类型:

1. 专制型。父母不理解孩子的需要,常用命令和指责来强迫孩子服从。

2. 溺爱型。父母用过分的感情来满足子女的要求,对子女百依百顺。

3. 放任型。父母在强迫命令的同时,常常会讨厌孩子而放任不管。

4. 民主型。父母能充分理解孩子的兴趣与要求,经常向他们提供足够的信息,并引导孩子自己作出选择与决定,父母对孩子表现为冷静与爱护。

拉特克研究了父母教养态度、家庭气氛和孩子人格形成的关系,结果如下:

1. 家庭限制很少的孩子,和家庭束缚很多的孩子相比,竞争心少,但很重视朋友之间的友谊。

2. 家庭中很宽恕的孩子,和家庭严厉管教的孩子相比,更加能体贴别人,并对其他人的批评很敏感。

3. 在对孩子教养方面,父母平均分担责任的孩子,往往适合当领导工作。

4. 兄弟关系和谐协调的孩子,其情绪比较稳定。

5. 民主家庭的孩子比专制家庭的孩子更富有同情心,人际关系协调，情绪安定。

父母的教育方式与教养态度固然决定于他们自己的做法与想法，但从中也反映了当时社会的价值观与传统的行为方式，家庭中父母都是以当地的文化传统为指导的。

综上所述，个人的社会化，受到社会文化、学校教育、家庭父母的影响，这些影响因素，就是社会化的媒介物。由于不同社会制度下的社会化媒介物不同，个体社会化过程中受到的影响也不同。

社会化对每个人来说都是存在的，但在有些人身上却表现出社会化的障碍现象，即未能按照社会预期要求而正常地内化。除了生理的智力发育不全与精神疾病等原因外，主要是由于社会化过程的缺陷所致。个体从自然状态向社会状态的转变是一个系统的过程，它要求不同年龄阶段的人，必须在社会所认可的行为标准中形成自身的行为模式，使之成为符合社会要求的社会一员。但由于种种客观原因而造成对社会行为规范的模糊认识，以致形成不符合社会要求的缺陷行为。

二、社会化的类别

社会化可以用"人格的发展"、"社会性的发展"、"社会态度的形成"以及"社会角色的获得"等词汇来具体表现，这些词汇都意味着社会化的具体内容。从另一个角度来看，还可以分为政治社会化、民族社会化、法律社会化、性别角色社会化、道德社会化等等，不管怎样划分，都是表现社会化的每个方面。

政治社会化，就是使自然人变成政治人的过程。政治社会化了的个人，总是赞成或反对某一种政治制度。可以说，任何一个国家都十分重视培养自己国家的公民，使他们忠于自己的社会制度。

民族社会化，就是使自然人成为具有民族意识的人的过程。各个民族都有自己固有的风俗与传统，民族社会化的结果是，使每个人都能尊重自己民族的习惯、风俗与传统，具有民族自豪感。

法律社会化，就是使人们能按照法律制度来调节自己的行为。不同的国家有不同的法律制度，学习法律知识可以更好地遵守国家规定的法令。

性别角色社会化，就是按照社会上规定的男女性别角色的要求来支配自己的行为。由于男女的生理结构不同，社会上的习惯势力向男女性别提出了不同的要求，男子须按男性角色要求行事，女子则须按女性角色要求行事。

道德社会化，就是使人们按照道德标准来支配自己的行为。在社会中为了维护人们的共同利益，协调彼此的关系，便产生了调节人们行为的标准，个人若遵守这些道德标准，会受到舆论的赞许并感到心安理得；否则，会受到舆论的谴责并感到内疚。个人的行为能够根据社会道德标准来进行，那就是实现了道德社会化。在不同的社会条件下，道德社会化的内容是不同的。道德社会化与法律社会化不同。人们的行为未能实现道德社会化，违反道德标准，会受到众人的指责；而未能实现法律社会化，违反法律的规定，就要受到法律的制裁。

第三节 社会角色的获得

个体通过社会化，就成为一个符合社会要求的人，变成为一个社会角色。

一、社会角色的概念

角色，乃是某个个人在特定的社会和团体中占有的适当的位置，被该社会和团体规定了的行为模式。这里所讲的位置，就是指个人在社会和团体中所占的地位，从社会价值观来看，就是社会地位、身份。例如，家庭中父亲这一角色，意味着他在家里占有一家之主的地位，因而父亲这一地位就有一套被规定好了的做父亲应该具备的行为，他要参加工作，抚养子女，教育孩子，计划家庭生活等，他的一切言语与行为都应该像一个父亲的样子。又如，一个营业员的角色，他在商店内出卖货物，必须具有耐心、周到、热情等服务态度，掌握熟练的技能，具有丰富的业务知识，只有这样，才能成为营业员的角色。

以角色作为理解个人社会行为的理论，一般称之为角色理论，其中包括角色的学习、角色的理解、角色的认知，以及角色的冲突等等。

二、社会角色的学习

社会角色的学习，指两个方面的学习，一是学习角色的责任与特权（义务与权利），一是学习角色的态度与情感。例如，一个人要成为一个教师，他必须知道教师的职责，教师的荣誉，他也要学习如何关心与热爱学生，发展做教师的才能。因此，他应不断地体验他人的心理反应：积极与消极的反应，从而巩固被肯定的行为方式与态度，改变被否定的行为方式与态度，使自己更加符合教师这一角色。所以说，"我是一个教师"这一种自我意识，是在教育情境中，在师生相互影响下形成的。

照理说，社会角色的学习也是社会学习的一部分，学习机制与其他的社会学习是共同的，但角色的学习还有其特殊性。

社会角色的学习是一种综合性的学习。角色是根据它所占的地位而由各式各样的行为方式所综合起来的一个整体。例如，学习父亲这一角色，就是把父亲各方面的行为，作为一个整体进行学习的。

社会角色的学习是在相互作用着的人与人的社会关系中进行的。由于角色与角色之间是相互联系着的，父亲的角色是与母亲、儿子、女儿等角色密不可分的，没有儿子或女儿就无所谓父亲。因此，社会角色的学习，必须在各种社会关系中进行。

社会角色的学习是经常随角色的改变而进行的。社会角色的学习可以说是无止境的，这是因为一个人在社会中所占的地位很容易发生变动的缘故。例如，一个人从儿子──→父亲──→祖父的过程中，除了要学习这三个角色外，还要学习弟弟、哥哥、叔、伯、舅、侄、孙、甥等各个角色。这种学习不需要本人的意志和能力，而是在不知不觉之中学习符合自己身份的角色。

一般说来，小时候学习角色不会有很大的变动，也并不复杂，但一旦长大成人，他将会同时扮演几个团体的角色。因为他总是生活在各种各样的社会团体之中，在不同的社会团体中占有不同的地位。在家庭中，他可能既是父亲的儿子，又是儿子的父亲，妻子的丈夫；在工作单位，他可能是经理，也可能是科员等。此外，他还要担任一般的社会角色——公共汽车上的乘客、商店里的顾客、音乐厅里的听众等等。有时候，某一角色在很短时期内已完成了任务而变为另一个角色。例如，×××去年是××师大的学生，今年已是××学校的教师。

三、社会角色的期待

社会角色的期待，是他人对自己提出符合自己身份的希望，同时本人也必须领会他人对自己怀有的希望。如果自己不知道他人对自己的期待，则不可能发生很大的期待效果。可以说，一个人为了完成一个角色，必须知道自己所充当角色有一套什么样的行为模式，这种认识是根据周围的人们的期待而来。期待意味着一种关心、信任，尤其是学校里教师对学生的期待，对学生实现好学生的角色发生很大作用。

在一个社会团体中，被其他成员所期待的社会角色，有一套符合该角色的行为方式，是一种被社会规范化了的行为。为了使个人实现角色，角色的期待是必不可少的，期待是实现角色的有效手段。心理学研究表明，家长期待子女上大学(期待子女成为大学生角色)与其子女入学率呈正相关，不被家长期待上大学的子女，入大学的可能性较少。

美国心理学家罗森塔尔研究了教师对学生期待的效果。实验对象是小学一至五年级学生，他随机从每一年级中抽出

20%学生作为教师期待的对象。实验过程是这样的:先对全体学生作言语能力与思维推理能力的测验,了解这些学生的基础,然后随机抽出20%的学生,向教师说这20%的学生有可能比其他学生学得更好。其实,这20%的学生与80%的学生成绩相当。当教师向全体学生进行了八个月教育之后,研究者又对全体学生作一次测查,发现被教师期待的这20%的学生全都显著提高了成绩,教师对他们的评语也比其他学生好,这实验表明了教师期待的效果。

罗森塔尔把期待效果,称之为“皮克马利翁(译音)效果”。皮克马利翁原是希腊神话中的主人公名字,是一个雕刻师,曾用象牙精心塑造了一个美丽的姑娘,他对所塑造的人物倾注了自己全部心血与感情,最后感动了上帝,使所雕刻的姑娘获得了生命。教师对学生的期待也是一种信任、一种鼓励、一种爱,日积月累之后,学生也会被感动,对教师更加信赖,作出更大努力,从而使师生之间相互信任,因而取得了期待效果。如果一个学生被教师看死,认为其学习成绩,不可能提高,学生也就会自暴自弃,不求上进。如果教师有偏心,厚此薄彼,则学生更加丧失信心。家庭父母对于子女的期待也有同样作用。总之,对每个人提出恰如其分的希望与要求,就会产生良好的期待效果。

四、社会角色的认知

根据他人所表现出来的各种行为(包括他人的言语、表情和姿态等)来认识对方的地位,称为社会角色的认知。

角色的行为总是以对立的另一个角色的行为为基础的。

扮演某一个角色时,既要知道自己的身份与地位,也要知道对方的身份与地位,只有在角色的相互关系中才能更明确自己的地位,由于明确自己的地位,也会认识对方的地位。例如,母亲和孩子的关系、医生与病人的关系、教师和学生的关系等,都是在与对方相互关系中明确双方的地位的。

五、社会角色的冲突

当一个人扮演一个角色或同时扮演几个不同的社会角色时,往往会发生内心的冲突与矛盾,这就称为社会角色的冲突。社会角色的冲突有如下几种情况:

(一) 同一社会角色内心的冲突

同一个角色,当社会上人们对某个角色的期待与要求不一致时,该角色内心会产生矛盾。例如,对于朋友的角色,一些人认为,好朋友应该相互帮助,包括思想上的相互帮助以提高认识;另一些人认为既然是好朋友,如出现了越轨行为就应该包庇。这两部分人期待的不一致,反映到该角色的头脑中就发生了矛盾。又如,处于青少年时期的中学生,一方面,社会上、家庭中期待他成为一个听话的孩子;另一方面,他的同伴则期望他要像成人那样能独立地带领大家干一番轰轰烈烈的“事业”。这时他内心感到十分烦恼。特别是身处两个团体中,由于标准不同,更会引起角色的冲突。

(二) 当社会角色改变时,新旧角色之间会发生矛盾与冲突

一个人的角色不是一成不变的,当一个人改变旧角色时,新旧角色之间会发生矛盾。例如,一个犯有严重错误的不良分子,接受了教育,愿意重新做人,争取成为一个守法公民,但

是他原有的坏习惯、旧习气还会时时冒出来，对他发生干扰作用。又如，一个老工人、老干部退休之后，对新的生活规律往往不能一下子适应，这也是新旧角色之间发生的矛盾。

（三）一个人身兼几个角色时的内心冲突

一个人身兼几个角色，各方面对他提出不同的期待，他感到无法满足各方面的要求时也会产生内心矛盾。例如，一些先进人物搞发明创造，要花去许多时间与精力；但他在家里又是一个儿子，要照顾好年老的父母；他还是一个父亲，要教育自己的孩子。因此，他身兼的科学发明家与儿子、父亲等各个角色之间会发生矛盾，会顾此失彼。解决这种矛盾要靠人与人之间的互相帮助，如果他的爱人帮助他多处理一些家务琐事，学校教师多关心些他的孩子，他解除了后顾之忧之后，就能一心扑在工作上，对社会有所贡献。

（四）社会角色规定的人格与其真实人格之间的矛盾

每一个社会角色总是被规定了一套待人处事的行为方式与相应的人格特征。例如，一个医生的角色，规定他要有救死扶伤的精神以及看病、动手术的一套熟练的技能，但这并不是任何当医生的人都能胜任的，因此医生被规定的人格与当医生的人本身所具备的人格就会发生冲突与矛盾。又如，在外贸团体中，一个外事工作人员，角色要求他必须善于和各种人物交往，善于辞令，灵活、敏感，但如他的真实性格内向，不爱交际时，就会感到力不从心，解决的方法是努力改变自己的性格，以符合角色人格的要求。

总之，通过社会化，能使人获得某一个社会角色。角色形成的过程也就是社会化过程。从个人的角度来看，就是形成了社会的"我",形成了自我意识,认识自己的躯体的存在,自己的性格,自己在团体中的地位与身份,自己对自己的态度与评价等等。

社会角色理论是文化人类学家米德所创立,这一理论有助于我们对于个体社会化的理解。但这一理论尚未揭示社会角色形成的心理机制,只是给以宏观性的描述,未能进一步分析并揭露形成社会角色的具体心理过程。

第四节 道德社会化理论

麦独孤认为,社会心理学的一个根本问题,是探讨一个人如何从生来无道德及自我中心,经过社会化成为一个有道德观念的社会人。当前美国社会心理学的道德社会化理论有三大派别:一是从情绪与动机的趋向着手,这是精神分析派,以弗洛伊德为首,当代人是埃里克逊;二是从认识趋向着手,以皮亚杰为首,当代人是柯尔堡;三是从强化学习着手,即行为主义观点,以华生为首,当代人以班杜拉为代表。

一、精神分析理论

弗洛伊德的精神分析理论着重于生物性的观点,后来的新精神分析理论,偏重于社会文化因素的观点。

(一)弗洛伊德的精神分析理论

弗洛伊德认为,人格结构*由本我、自我和超我三部分构

* 此处讲的人格,实质上主要是指个体的道德观念与道德行为。

成。本我是与生俱来的，“它既是无组织的，也是无统一意志的”，只是一种生物性的冲动，“本我不知道价值、善恶或道德”，一心追求个人的快乐，要求满足本能欲望。但它必须通过自我来实现。自我是从本我中的一部分发展而来的，自我与外界发生联系，能根据现实的原则代表外界的要求，自我具有认识、判断与执行的功能，自我的重要任务是满足本我的欲望，“是本我的忠实奴仆”，但自我也想根据外界现实原则来“控制”与“约束”本我，因力量不够，所以在幼儿期还出现了超我。

弗洛伊德指出，自我的处境是很苦的，它需侍候三个(外界、超我、本我)酷虐的主人，且尽力调和三者的主张和要求，这些要求常常互相背道而驰，有时互相冲突。自我是三面被围，为三种危险所威胁，当它感到无法满足和顺从这三者的压力，而需要作出种种努力时，常常会发生焦虑，实在无法调和就会发生精神病态。自我，一方面是本我的忠实奴仆，要满足本我的欲望，另一方面，由于自我起源于知觉、经验，能代表外界的要求、根据现实原则约束与控制本我，但超我却监督自我，超我规定了一套行为模式，不管本我和现实发生什么矛盾，遇到什么困难，自我只要不遵循这一模式，超我就以紧张的情感，责备自我，这种情感表现为卑劣感和罪恶感。

超我，是从自我发展而来，弗洛伊德称之为“良心”。他说，“超我为一切道德限制的代表，总之，等于人类较高尚的行动”，从社会化角度看，超我就是道德化了的自我，有人称它为头脑里的“检察官”。超我是从自我的一部分中分化而来，它是在幼儿时期形成起来的。当幼儿与其父母或其他成人一起生活时，往往感到自己是微不足道的，觉得大人处处比他们优越，于是他们以父母为榜样，女孩子心目中以母亲为榜样，男孩心目中以父亲为榜样，学习他们的行为，建立理想中的自我。这称之为自居。他们虽然感到父母值得自己仿效，也羡慕父母，但他们又感到十分害怕，父母要惩罚他们，批评他们不听话，要他们规规矩矩，因此他们不得不接受外界的要求，作为自己行动的准则。弗洛伊德指出，"超我来源于父母和教师的影响，父母与教师在教育儿童时，也受他们自己超我的指挥，因为他们的父母从前也使他们受严格的管束，结果儿童的超我实质上并非以他们的父母为模型(榜样)，乃是以父母的超我为模型，因此有相同的内容，也保留着历代相传的风习"。弗洛伊德认为，这样认识超我，将"有助于对人类社会行为的了解、犯罪问题的解决，以及教育措施的指导"。

随着年龄的增长，儿童逐渐学到了父母的各种道德观念和行为模式，父母的各种道德观念和行为模式一般是反映了社会上认可的行为与公认的价值观。儿童的超我，随着年龄的增长而逐渐牢固，超我也就形成了，所以说，超我的形成过程也就是社会化的过程。

在弗洛伊德学派中，还有人专门研究超我是怎样形成的，即研究社会上的检察官怎样转化为自己头脑里的"检察官"，社会行为规范是怎样转化为自己的良心的。

(二) 埃里克逊的新精神分析理论

埃里克逊是新精神分析理论的代表者，他的理论牢固地建立在弗洛伊德理论之上，他把弗洛伊德的著作称为"磐石"。但他不同意弗洛伊德的泛性生物学观点，认为精神分析既要考虑生物学影响，又要注意社会文化影响，主要集中注意家庭、学校和文化给予儿童的影响。埃里克逊批评弗洛伊德忽略了社会文化因素在人格发展过程中的作用，但是他还强调了自我的作用。

按照弗洛伊德的观点，人格的模式到了四五岁差不多已经塑造完成。但埃里克逊则认为，人格的发展继续到人的整个一生，也就是说，社会化过程经历着整个一生。他认为人格的发展是一个经历着许多阶段的过程，每一个阶段都有一个特殊的矛盾或核心问题，当这特殊的矛盾解决了，人格也就发展了一步，因为矛盾的产生是与个人以外的其他人物有关，故称心理社会发展。

埃里克逊认为，在每一个心理社会发展阶段，解决了核心问题之后产生的人格特质，都包括了积极与消极两方面的品质，如果各个阶段都保持向积极品质发展，就算完成了这阶段的任务，逐渐实现了健全的人格，否则就会产生心理社会危机，出现情绪障碍，形成不健全的人格。

埃里克逊通过临床观察和经验总结，并且分析了大量的病历后提出，人格的发展是一辈子的事情，这一点是他的独特之处。1960 年有人作了验证性研究，测定了一群 10 岁的孩子的道德行为，6 年之后又重复测定他们的道德行为，发现孩子们的道德发展在 6 年以后仍在继续，研究结果比较符合埃里克逊的观点。

埃里克逊的观点在西方有相当的影响。许多心理学家认为他既继承了弗洛伊德观点，又发展了弗洛伊德观点。他不把人格与道德品质的形成仅限于生理的驱力，而是注意了自我作用与社会文化的影响；每个阶段都提出了一个主要的心理社会问题，这对精神病的预防与治疗、对学校教育中学生人格的培养都有一定的针对性，具有一定的现实意义。西方社会较重视埃里克逊理论，并在临床方面加以广泛地应用，很受人们欢迎，故埃里克逊被认为是当代美国最有成就的精神分析学家。但是，他的阶段论是根据他的经验总结而来，还缺乏客观的科学实验根据；而且他继承了弗洛伊德的理论，还是强调了本能，把本能说成是人格发展的动力，忽视了人的意识、理智在人格发展中的作用。

二、道德发展的认识理论

（一）麦独孤的观点

麦独孤在他所著的《社会心理学导论》一书中，提出了道德发展的观点，这可以说是后来皮亚杰与柯尔堡的道德发展观念的雏形。麦独孤认为，人在出生后一段时间内是无所谓道德、不道德的，他的行为是由本能冲动所制约。随着年龄的增长，以及人与人之间的关系的扩大，他逐渐发展了道德品质。这一过程有四个阶段：

1. 行为决定于本能冲动。

2. 本能的冲动作用受到外界权威赏罚的影响而被纠正。

3. 学会控制行为，这是由于个人对社会赞许与社会惩罚的预期。

4. 不管社会环境可能给予的处罚或奖赏如何，个人行为完全根据他自己的原则。

麦独孤的道德发展观念中，反映了认知与学习因素的重要性。

（二）皮亚杰的道德发展理论

瑞士的心理学家皮亚杰强调儿童道德品质中的认知成分——道德判断，认为儿童道德判断与智力发展是平行的，并且将道德发展分成两个阶段。他设计了一套两难问题的故事，要儿童判断主人公的道德品质。所谓两难问题，即回答问题时，不管如何回答总有困难。例如有一则两难问题的故事是这样的："哥哥帮妈妈做事，不小心而摔破了一篮鸡蛋，弟弟故意摔破了两个鸡蛋。问他们的行为谁最不好？"因为哥哥的动机好而效果坏，弟弟的动机不好而后果损失小，所以判断兄弟两人的错误大小比较困难。

皮亚杰的道德发展理论表现如下：

1. 道德判断从他律到自律。年幼儿童以成人的观点作判断，年长儿童根据自己观点作判断。

2. 道德判断从效果到动机。年幼儿童根据其行为的后果进行判断，年长儿童根据其行为的动机而作出是非判断，最后能结合动机与效果作判断。

3. 对于错误行为的处理，从为惩罚而惩罚到采取有针对性的惩罚方式。年幼儿童认为，如果一个人做了坏事情，应该给予惩罚，让他受到痛苦，如打、骂、不给玩、不给零用钱等。这些惩罚方式和所做的坏事情，与所犯错误内容无关。而年长儿童认为惩罚方式应该结合其错误性质，以使犯错误者在接受惩罚时更好地认识到自己的错误，从而痛改前非。例如，儿童若打破了邻居的玻璃窗，他应该用自己的零用钱来赔偿。

（三）柯尔堡的道德发展理论

当前在美国沿着皮亚杰开辟的道路进行研究而有所发展的是美国心理学家柯尔堡。柯尔堡认为，皮亚杰把道德发展分为两个阶段过于笼统而简略。他根据皮亚杰的基本概念加以延伸为三个水平六个阶段。

柯尔堡设计了一套两难故事来测定儿童的道德判断水平。其中一个典型故事是海因偷药：一个名叫海因的人，他的妻子生癌快要死了，海因家很穷，而治癌的药因商人非法赚钱而价钱很贵，海因为了救自己的妻子而去偷了药。问海因该不该偷？为什么？柯尔堡根据儿童的回答加以分析，柯尔堡的分析不在于海因该不该偷药，主要是分析儿童提出的该偷或不该偷的理由。

道德发展的三个水平六个阶段如下：

1. 前世俗水平。处于这一水平的儿童，对于是非的判断取决于行为的结果，或权威成人的意见。包括两个阶段：

惩罚与服从的定向阶段：他们怕受惩罚，或表现为服从权威。儿童认为应该偷或不该偷都是从上述定向出发。例如，认为海因应该偷药，"否则他的妻子会死去"。又如，认为海因不该偷药，"否则他将会坐牢房、吃苦头"。

工具性的相对主义的定向阶段：判断是非以能否满足需要为标准，有实用主义倾向。例如，认为海因应该偷药，"因为他妻子平时为他做饭、洗衣服，现在妻子生病了，海因应该报答她"。

2. 世俗水平。判断是非能注意家庭与社会的期望。包括两个阶段：

好孩子或好公民的定向阶段:非常重视社会对他的评价,而不是考虑行为本身的正确与否。例如,认为海因不应该偷药,“因为好孩子(或好公民)是不偷东西的”。又如,认为海因应该去偷药,“因为好孩子(或好公民)是帮助人的”。

维护权威与社会秩序的定向阶段:认为判断是非应该尊重权威与维护社会秩序。例如,认为“偷东西总是不对的,如果大家都去偷,那么社会还能成为社会吗?”

3. 后世俗水平。发展出一套独立的、超越社会团体的道德标准。也包括两个阶段:

社会契约的定向阶段:从法律上、道义上比较灵活地判断是非,认为如果法律、规则不合理,可以修改。例如,认为海因应该偷药,“因为允许商人非法赚钱的法律是错误的,必须修改”;“海因偷药是对的,这是对法律的反抗”。

普遍的道德原则的定向阶段:根据尊重人权的平等,人性的尊严,相互信赖等带有普遍意义的道德原则来判断是非。例如,认为海因偷药是对的,“因为人是世界上最可宝贵的,偷药是救人。海因即使因此而坐牢,也是为了维护人权。”

柯尔堡指出,这六个阶段依照次序进展,不能超越,但也并不是所有的人都能达到最高水平。认为道德判断能力的发展除了成熟因素外,还依赖于智力的发展和社会经验的获得。

柯尔堡为了证明这六个发展阶段的普遍性,研究了不同文化国家的儿童,获得了基本相同倾向,他还通过研究表明,道德判断与道德行为有一定的相关。

柯尔堡的理论有积极的方面。儿童道德水平虽然不能跨越,但可以加速过渡,并且向学校教育工作提出了具体要求,有现实意义。有人认为柯尔堡的划定各阶段的标准不够客观。有人作了重复研究,发现各个阶段之间的先后不是必然的,只是在第一、二、三阶段有顺序,四、五、六阶段可能是平行的,柯尔堡本人也承认有这种可能性。

三、道德行为的社会学习理论

(一)道德行为的社会学习理论的基本观点

这派理论在20世纪60年代以美国心理学家班杜拉为代表,主要论点是认为道德行为是通过学习而获得的,也是可以通过学习加以改变的。决定儿童道德行为的是环境,指社会文化、外部条件、榜样、强化等。

班杜拉通过实验研究表明,榜样在儿童行为中起重要作用;而表扬赞许等作用并不十分显著。他们通过一系列的实验来表明自己的观点,即儿童通过模仿可以控制自己的行为,抗拒外界的诱惑。

(二)道德行为的社会学习理论的实验

实验者把一群5岁儿童分成三个组,先给三组儿童参观许多非常吸引人的玩具,并告诫他们,“不许玩这些玩具”。然后分别给以三种不同的实验情境:第一组是榜样——鼓励组,给他们看一部电影短片,讲一个小男孩正在玩被成人规定不许玩的令人喜爱的玩具,后来孩子的母亲看到这一情景,非但不阻止,反而大加赞扬,而且与孩子一起玩;第二组是榜样——批评组,也看类似电影,所不同的是当孩子正在玩被规定不准玩的可爱的玩具时,孩子的母亲看见了,加以严厉的批评,于是小男孩马上放下手上的玩具,吓得在沙发上发抖,并用毯子捂住脸，表示害怕；第三组是控制组，不给看电影。最后进行一次检查，比较有榜样与无榜样以及不同榜样的作用。让每一组孩子单独在房间里逗留15分钟，房间内有许多规定是不准玩的惹人喜爱的玩具，实验者在单面观察窗口进行观察。结果发现，第一组儿童很快被玩具所吸引，他们不顾禁令而去抓取那些玩具，平均只克制了80秒钟；第二组儿童面对逗人喜爱的玩具，能有较长时间的克制，平均克制了7分钟之久，有的孩子有15分钟一直未动那些玩具；第三组儿童平均有5分钟时间的克制。

这一个实验说明了榜样的作用。由于第一组是榜样——鼓励组，因此他们不必去抗拒诱惑，认为自己不顾规定去动玩具也能受表扬；第二组是榜样——批评组，因此他们害怕自己若也玩了玩具，将会受到同样的批评，故而能抗拒外界诱惑，克制自己。

社会学习理论这一学派的实验研究比较多。他们根据实验的事实与结论来建立自己的理论，比较有说服力；而且他们还强调了社会环境、文化因素、榜样、强化等作用，故能充分估计到教育的作用。但是，这派理论没有阐明道德行为的发展变化过程，没有深入分析儿童的内在特点是怎样实现其中介作用的，故是行为主义的

总起来说，以上三派理论各有特点。精神分析理论与认知理论都提出了道德发展的阶段论，其中埃里克逊重视人的内在的本能的力量，而柯尔堡则重视了人的认知能力的发展。社会行为的学习理论主要是强调外界条件对人的行为的作用，强调社会学习和成人的榜样作用，不承认有年龄特征。这

三派理论都是企图阐明人是怎样实现社会化的。但都从各自不同的角度出发,根据一些经验或实验的事实加以归纳成不同的理论,对我们理解道德社会化有一定的启发与借鉴。

第四章 自 我 意 识

一个人是怎样认识自己的呢？他对自己怀有怎样的情感？这完全是在他内心世界的范围内进行的，别人是无法知道的。然而，自己对自己的认识与情感在表面上看来好像是属于个人的私事，实质上却是在一定的文化环境中，通过主体与其他人的相互作用而形成起来的，是社会化的结果。一个人产生了对自己的认识与情感之后，就能够指导自己应该做点什么，怎样去做，从而使个人与社会相适应。其他的成员根据他个人的行为表现就能进一步加深对他的认识，作出一定的反应，从而建立一定的人际关系。

第一节 自我意识概述

一、什么是自我意识

（一）自我意识的定义

自我意识也称自我，乃是对自己存在的觉察，即自己认识自己的一切，包括认识自己的生理状况（如身高、体重、形态等）、心理特征（如兴趣爱好、能力、性格、气质等）以及自己与他人的关系(如自己与周围人们相处的关系、自己在集体中的位置与作用等)。总之,自我意识,就是自己对于所有属于自己身心状况的认识。例如,自己与他人进行对话时,自我意识到(觉察到)自己正在和人谈话,感觉到(体会到)自己很满意,同时还在判断自己的观点是正确的,评价自己的态度是真诚的。所以说,自我意识就是对自己个人身心活动的觉察。

由于个体能洞悉自己的一切,因而能对自己的行为加以控制与调节,而且也形成了对自己固有的态度,如自爱、自怜。

(二) 自我的含义

"我"这一概念可指两个方面,一是主观的"我",即对自己活动的觉察者;另一是客观的"我",即被觉察到的自己的身心活动。人类学家米德把前者称为"I",把后者称为"me"。

平时我们常常说:"我认为我的个性是懦弱的","我感到我心里很难受","我恨我自己太缺乏信心"等等。句子里开头提出的"我",是句子的主语部分,就是主观的"我",即对自己活动的觉察者;句子里的宾语的我,就是客观的"我",即被主观的我觉察到的自己的身心活动。

(三) 自我意识的社会性

自我意识的发生与发展过程,就是个性社会化的过程。一个人从娘胎里分娩出来的时候,只是一个生物体,一个自然人,这个小生命有极大的依赖性,必须得到成人的照顾才能长大成人,产生人的意识。如果个体在发育过程中没有处在人类社会生活中,而在动物环境中生活,即使在生理上发展得像一个人的模样,但却未被社会化,就不会具有人的意识。

人只有处于人的社会环境中才能发育成长，在成长过程中逐渐产生对周围世界的认识，与此同时，也产生了对自己的认识，即形成自我意识。所以说，一个人通过社会化就形成了“自我”，认识到自己是什么人，有什么特点，自己在与他人的关系中处于什么样的地位和作用等。

（四）自我意识的形象性

自我意识，是从周围人们的期待与评价自己的过程中由主观体验到而发展起来的，自己觉察到对方的态度与言语中所包含的内容，于是就丰富了自我意识的内容并发生分化，从人们对自己情感与评价的意识发展为自我态度。柯里把自我意识这一侧面称为“自我形象”。

所谓“自我形象”，就是自己了解自己的一切，自己对自己的认识，就像自己站在镜子面前看到自己的一切一样。这面镜子就是社会上其他人对自己的认识与评价。柯里指出：“人与人之间相互可以作为镜子，都能照出他面前的人的形象。”我们把自己的容貌、姿态、服装等作为自己所拥有的东西，在镜子中细细观察，总以一定的标准来衡量其美丑，如果符合标准感到喜悦，否则就表现出不高兴的形象。同样，个体在想象他人心目中关于自己的姿态、行为方式、性格等，也会时而高兴，时而悲伤。例如一个中学生在想象中，以为班主任对他的印象很好或不好，从而会产生某种情绪体验，对自己满意或不满意。

柯里认为，自我意识的形象包括三个因素：

1. 关于被他人看到自己的姿态的自我觉察。

2. 关于他人对自己所作的评价与判断的自我想象。

3. 关于对自己怀有的某种感情——自尊或自卑。

其中第二个因素在实际中是有重要意义的，而第三个因素是由第二个因素决定的。由于想象到他人对于自己是夸奖的或是贬低的，因而就发生了自尊或自卑的心理。

（五）自我意识是主客观的统一

1. 自我意识的客观性

一个人的自我意识如自尊心等，决不是在封闭着的自我意识中自然而然地形成的，而是在与周围各种各样的人们的接触中，注意他们对自己的态度，想象他们对自己的评价，以此为素材，把它作为一个客观标准而内化到自己的心理结构之中，在这个基础上形成自我形象。也就是说，个体对自己的形象和自己感情的体会是依存于个体和他人的接触，想象他人对自己的判断和评价而形成的。但是在实际上，从他人眼睛里正是反映了当时社会规定的角色要求和团体的价值体系与价值观，这一点是不能够忽视的。例如，某人怀有一种合理的自尊心，因为他体会到周围人们都看得起他，这正是人们反映了当时社会的价值体系与价值观，由于他助人为乐，学习努力，见义勇为等，这些品质与行为方式是得到社会肯定的，已被人们内化为他们主观评价的依据。由此可见，自我意识是社会评价的反映，是社会价值观的反映。

2. 自我意识的主观性

随着年龄的增长，个体在与周围人们的交往中，尤其是与那些重要人物的交往，逐渐把他人的判断内化为自己的判断，于是个体就按照自己所想象的他人的观点来看待自己。随着时间的推移，个体自我意识的自我态度也慢慢地脱离了他人的评价，成为自律的东西而发挥作用。那时的个人由于形成了自我态度，因而渴望追求自己的价值与地位，对于社会上忽视自己或不重视自己的人们就没有好感，从而对他们采取回避或疏远的态度；对于社会上那些肯定自己的人们则怀有好感，主动去接近他们，表现为自律性。所以自我意识到了自律阶段就会变得“我行我素”，发挥出主动性和独立性。

总之，自我意识既是客观的，又是主观的，它是主客观的统一。

二、自我意识的作用

个人的自我意识对其学习与工作有巨大的推动作用，对其自身态度的转变亦能发生重要的调节作用。

（一）自我意识对学习与工作的推动作用

自我意识中的两个主要成分——自尊心与自信心对个人行为发生重大的影响。

1. 自尊心的作用

自尊心是自我意识的一个重要成分。自尊心就是尊重自己的人格，尊重自己的荣誉，不向别人卑躬屈膝，不容别人歧视侮辱，维护自我尊严的自我情感体验。所以自尊心也称为自爱心。一个人如果缺乏自尊心，则任何批评与表扬都起不了作用。有了自尊心，就不会为个人目的而奉承别人，也不需别人奉承自己。

与自尊心密切相关的是羞耻心。羞耻心总是和上进心、荣誉感联系在一起。羞耻心，就是指由于发现自己在认识上、行为上的不足、缺点和错误而感到羞愧，受到别人侮辱而感到愤懑。“羞耻之心人皆有之”,羞耻心是产生自尊心的基础,没有羞耻心的人,亦无所谓有自尊心。羞耻心对人的进步与成长有很大关系。一个人如果有了缺点与错误,不以为耻,反以为荣,那么他就无法进步。

有自尊心与羞耻心的人,总是有争先进,争上游,不达目的不罢休的好胜心,他们不甘心落后,自觉而主动地遵守纪律,做好本职工作,创造性地完成任务。所以说,自尊心与羞耻心是推动人们不断上进的一种动力,有自尊心的人受到表扬会更加严格要求自己,有羞耻心的人受到批评会更加发奋图强。所以自尊心是自我意识中的重要的可贵品质。

团体的领导人或学校的教师,要充分发挥每一成员的自尊心与羞耻心的作用,尊重他们的意见、设想和创造精神,正面引导,善于启发,不要简单地下命令;对于他们的缺点当然要进行批评,但必须适可而止,做到知“羞”为休,知“耻”为止,太过分了就会损伤他们的自尊心,无助于启发他们的羞耻心。

2. 自信心的作用

自信心,是对自己力量的充分估计,它也是自我意识的重要成分。居里夫人有句名言:我们应该有恒心,尤其要有自信心!自信心是人们成长与成才不可缺少的一种重要的心理品质。一个人如果很自卑,看不到自己的力量,总是认为自己不行,做不好工作,搞不好学习,久而久之会形成一种固定的心理定势,对于工作与学习将会带来消极的影响。

美籍物理学家钱致榕于1982年参加了南京大学建校80周年纪念活动,谈起他中学时代的一段经历,说明学生的自信心对其学习的重要作用。解放以前社会风气很坏，也影响到了学校，很多学生考试作弊，不求上进。一位责任心很强的老师，为了改变这种情况，就从300个学生中挑选60人组成了“荣誉班”。钱致榕当时是这个班的成员。“荣誉班”的学生被告知说，他们因为有发展前途而被挑选上。因此，“荣誉班”的学生个个心里十分高兴，他们对自己的前途充满了信心，严于律己，勤奋学习。结果，奇迹出现了，这个班的大多数学生后来成了有成就的人。后来钱致榕教授遇到了组织“荣誉班”的那位中学老师，一问才知道，原来这60个学生是他随意抽签决定的，并未经过什么专门挑选。

上述事实十分发人深思。在“荣誉班”中，由于学生被告知他们“有发展前途”才被挑选出来，这就使这些学生产生了强烈的自信心，他们自尊、自爱、自强，终于成才。日本教育家田崎仁分析统计了学生成绩差的原因，认为约有1/3的学生是由于缺乏自信心。苏联教育家苏霍姆林斯基说过：“不能容许学校里总有一批学生，他们感到自己没有学好，认为自己干什么都不行。”他认为，对学习困难的学生，教师必须使他建立信心。

由此可见，任何一个人进行某种活动时，如果具有强烈的自我意识，则能发生积极作用。生活中往往可以看到，人们在学习与工作中你追我赶，都想争取优异成绩，其中一个原因就是要使自己表现得好一点，以保持或提高自己在集体中的地位。可见，自我意识对一个人的活动会发生积极的推动作用。当然，如果处理得不适当，自我意识也会使自己变得过分突出而脱离群众。

（二）自我意识对态度转变具有决定作用

自我意识对个人态度转变有一定的影响。人们的态度不是一成不变的，它随着客观的要求而发生变化。态度的变化不能强迫进行，必须通过自愿。一个人态度是否容易发生变化，因素十分复杂，有主客观因素。其中，自我意识可发生推动和阻碍作用。

如果一个人对自己各方面的评价都很高，认为自己一贯正确，甚至十全十美，当客观上要求他改变某种态度时，由于他对自己的看法与客观上对自己的要求距离过大，因而感到十分委屈，很难转变态度。例如，在一个单位里两个成员之间发生了矛盾，双方态度十分不友好，虽然周围其他成员不断地调解以促成和好，但双方的态度能否转变，还取决于当事人。如果他们意识到自己的身份与地位，就会以大局为重，不再耿耿于怀，最后就会转变其态度，言归于好。相反，如果双方还是一意孤行，各执己见，则任何外力的影响也难以改变其态度。

（三）自我意识具有自我控制的能力

个人的自我意识有一种自我控制的功能，能控制自己的行为与态度。当客观上要求人们改变其原有的态度时，人们往往不愿意去改变。而不改变其原先的态度又会受到社会舆论的压力，使自己有失面子。为此，要求自己服从或顺从社会舆论，声称或表现自己的态度已经转变，其实依然"故我"。自我意识的自我控制现象，在生活中比较普遍。例如，在十年动乱中，"四人帮"鼓吹"无产阶级文化大革命就是好"，而广大人民持否定态度，但在当时的社会背景下，许多人敢怒而不敢言，只好随声附和，看起来好似都转变了态度，其实不然。这就是自我意识对个人行为与态度发生了控制作用。

第二节　自我意识的发生与发展

一、自我意识的发生与形成

自我意识是个性社会化的结果。形成自我意识是一个逐步的过程，这一过程可以分为三个阶段，即从生理的自我到社会的自我，最后发展到心理的自我。

（一）生理的自我

G·奥尔波特等人对个体生理的自我的发生作了详细的研究。他指出：自我意识最原始的形态是生理自我，生理自我是个人对自己身躯的认识，包括占有感、支配感和爱护感。这些认识能使个人体会到自己的存在是寄托在自己的身躯上，当然这种生理的自我并非是与生俱来的。

婴儿刚出生时，不能区分自己的与不是自己的东西，对自己的手、脚与周围的玩具视为同样性质的东西并加以摆弄，不用说，这时并没有自我意识。但当他表现出抓、咬、摸自己手脚的行为时，就发生了被抓、咬、摸等各种感知活动，而当他抓玩具时，却并未发生类似感觉，因为他还没有对这些事物逐渐加以分化。与此同时，成人精心照料婴儿，见到他要吃奶、尿湿裤子而哭叫时，就及时满足他的需要。G·奥尔波特指出，必须注意的是，这时候的婴儿虽然多少有点儿把自己作为对象化的意识,似乎有一种自我本位或自我中心的现象,其实,这时的婴儿对自己与其他事物及他人还处于未分化的状态,只不过是一种对外界的直接反应。

出生两三个月以后的婴儿,有一个重要的现象发生了,这就是婴儿会对人笑。心理学家认为,婴儿的笑在其自我意识的发展中有重要作用。笑表示婴儿对外界的刺激发生了反应,说明婴儿与外界环境有了接触,发生了相互作用。

G·奥尔波特指出,婴儿到了七八个月的时候,往往会关心自己在镜子里的形象,他们在镜子中认识父母的形象比关心自己的形象要早得多。婴儿到了10个月的时候,就会主动地看镜子里的自己的形象,想和那个形象玩耍,但他那时候还不知道镜子里的形象就是自己。

日本心理学家铃木通过研究指出:婴儿在1岁7个月左右,听到他人叫自己的名字时,就知道是叫自己的;到了2岁2个月左右,就能够确定地认识镜子里的自己形象或照片;从1岁8个月开始,能够区别同伴,即使照片也能区分;2岁左右,能用自己的名字来表达自己的要求,他们也还能够使用"你"这一人称代词与周围人们进行交际。

从以上的分析中可见,自我意识中生理的自我,婴儿从出生以后第8个月开始,到3岁左右基本成熟。这一阶段的自我意识,是以躯体需要为基础的生理自我。到了3岁的时候,又表现出一些新的特点:有羞耻感、妒忌心与垄断心,能更多地使用第一人称——"我"。但这个时候表现出来的行为是自我中心的,以自己的想法来解释外界的现象;认为外部世界是为他而存在,以他为中心,所以这时期又称为“自我中心期”。

(二)社会的自我

从3岁到青春期以前的十三四岁,这段时期是个体接受社会文化影响最深的时期,也可以称为“客观化时期”。

幼儿园的游戏对个人实现社会的自我起着重大作用。游戏的过程与社会化的过程是吻合的,因为儿童的游戏是成人社会生活的反映。例如在办医院、办“娃娃家”的游戏活动中,都设置了不同的社会角色,有“院长”、“医生”、“病人”、“护士”、“父亲”、“母亲”、“宝宝”、“奶奶”等,儿童在游戏活动中扮演了某个社会角色,也会学习该角色的行为方式,自己将以一个“医生”或“奶奶”的身份进行社会交往活动,揣摩该角色的心理状态,并且还学到了各社会角色之间的相互关系,产生某种情绪体验。

学校中的社会化也是建立自我意识的重要阶段。学校与家庭不同:家庭往往以“我”为中心,尤其是独生子女,是全家的宠儿;学校中的老师是中性的,他(她)要面向全体学生,要关心全班每一个学生,不偏爱任何人,也不疏远任何人;由于教师的情感对儿童是一视同仁,因此使学生认识到自己在学校中应有的地位——自己是班级中的一个成员,而不是像在家庭中那样,“唯我独尊”的神态占主要地位;在学校中学生要接受一定的社会义务和责任,如完成作业,参加劳动,帮助同伴等,这种社会义务与责任对学生会产生一定的压力,使他们有一点焦虑,从而要求自己积极设法完成社会义务,担负社会责任,而在家庭里却没有承担这些社会义务和责任;学生在学校里学习文化知识以及形成一定规范的道德行为,这一过程中教师的表扬和批评客观上容易使学生获得成就动机,产生自我实现的需要和欲望。

学生对其学习的成就动机的发展,是形成自我意识最重要的特征,学生具有成就动机之后,往往会随之产生一种担心失败的不安全感;担心自己会失败,会落后于同伴;如果确实失败了,则归属感和自尊感会受到损害,于是这种成就动机会鼓励自己作出努力,以获得自我满足,进而要求自己表现出符合社会要求的行为,以实现社会的自我,努力支配自己的行为,能够最大限度地符合社会要求,成为符合社会要求的社会的自我。

(三)心理的自我

从青春期到成年大约有10年的时间,这个阶段自我意识已趋向于成熟,也是心理的自我发展阶段。从青春期开始,个体的生理、情绪、思维能力都发生了本质的急剧变化,如性的成熟与觉醒,想象力的丰富,逻辑思维能力的发展等,都会促使其自我意识趋向主观性,这也可称为"主观化时期"。所谓主观性,主要表现在下列四方面:

1. 透过自我意识去认识外部世界。也就是说,用自己的观点来认识与评价外界事物,使自我意识成为个体认识外界事物的中介因素。这一时期与"客观化时期"不同,"客观化时期"的个体是从社会的观点来认识与评价事物;因此青年和儿童不同,儿童是以成年人的观点为指导,而青年人不愿意盲目地追附他人,他们的观点和行为都带有浓厚的个人色彩。心理的自我是社会自我发展的必然产物,如果自我意识仅仅发展到"客观化时期"就停滞不前,那么人类社会将会变成划一的群体,社会创造力和社会进步亦无从谈起,无从产生。

从“客观化时期”发展到“主观化时期”是一个缓慢的过程。当个体尚处于“客观化时期”,就已经不断地把他从社会上所吸取来的态度、兴趣、愿望、能力、理想、信念等加以综合;到了“主观化时期”,个人就把经过综合、加工了的主观的态度、兴趣、理想等等作为评价外界事物的依据。

2. 自我意识的“主观化时期”是个人价值体系的形成与发展时期。这一时期的青年人,常常会强调自己所具有的独特的人格特征的重要性,从而指导自己的言行以适应社会,并提高自己在社会上的地位。一个身体健康的青年往往会强调健康的重要性,一个学习优秀的青年人则强调文化知识的重要性,许多青年人都很欣赏自己所特有的人格特征,从而感到自尊等,这就是自我意识影响了他的价值观。

3. 表现出自我理想。自我理想,就是个人追求的生活目标。个体所追求的目标对他本人来说,总认为是最有意义的。如果想当个医生,就认为医生的职业最高尚,如要想当个教帅,则认为教师的职业最有意义,等等。可见,自我理想与价值观是一致的。

4. 抽象思维的发展。这是智力发展的飞跃,个人的抽象思维能力提高了,就能超脱具体的情境,进入精神的领域。

总之,由于自我意识的发展,使个人逐渐脱离对成人的依赖,并从成人的保护下,从成人的约束下独立出来,表现出主动性与独立性,强调自我的价值观与自我理想。这个时期可以说,自我意识已经确立起来了。

二、埃里克逊的自我发展观

埃里克逊关于自我发展的八个阶段的理论观点，本是从人格形成与发展的角度来分析的，但从其内容看，实质上也是自我意识形成与发展的问题。例如，获得自主感、主动感，避免自卑感，克服内疚感，“自我专注”等，都是自我意识的重要内容。这里试图把埃里克逊的八个阶段理解为自我意识形成与发展的八个阶段。

埃里克逊认为，人的自我意识的发展继续到人的一生，其发展要经历不同的阶段，每个阶段都有一个特殊的核心问题，解决了特殊问题，自我意识会进入到一个新的阶段，这时又产生了新的矛盾，这样螺旋式地循环往复，一直到老。如果前一阶段核心问题未解决，就会影响到下阶段自我意识的顺利发展，从而发生社会心理危机，出现情绪障碍。埃里克逊把自我意识的形成与发展划分为下列八个阶段。

（一）婴儿期

婴儿期是从出生到 18 个月左右，这阶段是获得基本信任感而克服基本不信任感。所谓基本信任，就是婴儿的需要与外界对他需要的满足保持一致。这阶段婴儿对母亲或其他代理人表示信任，婴儿感到所处的环境是个安全的地方，周围的人们是可以信任的，由此就会扩展为对一般人的信任。

婴儿如果得不到周围人们的关心与照顾，他就会对外界特别是对周围的人产生害怕与怀疑的心理，以致会影响到下一阶段的顺利发展。

埃里克逊认为，一个人不应该对任何人都信任，不信任感也有一点用处。有了不信任感后，对外界的危险会有一种准备性，对外界不愉快的事情可有一种预期，否则一遇社会挫折就感到不可思议或束手无策，不利于自我的成长。但埃里克逊认为，在人际关系中信任感与不信任感要有一定的比例，信任感应该要多于不信任感，这有利于心理发展。

（二）童年期

童年期是从 18 个月到三四岁，这阶段是获得自主感而避免怀疑感与羞耻感。个体在第一阶段处于依赖性较强的状态下，什么都由成人照顾。到了第二阶段，儿童开始有了独立自主的要求，如想要自己穿衣、吃饭、走路、拿玩具等，他们开始去探索周围的世界。这时候，如果父母及其他照顾他们的成人，允许他们独立地去干一些力所能及的事情，并且表扬他们完成的工作，就能培养他们的意志力，使他们获得了一种自主感，能够自己控制自己。

相反，如果成人过分爱护他们，处处包办代替，什么也不需要他们动手；或过分严厉，这也不准那也不许，稍有差错就粗暴地斥责，甚至采用体罚。例如，孩子由于不小心打碎了杯子，尿湿了裤子，成人就对其打骂，使孩子一直遭到许多失败的体验，就会产生自我怀疑与羞耻之感。

埃里克逊认为，父母应当允许孩子在安全的条件下进行自由活动，鼓励他们在活动中取得成功，这对发展孩子的自主感有帮助。不要养成他们处处依赖成人的习惯，否则长期下去就会不相信自己的力量，变得很害羞。但自主感也不能无限制地发展，也必须要有一定的怀疑感与羞耻感，如果过分相信自己，以后就不容易适应社会准则，变得独断孤行。埃里克逊认为，自主感应强于怀疑感与羞耻感。

（三）学前期

学前期是从四到五岁。这阶段是获得主动感克服内疚感。个体在这阶段的肌肉运动与言语能力发展很快，能参加各种运动如跑、跳、骑小车等，能说一些连贯的话，他还能把自己的活动扩展到超出家庭的范围。除了模仿行为外，对周围的环境（也包括他自己的机体）充满了好奇心，知道自己的性别，也知道动物是公是母，常常问问这，动动那。这时候，如果成人对于孩子的好奇心以及探索行为不横加阻挠，让他们有更多机会去自由参加各种活动，耐心地解答他们提出的各种问题，而不是嘲笑、禁止，更不是指责，那么，孩子的主动性就会得到进一步发展，表现出很大的积极性与进取心。

反之，如果父母对儿童采取否定与压制的态度，就会使他们认为自己的游戏是不好的，自己提出的问题是笨拙的，自己在父母面前是讨厌的，致使孩子产生内疚感与失败感（所谓内疚感，就是认为自己做错了事情，做坏了事情），这种内疚感与失败感还会影响下一阶段的发展。总之，这一阶段教育得好，就能使儿童的主动感得到发展，否则就会使内疚感发展。

（四）学龄初期

学龄初期是从六岁到十一二岁。这阶段是获得勤奋感避免自卑感。学龄初期儿童的智力不断地得到发展，特别是逻辑思维能力发展迅速，他们提出的问题很广泛，而且有一定的深度。他们的能力也日益发展，参加的活动已经扩展到学校以外的社会。这时候，对他们影响最大的已经不是父母，而是同伴或邻居，尤其是学校中的教师。他们很关心物品的构造、用途与性质，对于工具技术也很感兴趣。这些方面如果能得到成人的支持、帮助与赞扬，则能进一步加强他们的勤奋感，使之进一步对这些方面发生兴趣。

埃里克逊劝告做父母的人，不要把孩子的勤奋行为看作为捣乱，否则孩子会形成自卑感，认为自己不如别人，应该鼓励孩子努力获得成功，努力完成任务，激发他们的勤奋感与竞争心，有信心获得好成绩；还要鼓励他们尽自己最大努力与周围人们发生联系，进行社会交往，使他们相信自己是有能力的、聪明的，任何事情都能做得很好，即使是参加赛跑，也会认为自己是跑得很快的。总之，使他们怀有一种成就感。

埃里克逊认为，儿童的勤奋感中也应该有一点失败的经验，以便今后能经受住失败的挫折，但又不能过分地经常地遭受失败，经常失败就会产生自卑感。

（五）青春期

青春期，亦即青少年期，相当于初高中阶段。这个阶段的核心问题是自我意识的确定与自我角色的形成，主要是获得同一感而克服同一性混乱。

青少年对周围世界有了新的观察与新的思考方法，他们经常考虑自己到底是怎样一个人，他们从别人对他的态度中，从自己扮演的各种社会角色中，逐渐认清了自己。此时，他们逐渐疏远了自己的父母，从对父母的依赖关系中解脱出来，而与同伴们建立了亲密的友谊，从而进一步认识自己，对自己的过去、现在、将来产生一种内在的连续之感，也认识自己与他人在外表上与性格上的相同与差别。认识自己的现在与未来在社会生活中的关系，这就叫同一性，即心理社会同一感。

埃里克逊认为，这种同一感可以帮助青少年了解自己以及了解自己与各种人、事、物的关系，就能顺利地进入成年期。否则就会产生同一性的混乱，如怀疑自我认识与他人对自己认识之间的一致性；做事情马虎，看不到努力工作与获得成就之间的关系。同一性混乱，还表现在对领导与被领导之间的共同点与差异看不清，要么持对立情绪，要么盲目顺从等。在两性问题上也会发生同一性的混乱，认识不到两性之间的同一与差异等。

埃里克逊认为，这阶段同一性发展与前几个阶段发展的好坏有很大关系，如果过去有很多的不信任感、怀疑感、内疚感、自卑感，那么同一性发展很困难，甚至不可避免地要发生同一性混乱，所以首先必须发展好前几个阶段中的积极品质，使同一感能很好发展。

（六）成年早期

成年早期是从 18 岁到 30 岁，这是建立家庭生活的阶段，这阶段是获得亲密感，避免孤独感。亲密感，是人与人之间的亲密关系，包括友谊与爱情。亲密的社会意义，是个人能与他人同甘共苦、相互关怀。亲密感在危急情况下往往会发展为一种互相承担义务的感情，它是在共同完成任务的过程中建立起来的。

如果一个人不能与他人分享快乐与痛苦，不能与他人进行思想情感的交流，不相互关心与帮助，就会陷入孤独寂寞的苦恼情境之中。

（七）成年期

成年期，亦即中年期与壮年期。这是成家立业的阶段，这阶段是获得创造力感，避免“自我专注”。这一阶段有两种发展的可能性，一种可能是向积极方面发展，个人除关怀家庭成员外，还会扩展到关心社会上其他人，关心下一代以至子孙万代的幸福。他们在工作上勇于创造，追求事业的成功，而不仅是满足个人需要。另一种可能性是向消极方面发展，即所谓“自我专注”，就是只顾自己以及自己家庭的幸福，而不顾他人的困难和痛苦，即使有创造，其目的也完全是为了自己的利益。

（八）成熟期

成熟期，亦即老年期。这阶段是获得完美感，避免失望感。如果前面七个阶段积极的成分多于消极的成分，就会在老年期汇集成完美感，回顾一生觉得这一辈子过得很有价值，生活得很有意义。相反，如果消极成分多于积极成分，就会产生失望感，感到自己的一生失去了许多机会，走错了方向，想要重新开始又感到为时已晚，痛不胜痛，于是产生了一种绝望的感觉，精神萎靡不振，马马虎虎混日子。

以上是埃里克逊自我发展的八个阶段，从中可以看到自我的形成与社会文化因素的关系，也可以看到自我与社会生活在个体人格发展中的作用。他的八个阶段是他临床经验的总结，尚缺乏严格的科学事实为依据，但比起弗洛伊德强调本能的生物学观点来，他注意侧重了社会文化因素在自我意识形成与发展中的作用，他的理论有相对的合理性，在西方心理学界有相当大的影响。

第三节　对人关系中的自我表现

一、对人关系中的自我表现是根据双方的地位而进行的

在人们相互接触中，各人表现出来的态度与行为是各不相同的，同一个人对不同关系的他人，也会表示出各不相同的态度与行为，这是因为个人在对人关系中意识到自己与对方的关系，意识到自己在这关系中所占的地位，因而作出了一定的自我表现。例如，甲乙两个人，乙是根据什么线索来对待甲的呢？甲与乙如果是师生关系，双方在日常生活中通过相互接触，乙认识了甲在乙面前表现出来的行为举止、对人对事的看法与态度，尤其是甲对乙的态度与行为，这些认识就成为乙对甲的态度的线索，使乙认识到甲是一位老师，教语文课，工作认真，要求严格等，同时乙也认识到甲是喜欢自己的，乙还认识到自己是甲的学生。基于上述线索，乙对甲产生了尊敬的态度。

一个人不可能对任何人都表现出相同的态度与行为。人们对上级、部下、同学、知己、家属等的态度与行为是极为不同的，如对知己是推心置腹，对上级是服从命令，对下级是严格要求等。因此，人们所采取的对他人的态度与行为方式，往往是适应了与之所建立起来的社会关系，从而表现为多样性。所以说，甲在乙面前表示的态度与行为方式，可以认为就是甲以自己与乙之间的社会关系作为前提的自我表现。

自我表现出的行为方式,只表明了与自我意识有关系的一方面,不是自我意识的全部,因为自己应该表现出怎样的态度与行为,是以自己与对方之间建立的一定的社会关系为前提的。对敌人与对自己的同志,自我表现势必会截然不同,对敌人,个人当然表现为针锋相对,寸步不让;对自己的同志,个人当然会表现出友好、热情、关怀、谦逊等态度;对待国际友人和本单位里的同事,自我表现也反映出“内外有别”。前者表现为不卑不亢,后者表现为坦率。

二、对人关系中的自我表现是复杂的

由于现代社会的复杂性,价值观的多样性,形成了人与人之间多重的关系,因而对人关系中的自我意识及其表现也是极为错综复杂的。

人们由于出于礼貌,或出于对他人的关心,或出于公心,自我意识往往表现出自我克制的态度,掩盖了自我意识的真实性。例如,在熙熙攘攘的人群里,别人不小心踩了自己的脚,感到疼痛难忍,但当对方给自己表示歉意,询问“踩痛了没有”时,自己定会以礼相待,说“没关系,没踩痛”,从而避免了双方的口角。又如,自己借钱给别人而自己正想用钱时,借钱者主动打招呼表示要过几天再还,自己也会讲“不急不急,我这几天不需用钱”。还有,有些同志明明身患疾病,健康情况欠佳,但一心为了工作隐瞒病情,不顾自己身体的劳累而忘我劳动等等。

有些人由于私心重,往往在对人关系上作出了不适当的自我表现。例如,装阔、装穷等等。

三、相互关系中的其他因素影响着自我表现

（一）相互关系中对方本身的特点

人们的自我表现，往往根据相互关系中对方的特点而采取某种相应的对策。如果相互关系中的对方比较自高自大，则个人的自我表现也会发生自尊的倾向，表示自己并不落后于对方。这种情况在双方发生矛盾时尤为明显。例如，双方吵架各不相让，往往会愈演愈烈，甚至发展到动武的程度。如果一方采取自我克制的态度，则对方也会有所收敛。在人们日常生活中，如果一方谦让，则另一方多半也会谦让，在解决矛盾时，双方多作自我批评，则矛盾容易解决。其原因就在于，人际关系中对方本身的特点往往会影响着另一方的自我表现。

美国社会心理学家格京等人曾做一实验，发现被试的自我表现多半与对方的表现相吻合。实验者先请被试作一次自我介绍，描绘自己并评价自己是怎样一个人，有什么特点等，实验者记录下来作为原始材料。一个月以后，实验者安排被试与一个实验者的同伙交谈，交谈是一个个地进行的，实验者的同伙与其中一半的被试谈话时，故意表现出自高自大，自命不凡，处处表现自己，夸口自己有什么优点；但他对另一半被试谈话时，又故意表现得十分谦虚，过于自卑，常常讲自己的不足，什么也不如别人。实验者也要求这些被试向对方介绍自己情况，进行自我表现。然后，实验者比较这两组被试的自我描绘与他们在一个月以前所作出的自我描绘有什么差别。实验结果清楚地发现，被试的自我表现在很大程度上受对方

交谈者的影响，当实验者同伙作自我夸张的介绍时，被试的自我描绘比一个月以前的自我描绘出现了许多优点；而与自谦的实验者同伙交谈时，被试的自我描绘比过去更多地提出了自己的不足与缺点，忽略了自己的优点。

这一实验也可以说明，一个人在某种陌生的环境里，不知道自己应该如何适当地、恰如其分地表示自己时，往往把与其交往者的自我表现作为一个参照点。

在人际交往中，当缺乏一定量的信息时，个人会根据猜测而作出其自我表现。有时候，对方与自己缺少直接的相互交往，获得的信息不充分，个人往往会作出种种猜测与估计，从而发生相应的自我表现。例如，一个歌唱家要登台演唱，应该怎样表现自己才能获得满意的效果呢？他就在头脑中想象听众的兴趣、欣赏水平、文艺修养等。他在一些中小城市可能会唱一些流行歌曲，在全国举行的歌咏比赛时可能会唱一些富有艺术性与思想性的歌曲。因为在前一场合下，他认为这些听众欣赏水平低，艺术修养差，而在后一场合下，认为那些评判者都是一些有造诣、有水平的人。由于歌唱家对不同的听众作出不同的估计，为要迎合不同的听众，因而作出不同的自我表现。

在现实生活中，往往还有这样一种情况，有些人会作出与对方表现相反的自我表现。如果对方是自己不喜欢的甚至是自己所讨厌的人，即使对方表现出来的态度与所提的意见和自己相同，自己也会故意作出相反的自我表现，以显示自己与对方并不合拍，有不同的个性，从而与对方保持一定的社会距离。

（二）当时的情境

个人的自我表现以当时的情境为转移。格京以一群新入学的海军学员为研究对象，把他们分为A、B两组，对每一组被试都交给他们一个同样的工作任务，但给以不同的指导语。对A组的指导语是特别强调必须团结协作，才能很好地完成任务；对B组的指导语是强调必须正确而有效地解决问题。这两组所接受的指导语不同，要求A组被试搞好人与人之间的关系，要求B组被试充分发挥个人的才智与责任感。然后要求各组每一个被试在自己小组内作自我介绍，这实际上也就是在一定的情境下所作的自我表现。

研究结果发现，强调要有效地解决问题的B组被试，较多地作出对自己肯定的描述，让大家知道自己的才能、特长与优点，目的是为了使他人了解自己，可以保证完成任务的决心与信心；而强调搞好人际关系的A组被试，他们在自我介绍中表现得非常谦虚，甚至批评自己的缺点，他们估计这样的自我介绍会给小组成员留下好印象，便于今后和睦相处，团结协作，把工作做好，他们认为如果一开始自己就表现出自高自大，可能会引起他人的反感，搞不好关系，从而不利于今后的工作。

这一实验结果表明，在不同的社会情境下，个人的自我将会作出不同的表现。

（三）所属团体的参照

个人参加了某一个团体，就属于该团体中的一分子，从而自觉地维护自己所属团体的尊严。因此，其自我表现也会发生一些相应变化。

在日常生活中,确实可以看到个人的自我表现以所属团体为参照,也就是所属团体的规范对个人自我表现的影响,这种影响有时可以理解为某种约束力。例如,中国大学生离开祖国到国外学习,他的行为举止都会意识到自己是一个中国人,在外国人面前不能卑躬屈膝,而要自我表现出中国人的气概,这就是祖国这一大的社会团体给个人自我表现的影响。自我表现受团体规范的影响的事实,即使在小学生中也是明显地存在的。有个少先队员在马路上与同伴发生争执,进而动手扭打之前,先把自己系在颈上的红领巾解下来放好,然后打架。这个少先队员自我意识到:少先队每一个成员不允许做出越轨行为,而打架是少先队组织所不允许的,要受到社会的指责。因此,解下红领巾之后打架这一自我表现,是为了免受团体规范的约束。

第四节　自 我 评 价

一、自我评价概述

(一) 什么叫自我评价

所谓自我评价,乃是一个人对自己生理、心理特征的判断,是自我意识的重要组成部分。国外社会心理学家认为,随着个人自我意识的发展,个体对个人本身的评价也经历着不同的阶段。

在处于生理的自我阶段,自我评价主要表现为个体对自己身体、衣着、家庭、父母等对他的态度、他对家庭成员的态度的评价和判断,从而表现出自豪或自卑的自我感情。

在处于社会的自我阶段,自我评价主要表现在个体对自己在社会上名誉、地位、社会中其他人对自己的态度、自己对周围人的态度等方面的评价和判断,也表现在对自己拥有的财产的感情的评价,从而表现出自尊或自卑的自我体验。

在处于心理的自我阶段,自我评价表现为个体对自己的智慧、才干、道德水平等方面的评价与判断,从而产生出自我优越感等的自我体验。

由于自我意识处于不同的发展阶段,自我评价的主要内容也随之发生变化,由此,在不同阶段具有不同的自我追求。在自我意识发展的第一阶段,是属于生理的自我阶段,在其自我评价的基础上,主要追求其身体外表的完美,追求物质欲望的满足,以获得家庭成员的关心与爱护等;在社会的自我阶段,在其自我评价的基础上,则追求他人的注意与重视,追求他人对自己的情感,追求名誉地位,这阶段竞争心特别重;自我意识发展到了心理的自我阶段,在其自我评价的基础上,主要追求在政治上、道德上的上进,并且努力发展自己的智慧。

(二) 自我评价的功能

"人贵有自知之明"。正确的自我评价,对个人的心理生活及其行为表现,对协调社会生活中的人际关系有较大的影响。20 世纪初期,心理学家柯里就指出:"在人们的心理生活中,自尊或自卑的自我评价意识有很大作用。人们经常会把自己看作是有价值的、令人喜欢的、优越的、能干的人。如果一个人看不到自己的价值,只看到自己的不足,什么都不如别人,处处低人一等,就会丧失信心,产生厌恶自己并否定自己的自卑感，这样的人就会缺乏朝气，缺乏积极性。”但柯里又指出：“如果一个人只看到自己比别人好，别人都比不上自己，这样就会产生盲目乐观情绪，自我欣赏，自以为是，因此就不能处理好人际关系，调动主客观双方的积极性，而且还会遇到社会挫折，产生苦闷。”

一般讲，个体对自己生理、心理等方面的评价不可能做到各方面都恰如其分。人们认识客观世界总是从不全面到全面，从不正确到正确，何况正确认识并估计自己是个更为复杂的过程，因为除了认知因素外，还会受到其动机、需要、愿望等其他心理因素的影响，因此往往容易过高或过低地估计自己。

如果个体自己的估计与社会上其他人对自己的客观评价距离悬殊，就会使个体与周围人们之间的关系失去平衡，产生矛盾。长此以往，将会形成稳定的心理特征——自满或自卑，不利于个人心理上的健康成长。

（三）自我评价形成的途径

自我评价的意识并不是天生的，它是在社会生活中逐渐形成起来的。

1. 根据社会上其他人对自己的态度评价自己

个人评价自己，往往是以别人对自己的评价为参照点。例如，有人能经常完成任务，把工作做得格外出色，常常受到社会上其他人的赞扬，尤其是受到他所尊敬的老师、父母、领导的表扬，这样他就感到自己十分胜任本职工作，并不断增强搞好工作的自信心。如果有人对上级布置的任务总是完不成，常常遇到困难而失败，因此经常受到人们的批评，这样长期下去，就会缺乏自信心，看不到自己的力量。

柯里指出，别人对自己的态度，是自我评价的“一面镜子”，一个人处在一定的社会关系中，通过与他人相处，从他们对自己的评价中看到了自己的形象，为自我评价提供基础。他人评价这面镜子，并不是指某个人的某一次评价，而主要是指对自己有影响的、关系较为密切的人，从一系列的评价中概括出来的某些经常的稳固的评价，这才是自我评价的基础。

在许多情况下，他人评价与自己评价是一致的，但两者不一致的情况也不少，这主要看是由哪些人来判断与评价自己。如果是一些与己关系不大的普通人来评价自己，那几乎是无所谓的；如果是由父母、教师、上级以及自己所尊敬的人来评价自己，则对自我形象的形成有很大影响。

2. 通过与社会上和自己地位、条件相类似的人的比较来评价自己

马克思指出：“人首先是把自己反映在别一个人身上。一个名叫彼得的人所以会把自己当作一个人来看，只是因为他把那一个名叫保罗的人看作自己的同种。”（马克思：《资本论》第 1 卷，人民出版社 1963 年版，第 25 页）一个人自我评价高或低，不是孤立地进行的，他总是把自己与他相类似的人加以比较而作出评价的。例如，一个人用 15 秒钟时间跑了 100 米，自己判断为快还是慢，是通过比较后得出的，他不可能与奥运会短跑运动员的纪录来比较，也不会和幼儿园小孩子的速度来比较，他总是找一些与他相当的人加以比较，个人评价自己的其他方面如道德品质、能力等都是如此。社会心理学家菲斯汀格指出，一个人对自己的价值，“是通过与他人的能力和条件的比较而实现的”。菲斯汀格把这称之为“社会比较

过程”。

3. 通过个人对自己心理活动的分析来实现自我评价

个人常常是根据他人对自己的评价与态度来评价自己。在这同时,自己也对自身的心理活动及其行为表现加以主观的分析。因此,自我评价不等于是他人评价如实的反映。

华东师大心理学系学生曾调查了大、中、小学生 300 多人,要求他们既作关于道德品质的自我评价,又评价小组中其他人。结果表明,比较多的学生的自我评价符合或基本符合他人评价,有少数学生的自我评价与他人评价有较大距离,个别学生的距离很大。例如,有的学生评价自己的品质(诚实,大公无私等)都是“最好”,而小组同伴却评他“最差”、“很差”。也有个别学生对自己评价很低,而同伴却给以较好的评价。

这一研究表明,自我评价不是完全以他人评价为根据,乃是通过自我分析独立地完成的。为什么有的人自我评价远离客观评价,这既有自我认识的原因,又有本人动机的原因。一种是由于自我认识不清而自我欣赏或过分自感不如他人,另一种是由于如实反映自我的真实评价怕他人取笑,有人实际上自我评价应该高些,却怕人指责为自高自大等,因此作出了不符合实际的自我评价。

(四)自我评价的主观性

个人自我评价往往取决于他本人的社会角色、社会地位与价值观。有的人在客观上取得了很大成绩,周围人们也对他作出了高度的评价,但他自己却为缺乏自信心而苦恼;也有人在他人看来并没有值得夸耀的地方,甚至表现很差,但他却怀有很大的自信心与自尊心。这实质上是自己对自己的要求不同所致,如果对自己要求很低,那么只要有一点成功就会变得自满自足。

由此可见,人们的自尊心和幸福感决定于自身内在所具有的心理结构,也就是说,个人对自身的评价最终还是操在自己的手里。

在生活中,人们常讲“身在福中不知福”。这话意思是,他人看甲很幸福,生活不发愁,工作也有保证,该满意了。但甲自己却感到物质生活条件还不如比他条件好的人,工作条件也比不上人家那么轻松,因此常常自怨自艾,自叹命苦,如果换了一个人就会感到十分满足。生活中,也常常听到人们说:“以苦为乐,以苦为荣”。有人生活虽然艰苦些,工作也繁重,但他本人比比过去就感到很知足,能自得其乐。如果这种条件放在另一个人身上,就会感到苦不堪言。

社会心理学认为,一个人的自我评价既是客观的,也是主观的。自我评价,取决于自己的心理结构、自我理想、自我要求等主观因素,从而决定了自己对自己的感情与态度,决定了自己对自己的判断与估计,因此产生了自尊、自信、自大、自卑等自我意识。

(五)自我评价内容的多样性

自我评价的意识十分多样,可以从三个方面加以分类。

第一,以自己理想的形象作为蓝本的自我评价意识,如自我满足感、自我不知足感。例如,一个人一心要成为一个医术高超的医生,当他达到这一目标时,就会产生自我满足感;他如果由于种种条件的限制,达不到这一目标,就会产生自我不满足感。

第二，以周围其他人作为标准的自我评价意识，如自卑感、自我优越感。例如：一个人千方百计要超过他周围的某个人，当他达到目的时，就会产生一种优越感，否则就会产生一种自卑感，前者是自以为比他人好，后者则认为处处不如人家，低人一等。

第三，以自我评价的意识为基础的情绪方面的表现，如自信心、自我胆怯等，看到了自己的力量就产生了自信心，否则就会胆怯。

二、关于自我评价的研究

（一）国外的有关研究

关于自我评价，国外心理学界作了较多的研究。

20 世纪二三十年代，美国哥伦比亚大学教授霍林沃斯对自我评价与他人评价进行了比较，探讨两者之间有何差别，他采用排队法进行研究，选择了 25 个被试，他们相互之间都比较熟悉。霍林沃斯提出 9 种品质（文雅、幽默、聪明、交际、清洁、美丽、自大、势利、粗鲁），要求每一个被试根据这些品质把 25 个被试（包括自己在内）依次排队，程度最高者排在第 1，程度次高者排在第 2，依次下去，程度最低的一个列为第 25。第 1 种品质评完之后，再评价第 2 种品质，一共评价 9 种品质。然后实验者加以统计，把各人在每种品质排列中自己所占的地位和其余 24 人排列的地位（平均数）进行比较，发现有很大差异。例如，有一被试自以为他的“文雅”程度应该排在前几名的，可是把其余 24 人对他的评价平均起来，他的名次却排在 20 名以后；另一被试对于“清洁”品质的评价，自己排的位置要比别人评价的平均位置提前 5 名，“聪明”、“美丽”提前 6 名，“势利”、“自大”、“粗鲁”等的自我评价要比他们评价的平均数分别退后 5 名到 6 名。这一实验结果表明，优良品质的自我评价常常比别人的估计来得高，不良品质的自我评价却比别人低。也就是说，符合社会要求的良好品质会自我夸大，不符合社会要求的不良品质会自我忽略。

美国心理学家沙平于 1954 年采用选择法来研究自我评价。他向被试提供一系列描写个性品质的形容词，要求被试从中选择符合自我形象的词汇作为对自己的评价。结果发现，正常人中有 70％的被试都提出了有利于自己的形容词，如“有良心的”、“爱社交的”、“自制力强的”、“积极的”等等；而神经病患者中有 77％的被试提出了不利于自己的形容词，如“不安的”、“情绪容易冲动的”、“自我中心的”、“神经质的”、“烦恼的”等。日本心理学家加藤隆胜也用同样方法做过类似研究，他以高中学生与大学生为对象，让他们作自我评价，也获得同样结果。许多学生对一些优良品质如“诚实”、“忍耐”、“开朗”等都作了自我肯定，对于一些不良品质如“孤独”、“懒惰”等大都作了自我否定。

日本心理学家大平调查了小学一年级到初中三年级学生对自己行为动机的评价，发现低年级小学生对其动机多半作了不自觉的权威性评价，随着年龄的增长，逐渐上升为自主的独立的判断。研究还强调指出，从小学五年级开始，学生能够以社会标准来判断其行为的动机。

美国的心理学家凯吉塔通过研究指出：自我评价高的人，

容易接受他人对自己的过高评价；自我评价低的人，则容易接受他人对自己的过低评价。

日本的心理学家梶田研究了15至24岁的高中生与大学生对自信心、自尊心、自我肯定三项个性品质的自我评价。研究结果发现，上述三项个性品质的自我评价存在着男女生性别差异。

关于自我评价问题，苏联心理学界也很重视，并取得了不少研究成果。他们用“理想的自我”与“现实的自我”加以比较，以确定其自我评价的程度，方法是向被试提供一系列反映个性品质的词汇表，如谦虚、骄傲、粗鲁、关怀、认真、原则性等。先要求被试把这些词汇加以排队，把自己认为最有价值的词汇排在第一，其次的排在第二、第三等，这一顺序代表了该被试的“理想的自我”。然后，要求被试根据自己本身实际情况，把上述的一套词汇排列成一个系列，这一系列反映了该被试“现实的白我”。把这两个方面的自我作比较，如果差距小的就意味着自我评价高，差距越大则说明自我评价越低。

研究者还进一步要求查明个人的“期望评价”、“现实评价”、“个人对团体评价”三者的关系。“期望评价”，是个体想象自己被团体中他人所作出的公正评价。“现实评价”，是个人在团体中他人实际上给予的评价。研究表明：“期望评价”与自我评价是不一致的，可能接近自我评价，也可能不太接近自我评价。一般讲，自我评价高的人，他的“期望评价”是低的；个人给团体评价高，则团体给他的“现实评价”也会相应提高；自我评价与“现实评价”不符合的人，他的“期望评价”也是低的。

苏联学者的研究还指出，自我评价的特点和其自身活动的特点（如独立性、目的性等）之间存在着一定的联系。

（二）我国的有关研究

华东师大心理学系师生曾调查了小学、中学、大学中五个年龄组（8、11、14、17、20 岁，相当于小学二年级、五年级、初中二年级、高中二年级、大学二年级）300 多名学生自我评价特点，准备两套道德品质评价表，一套是正面的积极品质，共 8 项，如“诚实”、“做事认真”、“帮助人”、“礼貌”、“大公无私”、“勤劳”、“清洁卫生”、“遵守纪律”；另一套包括正面的积极品质与反面的消极品质各 4 项，前者如“严格要求自己”、“团结友爱”、“学习努力”、“文明礼貌”，后者如“损人利己”、“欺骗行为”、“办事拖拉”、“不讲卫生”。两套品质把被试一分为二，分别让学生既评价自己又评价他人，评价采用等级法，整理材料时，将等级转换为分数，然后把自我评价的分数与小组对他的评价的平均分数加以比较。

研究结果表明以下几点：

1. 从总体看，优良道德品质的自我评价有高于小组对他的评价的倾向。全体被试有 64％的人次自我评价比小组对他的评价高，这一结果与霍林沃斯的研究结果是一致的。

2. 自我评价高于小组评价的倾向，表现出年龄差异。各年龄组都有一半以上被试的自我评价高于小组评价，其中小学二年级的学生尤为严重，83％人次有这种倾向，从小学五年级开始，这一倾向不很明显。

3. 自我评价高于小组评价的倾向还表现了男女生性别差异，有意义的是这种差异随着年龄的推移，又发生逆转，即小学五年级女生这一倾向显著大于男生，而到了高中与大学阶段则相反，男生显著高于女生，这一逆转可能反映着男女学生社会化的过程。

4. 对不良品质的自我否定强于对优良品质的自我肯定。这是小学生、中学生或大学生普遍存在的倾向。这种倾向还存在着年龄之间的显著性差异，小学二年级学生的这一倾向比起其他几个年龄组学生来说，在强度上要差一点，这说明他们的自我防御功能比不上其他各组。

5. 学生道德品质主客观评价的吻合度存在着明显的个别差异。约有 60%以上学生的自我评价与客观对他的评价比较接近，其中少数学生基本上是吻合的，尚有 1/3 的学生主观评价与客观评价的距离较大，个别学生的主客观评价距离甚大。进一步调查表明，主客观评价距离接近的学生，在班级中多数是小干部，享有一定的威信，人际关系也比较和谐，一般都是公认的好学生；主客观评价差距过大的极少数学生，一般都是属于班级中的后进生，表现较差，同伴对他有一些共同的看法，而这些学生本人对于自己道德行为方面的一些缺点或弱点却看不到，或者虽然意识到，却要故意掩饰自己，甚至全面肯定自己。有一被试自我评价 8 项道德品质都是属于"很好"，而小组评价他是"差"。

研究还表明，青少年对周围人们给他的评价是非常敏感的，他们还没有形成关于自己稳固的形象，他们非常强烈地感受与体验着周围人们对自己的态度，因为如果各方面给他们的评价不一致，就会使他们感到无所适从，不能正确认识自己的品质，不利于自我教育和自我提高。

自我评价是自我意识的重要组成部分，个人的自尊心、自信心等都是在自我评价的基础上建立起来的。正确的自我评价有利于人际关系的协调，值得我们重视。国外关于自我评价的研究方法与结果对我们今后的研究有一定的参考意义。但是，人们的自我评价终究是个人主观的自我判断，不一定符合客观实际情况，只能反映其大致的倾向性。

第五章　男女性别角色的心理差异

人类社会由无数男男女女所组成，男女两性不仅是人类繁衍生殖所必需的生物实体，而且也是精神、人格的社会实体。男女两性互为基础、互相依存。从理论上讲，男女两性同为高等动物，同处一个社会，两者必有共同之处，但世界上没有两片完全相同的树叶，同样，在人类社会中谁也找不出两个完全相同的人，所以男女两性之间必然也会存在一些差别。当今社会男女地位的改变，并不意味着可以消除两者的差别而归于划一，未来社会将为两性所特有的优势合理地发挥出来，构成一个更为和谐的社会整体。

第一节　男女性别角色概述

男女性别角色，无论其内容还是其表现形式，总是反映着特定历史条件下的社会心理特点。由男女性别角色心理差异反映着人类社会内部的相互作用与相互关系，它是社会心理学研究的重要课题之一。

一、男女性别角色定义

所谓男女性别角色,乃是指属于一定性别的个体在一定的社会生活中占有的适当位置,以及被该社会规定了的行为方式。这一定义有以下几点含义:

(一)以性别器官为标准所划分的社会角色

当个体从母胎分娩出来之时,根据其性器官就能鉴别性别,由于性器官的不同,被明确划分为男孩或是女孩。随着时间的推移,男孩在身高、体重以及形态方面逐渐优于女孩,社会对性别不同的孩子予以不同的角色期望,遂成为男性角色或女性角色。

(二)以性别决定个体的社会化定向

男女性别角色的划定决定着某一个人的社会化定向,如在传统观念中,男子的社会化定向是在社会上谋取成功和地位,而女子的社会化定向则是在家庭中充当贤妻良母。不同的社会化定向必然导致男女有选择地接受不同的社会影响,导致男女形成与其特定的性别角色相适应的不同的心理内容与个性倾向。

(三)社会为男女制定一套行为规范

男女性别角色使人们对个体行为进行性别的标定,如人们在评论某人为"假女子"或"假小子"的时候,就是按照公认的男女性别角色对此人的行为进行标定的。另一方面,男女性别角色也指个体的性别角色规范行为。个体在社会化过程中一旦将性别角色规范内化,就会自动地按照适合自己性别行为方式来认识、思考、行动,造成男女性别角色的心理差异。

男女性别角色的相对存在、互为参照，是人类性别角色统一体中既有联系、又有区别的两个侧面。一些学者指出，真正心理学维度上的性别差异一般是很小的，由于个体差异很大，所以不应把男女性别角色加以绝对化，所以在讨论男女性别角色心理差异的同时，也应注意两者的共同性。

二、男女性别角色的特点

（一）男女性别角色的多样性

性别角色中，包含着各种各样的亚角色。例如，在我国典型的男性角色中，至少包含着儿子、丈夫、父亲、祖父、职业男子等等角色。人类学家米德曾列举了 11 种她所研究过的性别角色，其中包括生育过孩子的已婚妇女；生育过并抚养过子女的成年男子；不打算结婚和生育的包括独身、禁欲、节制生育这样一些约定的社会职责的成年男子；扮演女性角色的成年男子；利用性关系维持经济来源的成年女子；扮演男性角色，包括有异性模仿癖的女子等等。

性别角色有无限的多样性，在米德列出的性别角色当中，还有很多是跨性角色的，这说明男女性别角色并不是任何时候都非此即彼。

一个特定的个体在生命的不同阶段，有时甚至在同一阶段，也可能表现出性别角色的多种内容；而在后一种情况下，往往会出现性别角色冲突，同时兼顾着的两种以上的性别角色往往是相互抵触的，某一性别角色的成功往往意味着另一种性别角色的失败。在现代知识妇女的身上，这种现代事业型女性角色与传统女性角色的冲突表现得十分明显。

性别角色之间的关系随着情境的不同而表现出多样化：在女子地位较高的情境中，男性一反常态，成为驯服的被支配者；在女性能力明显地比男性强的情境中，男性会失去平常在女性面前表现出的较高的自信心。

（二）男女性别角色的相对稳定性

性别角色作为一种社会现象，具有一定的稳定性。这种稳定性乃是社会结构的稳定性的基础之一，也是社会结构相对稳定性的反映。

随着社会文明的进步，人类征服自然的能力日益增强，在科学技术高度发达的今天，人们的体力在社会生活中已经不再占有重要地位，但是建立在体力决定性别差异这一基础上的角色分化却依然存在。社会心理学认为，造成这种状况的原因有两个：一是人们通过世代相传的性别角色社会化，已经从心理上习惯了这种角色分化，若要改变这种状况可能会造成心理不适应现象；二是性别角色本身作为一种社会现象，仍然可以在纷繁多样的社会生活中建立并保持一种性别长久区分的秩序。因此，尽管男女的生物学因素与性别角色之间的直接联系已经消失，但建立在生物学意义基础之上的男女性别分化仍然存在，并将长期存在下去，这是毫无问题的。

性别角色的稳定性具有维持社会秩序的一面，但又有相反的一面，因为由于男女性别角色的稳定性，就能造成男女性别角色的刻板印象。所谓男女性别角色刻板印象，就是人们对男性角色或女性角色在行为方式、个性特征等方面予以的期望、要求和笼统的看法。由于形成了男女性别角色的刻板印象，遂导致性别歧视。

三、男女性别角色形成的社会历史条件

上面说过，性别角色是指不同性别的个体在一定的社会中占有的适当位置及其被该社会规定了的行为方式以及个性特点。也就是说，男人的行为表现应该像个男人，女人的行为表现应该像个女人，他们所属的社会都在当时的历史条件下分别规定了性别的行为规范。男孩出生以后要逐渐学会做个男人，女孩出生以后也要学会做个女人，这就是他们分别扮演了不同的性别角色。因此，男女性别角色的形成，是个体的心理特点与行为方式社会化的过程，是个体通过漫长的社会化，接受社会对自己的性别角色的期待，将性别角色的规范加以内化，渐渐地表现得像个男人或女人的过程。

个体学习的内容具有历史性与地域性。每个男孩和女孩都处在特定的历史条件之下，接受特定地区、特定民族、特定家庭、特定的生活方式与文化教养，接受不同的性别观念，将特定社会的性别角色规范内化为自己的行为模式，而且随时受到家长、老师、亲友、邻里的指点与教诲，从文化的积淀中学习如何表现得像个男人或女人。

封建时代的中国女性角色规范是“笑不露齿”、“莲步轻移”，因此脚裹得越小越高贵，以“大门不出，二门不迈”、“轻言细语”、“弱不禁风”为时髦，而且要绝对依附于男性，不准有独立的人格，唯以“依从”为最高原则。因此，女性成了家庭的附属物、生育的工具，这些角色规范极大地压抑了女性才能的发挥。封建社会的男性角色则被誉为“大丈夫”，处处以主人自居，连其须眉都是值得骄傲的性别标志。他们在社会上具有

独立的人格，掌有独特的权力，在家中也是一家之长，主宰家庭中的一切。

20 世纪 50 年代以来，随着社会的变革，我国广大女性加入了职业大军的行列，与男性一道参加各种各样的社会政治、文化、经济活动。原有的女性角色规范为新的规范所替代，原有的男性角色规范也为新的规范所替代。“时代不同了，男女都一样！”已成为家喻户晓的一句口号。这种男女性别角色规范的变化是非常显著的，它有力地证明了男女性别角色的形成，在很大程度上受到社会历史条件的制约。

不同的社会形态，由于其政治、经济、文化的发展程度不一样，对男孩女孩的教养态度也不一样，男性与女性的社会角色规范还是有较大差异。在农村以体力劳动为主要生产方式的情况下，男劳动力的产值高于女劳动力，因此农村妇女的社会地位低于男子。另外，由于科学文化普及不够等因素，歧视女性、鄙视女性的现象还存在，个别地区还有变相的买卖婚姻乃至贩卖妇女的犯罪活动。

男女性别角色的形成，还受到地域性的制约，即使在同一历史时代，由于地域不同，社会对男女性别角色的期望也是不同的，当然，地域性的差异说到底还是生产方式的差异。

总之，男女性别角色的形成受到社会的、历史的、客观的条件的制约。

此外，应该承认思想意识的改变常常落后于经济的变革。封建王朝灭亡了，但封建的思想意识却还在一定程度上影响着人们对男女性别角色的期待。例如，父母总是对男孩鼓励其勇敢、刚强，做个男子汉，对女孩则仍是要求其温柔、忍耐与顺从，将来做个贤妻良母，等等，这是因为在人们的思想意识中，仍旧残存着过去时代所形成的对男性角色和女性角色的刻板印象。性别角色的价值观念在一定时期内，总免不了受传统影响，新的男女性别角色价值观念的形成，往往是现代思想与传统思想矛盾与冲突的产物。

第二节　男女性别角色差异的影响因素

男女性别差异的存在，既有生物学的影响，也有社会文化、教育的影响，许多学者都一致认为这些影响是交互作用的。

一、男女性别差异的生物学因素

传统观念认为，男女心理上的差异是生理差异的直接后果，研究者们认为最可能影响男女性别心理差异的生理因素主要有三个方面，即遗传基因、性激素和大脑。

（一）遗传基因

从遗传学的角度看，男性和女性遗传物质的不同首先是由于染色体的不同。在正常人体细胞中，共有 46 条染色体，其中 44 条染色体是两两相同的，男性和女性都有，因而这 22 对染色体亦称为常染色体。第 23 对染色体是性染色体，它们与性别密切相关。在人类的每个细胞中，女性有 2 条 X 染色体，男性则有 1 条 X 染色体和 1 条 Y 染色体。

遗传学研究发现，第 23 对染色体中的 Y 染色体的有无，像开关一样对男女性别起着作用，它直接影响着早期发育的胚胎,决定胚胎的外部器官是沿着男性的身体发展,还是延着女性的身体发展。

在人类漫长的进化过程中,由于自然选择的结果,人类体内细胞中染色体上所具有的基因绝大多数是有利于自身生存的,因为X染色体上都有大量的基因存在,所以具有2条X染色体的女性自然就要比只具有1条X染色体的男性具有更强的生命力。

(二) 性激素

激素是由人体内各种内分泌腺所制造的有效的化学物质。内分泌腺分泌激素进入血液,通过血液循环进而影响全身。这些内分泌腺包括性腺(卵巢和睾丸)、胰岛腺、脑垂体腺、甲上腺和肾上腺。

男子性激素是由睾丸分泌的,称为雄激素,女子性激素是由卵巢分泌的,称为雌激素。各种性激素水平的不同,对神经系统、生殖系统产生相对持久的作用,也能激活或阻抑个体的某些行为。

(三) 大脑

现代科学研究表明,男女之间在大脑的组织上确实存在着差异,主要在两个方面,即下丘脑和大脑两半球。

1. 下丘脑。一些学者推测,下丘脑上的性别差异可能是胎儿发育过程中脑组织分化的结果,与生殖器官的情况极为相似。正是性激素控制性腺组织分化为卵巢和睾丸,导致了正常的发育,尔后性腺分泌性激素,才进一步引起生殖系统的分化。胎儿性腺分泌的激素也引起下丘脑产生相应的性别分化。人类的下丘脑的性别差异对人类的行为会发生某些作用，男性化或女性化的下丘脑构造对其性行为和侵犯行为可能发生不同的影响。

2. 大脑两半球。一般认为大脑的左右两半球担负的功能略有不同。大脑的单侧化研究是心理学研究的一个活跃的领域。单侧性指在某种程度上由一侧半球而不是双侧半球所控制的特殊功能。例如，语言过程，一般来说，大脑左半球司语言思维、右半球司空间识别，由于男女的单侧性不同，男性的右半球强于左半球，而女性则相反，因此男女在语言思维和空间识别能力方面存在着差异。

生理因素对个体出生后的性别心理差异会产生多大影响，目前还知之甚少，就所知情况看，它只在极少的方面起着作用。男女的生理特点是性别标定的依据，在一般情况下，这种性别标定和染色体、性激素、形态的差异是一致的，因此生物学差异成为性别差异的一个信号。

二、男女性别差异的社会历史文化因素

按照米德等学者的文化人类学观点，社会文化在生物学差异的基础上，对男女形成不同的性别角色模式具有极为重要的影响，不同的社会文化形态，决定着男女不同的地位，不同的地位规定了人们不同的行为方式和心理特点。

人类学家根据人们觅食与满足需要的不同方式，将文化分成五种类型，这五种类型的文化对男女的社会地位具有不同的影响。1. 狩猎与采集文化。男女在获取食物方面具有同等重要的功能，男性以狩猎为主，但成功的机会不很大，因此

部落的生计也要依靠女性的采集食物。这样,男女性的社会地位是相等的。2.园艺文化。这种文化的谋生手段是种植植物和饲养家禽和家畜,他们不懂得土壤保持与牧草种植,经常要寻觅新的地区,男性的流动性大,而女性固守家园并控制着家庭的生存资源,因此女性的社会地位高于男性。3.农业文化。它的一个主要特征是运用机械工具从事耕耘,耕作的土地也需要防备他人侵占。在这种社会里,男子具有很高的价值,因此男性的地位远高于女性的地位,女性的价值在于能够多多生育男性儿童。4.游牧文化。在这种社会里价值最高的乃是身强力壮、足以驯服牧养牲畜的男人,而且牲畜也很有价值,而女人的价值还不如畜养的动物。游牧文化倾向于塑造好斗、攻击性强的个体。5.工业化社会。其主要经济是生产商品,制造方式为机械化、自动化,体力不如男人的女人也可以进入生产的行列,因此比起其他四种文化的社会,工业化社会的男女是比较平等的。

人类学家认为,性别角色的跨文化变异是一种普遍特征,它存在着两条普遍的原则。第一,每个社会都确认性别有差异,并使之日趋繁杂。没有哪个文明社会能一视同仁地对待男性和女性,无论是在个性要求上、劳动分工上、服饰上,甚至某些超自然现象上,总有一些区别。第二,不管从事什么工作,男性角色总要受到更高的评价,即使男女在从事同样劳动的情况下,男性仍然受到更高的估价。例如,在新几内亚的某些地区,妇女们种植甜薯,男人们种植甘薯,男人的地位要高于女人,因为甘薯是荣耀食物,常常被用在某些重要的仪式上。

鲍里比较了110个未开化的社会团体,研究他们教育子女、形成男女角色的社会化过程,发现社会对男女行为的强化与鼓励是不同的。

表5-1　社会化过程中对男女儿童行为的强化与鼓励

鼓励的行为	对于女孩	对于男孩	不分男女
家务与照顾弟妹	82%	0%	18%
服从	35%	3%	62%
负责	61%	11%	28%
成就	3%	87%	10%
自立(靠自己)	0%	85%	15%

分析表中所列数字可知,有82%的社会团体要求女孩要操持家务,照顾弟妹,而没有一个社会团体对男孩有这种要求;有87%社会团体要男孩追求成就,而只有3%社会团体对女孩提出这种要求;有85%社会团体鼓励男孩要自立,依靠自己,却没有一个社会团体鼓励女孩自力更生。

怎样来阐明上述的普遍原则呢?人类学家的一种解释是,妇女们由于负有生育和照料子女的职责,就被更多地限制在一种闲散的状态之中,只能在家庭内料理家务。所以,当男子担任公共角色,走出家庭与人们交往的时候,妇女就承担了家庭角色,困于家庭之内。直到如今,人们仍然认为妇女应当从事"内务",而男子应当从事"外交",只有担任公共角色才能拥有职权和政治势力。男子从此而得到更高的评价,这也同时说明女性角色显得如此孱弱,得不到充分的评价,以致男优女劣、男尊女卑成为一种十分普遍的现象。

三、男女性别差异的教育因素

教育因素包括一定社会文化环境下的家庭教育与学校教育。

封建社会的重男轻女传统,一直到今天还有深刻的影响。孩子未出生时,父母已经怀有某种期望,孩子一旦降临于人世间,男女孩子往往会受到不同待遇。周围人们对父母的态度又强化了父母对孩子的态度。孩子的衣着、玩具进一步区分了男女角色。父母对子女的要求也不同,往往容许男孩顽皮,多干体力活,希望女孩斯文,学做针线,烧饭,照看弟妹等。

社会心理学家十分关心男女儿童所接受的不同社会价值观念。

1982 年美国心理学会主席、社会心理学家丹玛克分析了五个国家(法国、西班牙、瑞典、苏联、罗马尼亚)的初级课本,把相当于美国小学一年级水平的其他国家课本中所有故事都译成英语,然后找出故事中的男女主角与配角。虽然各国国情不同,但有两个共同点:即所有国家都是根据各自传统,使男女不同角色发挥不同作用,除了瑞典教材之外,都是男角色多于女角色。

通过上述分析可见,男女角色差异仍是受社会、家庭、学校的影响而实现的。这些影响又是通过社会化的媒介者(父母、教师、演员、广播员等)作为社会化的媒介作用而实现的。

由于家庭、学校等教育因素,造就了男女性别不同的个性特点,逐渐形成了社会刻板印象。张德曾调查了一个宣传干

部学习班51名学员(平均年龄40岁,其中男48名,女3名),要求他们回答男人和女人各有什么特点。结果见下表:

表5-2 男女的不同特点

男人	女人
1. 胸怀宽广	1. 细心
2. 意志坚强	2. 善操家务
3. 直爽大方	3. 性情温和
4. 深思熟虑	4. 心地善良
5. 有勇有谋	5. 嫉妒、软弱、好哭、好嘟囔

第三节 男女性别角色心理差异的理论

心理学的不同流派对男女心理的发展提出了不同的观点,如精神分析理论、社会学习理论以及认知发展理论,其侧重点都有所不同。精神分析理论强调幼儿时期性别角色行为的机制,试图说明两性角色的起源;社会学习理论则以幼儿期到少年期的模仿行为和观察行为来说明两性的心理差异;认知发展理论认为,儿童性别角色的获得是在认知发展过程中对自我性别进行归类的结果。

一、精神分析理论的两性观

精神分析理论是弗洛伊德所倡,埃里克逊则发展了精神分析理论。

(一) 弗洛伊德的尚男抑女论

弗洛伊德提出的性心理发展阶段理论认为,每一阶段由于快感集中于某一性感带，个体的心理表现出不同特点。个体从出生到五六岁，都要经历三个固定的连续发展阶段，首先是口腔阶段，其次是肛门阶段，最后是生殖器阶段。在口腔阶段，婴儿通过吮吸和吞咽获得快感，此时他们主要通过嘴来体验满足，接着是肛门阶段，在这一阶段，快感主要来自排泄活动。

弗洛伊德在解释性别自认和两性差异时指出，在性心理发展的头两个阶段，即口腔阶段和肛门阶段，男孩和女孩的发展方式是相同的，只是到了生殖器阶段(大约 4—6 岁)，性别发展才开始分道扬镳。在这一阶段中，女孩处于不利地位。

在生殖器阶段，男孩开始喜欢玩弄自己的性器以获得快感，而女孩因为没有"阳具"，所以很羡慕男孩。在这一阶段，由于男孩和女孩越来越意识到彼此生殖器结构的不同，逐渐使男孩产生自尊感而女孩产生自卑感。这时候，男孩开始认同自己的父亲，通过与父亲的认同从而获得了自己的性别角色。在认同过程中男孩将以父亲为代表的社会"戒律"变成自己个性的一部分，逐渐具备良心和超我，并逐渐获得了性别自认，即继承了人们设想作为父亲所应具备的膂力与权力。弗洛伊德认为到了 6 岁左右，女孩把母亲的形象纳入了自我概念之中，把自己处于男性社会的从属地位。弗洛伊德的这一观点遭到了大众和女权主义者的广泛批评，因为他在性别差异的起源和男性女性人格本质问题上过分强调了生物学因素对人类行为的决定作用，他的观点完全是以男女在生理构造上的差异为依据的，忽视了文化的巨大作用。

总起来看，弗洛伊德在两性问题上的观点是尚男抑女的，他的"阳具中心论"是以男性为准的模式的极好例证。他的个性发展模式是男性的发展模式，而女性的个性发展是屈从于男子的模式。不过，他强调性心理的发展在塑造个性，尤其是在塑造性别自认过程中的作用，还是有积极意义的。

（二）埃里克逊的内部空间观

埃里克逊提出的内部空间概念被一些学者认为是对两性研究的一大贡献。

在贝克莱大学期间，埃里克逊开始研究 10—12 岁男女儿童的游戏特点，结果提出了著名的“内部空间”概念。他认为女性个性中的关键因素并不是阳具羡慕感这一反应心理，而是颇具建设性、创造性的生命内部空间感。他指出，在妇女肌体的设计上包含了一个内部空间，这一内部空间注定是为了他们孕育孩子所用的，妇女注定要用这一空间来承担照料人类后代的生物的、心理的和伦理的义务。

那么，男女自我认同的形成是如何因此而相异呢？埃里克逊用孩子们的游戏方式来作为一个重要的经验性证据。埃里克逊要求孩子们选择小玩具或小木偶在桌子上搭建自己感兴趣的景物。发现女孩子倾向于建造内部场景，如安祥、平稳的系列家具，静态的人物和动物，坐着从事活动的人和动物；男孩子则倾向于建造楼房、宝塔等带有容易引起倒塌的不稳定因素。男孩子建造的塔和围墙都用突出的角来装饰，并愿意设计跑动着的汽车和动物。

埃里克逊认为，男孩与女孩所选择游戏的外部空间与男女性解剖学的内部空间性是一致的。男孩的性解剖结构是外向、突出、主动的，而女性的结构是封闭、防护、接受性的，生殖密码所决定的人类不同性别的身体结构与人们的空间反应有密切的关系。男女内部的空间(身体的、性解剖学的)决定了人们对外部空间的认识,还决定了人类的生物行为特征和社会角色。

埃里克逊认为,个体自认和性别自认是服从于贯穿个体生命始终而变化和分化的,所以他没有局限于婴儿或儿童阶段的两性心理进行研究,但他的研究主题不明,而且无法说明文化因素也是造成性别心理差异的原因。

二、社会学习理论的两性观

社会学习理论虽然不否认遗传在两性角色定型中的作用,但它更强调两性角色主要是通过社会化的学习过程,即通过观察、强化和模仿获得的。儿童最初对自己的性别概念一无所知,通过观察成人的活动才学到性别角色,该理论的创导者是班杜拉。

社会学习理论认为,男女两性角色的获得是一个观察、强化、模仿的相互作用过程,这一过程通常会持续很长时间。

在婴儿时期,男女在生理和心理方面都依赖母亲,由于母亲是婴儿获得注意和爱抚的中心人物,所以当母亲出现时,婴儿便体验到舒适和快乐,而母亲不在身边时便产生焦虑与不安,母亲成为婴儿行为的第一个有效强化者。在婴儿心理发展过程中,母亲强化婴儿的某些行为,惩罚另一些行为,这一过程也是两性角色的学习过程。例如,当女儿玩抱布娃娃、做“过家家”游戏时,母亲表现出赞许的态度,当女儿从事攻击性活动、做“打仗”游戏时,母亲表现出否定的态度,实际上这就是在鼓励女孩从事女性行为,惩罚男性行为,而母亲对男孩的态度则相反,这一过程也就是两性角色的学习过程,社会学习理论认为,这些强化措施在儿童性别行为的塑造过程中确实行之有效。

以后,刺激的泛化产生了,与母亲地位类似的人,如父亲、老师等,也同样可以成为儿童性别行为的有效强化者。这些成人对儿童的各种符合性别自认的行为所作出的反应也是相同的,他们对儿童行为施加的强化措施,与母亲的措施是相同的原因。

根据社会学习理论,接下来的学习过程开始包括重要的模仿过程,权威形象的力量是促使儿童模仿的原因之一。在两性角色的学习过程中,儿童往往模仿与自己同性别的父亲或母亲以及成人,很少模仿异性成人。也就是说,小女孩模仿自己的母亲以及其他成年妇女要多于模仿成年男性,而小男孩则模仿自己的父亲以及其他成年男子要多于模仿成年妇女。同性模仿模式使得两性角色的定型过程前进了一步。

在更高层次的学习中,儿童还学习预测自己行为的种种后果,这样,儿童就不必为了知晓某一行为会带来什么强化或惩罚措施而去实践这一行为。不过,高层次学习同样还受着更高层次的条件制约。例如,语言的含义就可以作为有力的强化或惩罚措施,对男孩或女孩来说,诸如"娘娘腔"或"假小子"一类的词汇本身就包含了褒贬、批评的意义。

三、认知发展理论的两性观

认知发展的两性观着重研究成长中的儿童是如何知觉其周围的事物,并如何了解由男人和女人组成的世界的,这与强调性解剖生理结构的精神分析理论和强调模仿学习的社会学习理论有很大区别。

（一）认知发展理论两性观的基本内容

应用认知发展理论深入探讨两性行为并成为系统观点的，当首推美国著名心理学家柯尔伯格。他将认知原则推广到性别角色领域。柯尔伯格研究了性别认同问题，认为“性别角色发展中的重要原因并不是母亲和孩子的关系，而是由于儿童自身认知的发展”。“儿童的基本的性别角色认同是在发展初期产生的男女自身认同的结果，这种男女分类虽然作为男孩或女孩打上了社会性的标记，但基本上是认知的现实判断的产物”。儿童在2—3岁时已经能够意识到自己的性别，但这一时期渗透到这一印象中的自我意识仍处在含糊不清的状态。随着年龄的增长，按照身体和社会现实情况有选择地接受性别角色，自我意识得到进一步明确，换句话说，大龄儿童在认知上能区分自己的性别，能够认识到自己是男孩或女孩，对适应自己性别的东西抱有兴趣，按照性别角色从事自己的活动。

柯尔伯格认知发展两性观的基本内容可以归结为以下几点：

1. 性别认同就是儿童将男性和女性加以性别归类，这是性别角色态度的基础；

2. 性别认同是通过对自己发育初期表现出的身体状况的判断而形成的，此时，儿童接受同性行为，排斥异性行为；

3. 这种认知判断虽然是2—7岁期间儿童形成的性别认同的结果，但儿童的性别角色的认同往往受环境的某些变化的影响；

4. 基本的自我归类决定基本的价值取向，“男子气”和“女子气”的表现，在于把与自身性别相符合的事物作为追求的目标；

5. 基本的普遍的性别角色发展于幼年时期，这一过程从男孩女孩意识到彼此生理上的差别开始；

6. 这种习惯性观念旋即表现为“男子气”、“女子气”；

7. 一旦出现男子气、女子气之后，儿童与同性人物(特别是同性双亲)确立性别同一性。例如，男孩具有推崇男子气的心理，导致模仿男性榜样，其结果产生对榜样的眷念情绪；

8. 与同性人物的性别同一性和性别角色价值观的形成，由双亲适当的行为所促进并巩固，但这一过程即使没有同性双亲的参与也照样进行，在各种养育条件下都会产生；

9. 以上过程往往按照一般的发展途径进行，其中大部分由认知的发展所决定。

（二）性别认同及其发展

柯尔伯格认为，性别认同是认知发展的结果，它经历了三个阶段，即性别认同、性别分化以及亲长认同。

1. 性别认同。这一阶段男女儿童的发展情况大致相同。以男孩为例，约在 2 岁时，他开始认知他的性别标记，别人说他是“男孩”，于是他把“男孩”这个标记和他自己连结在一起，就像把他的名字跟他自己连结在一起一样。到了 3 岁，孩子根据发型、服饰这些笼统的外观特征，把性别标记类化到别人身上，他已经知道每一个人是男或是女。

4—5 岁时，孩子知道了不同性别是基于身体的构造不同,但他认为性别是可以改变的,到了6—7岁,孩子才知道性别与解剖结构组织是不可能改变的,一旦为男则永远是男的,由此发展出"性别常性"及"物体常性"的概念。

一旦儿童认识了他的性别标记,将之类比到其他人,把每个人分为男或女,并认识到性别是不可改变的,也就发展了性别认同和男永远为男,女永远为女的知识,于是儿童以自己性别的眼光来看待自己和整个世界。

2. 性别分化。一旦儿童了解了自己的性别,就自然而然地想做与其性别一致的事情。想到"我是男的,我要做男人的事情",或"我是女的,我要做女人的事情"。那么,什么是男人和女人的事情呢?柯尔伯格认为,这决定于身体所包含的意义。男性的身体普遍隐含着行动、侵犯、权威和尊严等意义,女性的身体似乎象征着相反的特点,这反映出普遍的性别刻板印象。

儿童性别刻板印象中的特点可以分为三种,最主要的一种是尊严与权力,其次是侵犯性和挑战性,最后是抚养和照顾孩子。儿童观察到社会权力之争决定于自身的年龄、性别,并从中悟出男性身体的象征特点是权力、尊严和侵犯性,女性身体的象征特点则是抚养和照顾孩子。

3. 亲长认同。男孩形成了"我是男的"的意识之后,一方面使得他珍视并模仿男性化的事物,另方面使他产生与父亲相同的意愿,他对父亲的依附来自其自发性的认知发展,男孩之所以要像父亲一样,只是因为他们两个都是男人。

与男孩子一样,女孩子形成了"我是女的"的意识之后,也使她想要与母亲认同。但是,"我是女的"意味着具有抚养后代的责任,却缺乏权力、尊严,而所有的儿童都倾向于模仿与自己相同以及具有权力和尊严的人。因此,对女孩子来说,她既要模仿父亲也要模仿母亲,做母亲的虽然其权力与尊严比做父亲的小,但比起家庭其他成员仍然有相当的权力和尊严,因此可以引起女孩子在某种程度上的认同。

柯尔伯格的性别角色两性观强调了男女性别的分化取决于其自身认知发展的结果,有可取之处,它从另一角度来分析两性差异的原因。

第四节　男女性别角色心理差异面面观

两性间的心理差异历来是人类学、心理学研究的热门课题,而且充满了争论。社会心理学中的"性别差异"乃指两性之间在个性和角色行为上的差异。这里主要讨论男女两性在认知活动、情感、意志、社会交往及成就动机等方面的差异情况。

一、两性在认知活动中的表现

决定一个人是否聪明能干有两个因素,即先天的遗传素质与后天的教育培养。几乎在所有的文化背景中,人们总以为女性远不如男性聪明能干,这一结论有多大的可靠性呢?得先从人的大脑谈起,因为大脑是人类反映一切客观事物的物质基础。

(一)各具优势的大脑两半球

相当一部分研究表明,女孩的大脑发展较男孩要早一年半至两年,尤其是大脑左半球很早就开始成熟,这种生理上的成熟使大脑左半球控制的言语中枢得到较早的发展,因此女孩言语能力具有优势,她们开口说话早,与家人的思想情感的沟通也早。由于大脑左半球较早发展,从而对右半球的发展产生了限制作用,而支配空间想象能力的大脑中枢恰好位于右半球,所以女孩的空间想象能力的发展就落后于言语能力的发展。

男孩的情况则不同,男孩大脑两半球的发展不存在明显的迟早现象,因此与女孩相比,虽然在言语能力上男孩显得稍逊一筹,但他们的空间想象能力却超过女孩。

(二) 认知活动中的两性差异

过去的研究均未能表明男女两性间在总体智力上存在显著差异。早在 1939 年,苏格兰教育研究委员会做了一项非常全面的研究,让苏格兰所有生于 1926 年 2 月1 日、5 月 1 日、8 月 1 日、11 月 1 日的儿童都参加智力测验,结果男孩平均智商为 100.51,而女孩则为 99.7,两者之间如此微小的差别并不具备统计学上的意义。我国"全国超常儿童研究协作组"对 1657 名包括幼儿园、小学、中学的学生进行了智力研究,发现仅在幼儿园的小、中、大班的女孩的智力水平依次高于男孩,而在总体水平上男女儿童的智力,尤其是智力因素中的思维成分无明显差异。

大量的研究表明,在智力方面不论男女都存在以下的共同之处:一是智力的发展的最高峰年龄一般约在 30 岁,此后随年龄增加而下降,在接近老年时下降得最快;另一是不论男女,延长正规的教育都可使个体在智力测验中测得的智商有所增加，因此说“男人比女人聪明”这种笼统的说法是没有根据的。但根据一些学者的进一步分析来看，虽然男女两性的智力分布均符合概率论中的常态分布，而具体分析的话，高智力和低智力的人数百分比男子高于女子，中等智力人数的百分比则女子高于男子。从发展情况看，12—13 岁女性的智商高于同年龄期的男性。

在具体的测验中，可以反映出男女两性在智能结构方面存在差异。在知觉速度方面，女性占优势，所谓知觉速度是指能快速准确地把握事物的细节，并能迅速地将注意力从一件事转移到另一件事上的能力。这类能力测验中女性总是优于男性，仅 18% 的男性成绩与女性的平均水平相等或略高一些；在语言方面，从 11 岁到 18 岁，女子的口才普遍比男子强，而且在女性的一生中都可能保持着这种优势；在空间知觉包括对物体的视觉和对空间物体间相互联系的认识方面，研究表明，这种能力从青春期直至整个成年期，男子都比女子更强，同时数学能力约从 12 岁起男子比女子增长得快，在学业成就测验中，得到的结果也反映出这种倾向。另外，在记忆方面，女性的机械记忆能力明显优于男性；在思维方面，女性形象思维较好，言语表达流畅，而男性则擅长于抽象和逻辑思维；在运用所学知识的能力方面，女性善于模仿和对所学知识的加工分类，且联想丰富，但在创造性地运用知识解决实际问题方面，则女性不如男性；在观察力方面，女性的观察力较男性更具有细致、全面的特征。

综上所述，男女两性在整体认识能力上具有差异的说法是缺乏科学根据的，但他们在某些特殊能力方面确有差异的存在。因此可以说,在智力方面男女两性之间既有同一性又有差异性。

二、情感、意志活动中的两性差异

情感和意志活动的两性差异可以表现在许多方面,这里主要分析支配欲、忍耐心和幸福感等方面的两性差异。

(一) 男子的支配欲

所谓支配欲乃是指一种强烈的控制他人和驾驭他人的欲望。支配欲强的个体以控制他人、凌驾于他人之上、获得他人的顺从为满足。

两性在社会化过程中接受了无数的性别角色的刻板印象,如女子应温顺、体贴,男子须自主、好胜。这些固定观念不仅成为社会对两性不同的角色期待,也逐渐内化为两性的自我期待。人们通常认为男性须刚毅、好胜,在男性的观念中也形成了女性循规蹈矩、温柔贤惠的印象。一旦大男子主义思想不能兑现,居高临下的阵势与支配欲受到威胁,或一家之主的形象遭到贬低的时候,男性便失去心理平衡。1985 年上海社会科学院对某地区 230 个离婚诉讼案的调查表明,有 52%的妻子诉说曾被丈夫殴打。其实,这些丈夫大多是由于不甘心失去"一切我说了算"的一家之主地位,支配欲不能得到满足而诉之于武力的。国外的大量研究也表明,在性别社会化过程中,男性形成的支配欲较女性强烈。

在社会生活中,支配权是个体地位与身份的重要反映;很明显,受支配者的地位低于支配者。由于社会历史原因,男性与女性的价值被绝对地划分开来,男性具有优越性与支配性。

在当今世界范围的女权运动的背后，本身就隐藏了女性社会地位低于男性的这样一个事实，而支配行为倾向上的两性差异正好反映了他们社会地位的差异。当然，也可以说是由于社会地位的不同造成了两性在支配欲方面的差异，这两者之间是互为因果的。

（二）女性的忍耐心和依赖心

传统文化期待女性温顺安分，不论遭受怎样的压力，有什么欲望，都须接受社会的安排，逆来顺受，"嫁鸡随鸡，嫁狗随狗"。中国古代直至民国初年，人们都能接受一夫多妻制，而对于女性则始终要求从一而终，倘若丧夫，则须守节，忍受心理上的孤独寂寞，生活上的孤立无助。在漫长的封建社会中，妇女的存在仅仅是为了夫家的传宗接代，为了丈夫的一日三餐、衣食住行。在漫长的封建社会中，女性的"我"的意识十分淡薄，它决定了妇女生活天地的狭小，只能充当附属品的角色。即使社会发展到了今天，传统的家务分工和丈夫的重要地位依然存在，妻子工作劳累了一天之后，还得习惯性地继续从事家务劳动。

在日常生活中，女性由于受到性别角色期待的影响而渐渐形成了谅解、体贴他人的心理特征。她们习惯于将他人尤其是子女、丈夫的需求置于自身需求之上，舍弃自身的需求和喜怒哀乐。这种女性为家庭、亲人乃至事业的牺牲精神，无论在战争年代还是在建设时期都不难看到。俗话说，每一个成功的男人背后都有一个伟大的女性。在对中年知识分子双职工的调查中发现，当事业与生活发生冲突而需要其中的一人放弃事业时，88%的"二保一"家庭是妻子成全丈夫。女性宁愿自己承受心理上的失落感和压抑感。

女性在形成自己容忍力的同时，也在塑造自己作为弱者的形象。在很长的一个历史阶段，女性在经济方面依赖于丈夫，盛行着女子“以夫为荣”，女子“无才便是德”。虽然随着大工业生产的发展，女性开始走出家门，有了一定的经济地位，但是在性别角色的刻板印象中女性依然是弱者。女性在成长过程中，从各种信息传播媒介中接受了大量关于女性是弱者的信息，从而产生了自卑心理，使得妇女不仅在经济上而且在心理上、情感上寻求依赖。女性的依赖感与男性的支配欲一样，它们在成长过程中不断得到社会的强化。

在目前社会中，我国绝大部分女性都有了经济上的独立地位，她们工作的时数并不比男子少，但是，关于她们应对于家庭、子女、丈夫所承担的责任、义务的价值观却变化不大。女性在自我牺牲的同时，她们的内心深处无时不在寻找着一种精神上的慰藉和抚爱，寻找一种支持和依赖以充实自己的情感生活，减轻生活的压力感。这无疑是一对矛盾，这对矛盾的解决最终还得依赖于社会物质文明的进一步发展，依赖于女性自强自信性格特征的强化和全社会对男女性别观念的进一步更新。

（三）自我满意感的两性差别

自我满意感是个体伴随着自我评价与自我认识所产生的对自己的一种情绪体验。如果自我评价的结果是肯定的，个体对自己的情绪体验是积极满意的；如果自我评价的结果是否定的，则对自己的情绪体验是消极沮丧的。社会心理学认为，个体主要依据环境中其他个体对他的期待和评价来形成和完善自我意识的。由于想象到或感觉到他人对自己是夸奖的或是贬低的，就会产生相应的自我满意感或自卑感等不同情绪体验。

社会对两性的期待是有差异的。性别角色刻板印象期待女子是贤妻良母、温顺柔弱的形象；而期待男子的则是有博大胸怀、坚强毅力的英雄形象。虽有调查表明，单身妇女的自述要比已婚妇女满意得多，但是成年期贤妻良母角色仍然是传统中最富于自我满意感的。与此同时，又有相当一部分妻子对扮演的角色和承担的家务极为不满。这一时期的女性是典型的满意与挫折的混合体。

到了更大的年龄，男女两性会再次遭到不同的期待，一个40岁的女性会被看是人到中年，而男性40岁被人视为正是干一番事业取得成就的最佳时期。随后，女性将丧失家庭中母亲角色和面临职业上的退休，离开业已熟悉的工作岗位，人际关系变得疏远，子女成家无疑会给老年女性带来沮丧的自我感觉，产生老年心理学中所谓的"退休综合症"和"空巢综合症"。

上海市区的抽样调查表明，60至74岁组的老年妇女对自己生活的不满意感为2.88%，而同年龄组的男性仅为1.44%；80岁以上组，老年妇女的不满意感为2.31%，而同年龄组的男性仅为0.97%。

综上所述，女性在各个年龄阶段中的自我满意感均低于男性。

三、人际交往中的两性差异

个体借助言语符号系统和非言语信号系统与他人交流信

息、沟通情感，发展并完善自我。但男女在人际交往中各有自己的特点。

（一）两性在人际交往中的一般特点

在社会交往中，一般男性喜欢成群结队，而女性偏好三三两两。在青年中期，男女两性都特别注重友情，不过这一时期朋友之间发生的纠纷与妒忌，女子要比男子多，对朋友之间关系感到不安的也是女子居多。由于女性生理、心理成熟早于男性，在交往方面，女性对友谊的需求，尤其对知心朋友的需求较男性早。有研究表明，需要一个异性伴侣的强烈欲望可能是女性所有共同特征中最为接近的一个。

女性交往过程中的情绪色彩浓厚。青年女性在友谊的关系中更易表现出焦虑、紧张、妒忌。有一项研究表明，怕被拒绝感在 15 岁组女性中有 70%，男性中为 50%；在 17 岁组女性为 60%，男性为 55%。在择友定向方面，虽然青年人都好交同龄朋友，但女性愿与比自己年长的异性建立友谊的人数比例远远超过男性，而男性正相反，愿意比自己年轻的女子建立关系，这正是男性独立自尊心理和女性强烈的依赖需求在友谊关系中的表现。在社交对象方面，约有 71%的男性选择同事，而 52%的女性喜欢选择亲友；在社交动机方面，71%的男性是由于某种乐趣，而 92%的女性则是为了满足情感交流方面的需要。

（二）语言交往中的两性差异

语言作为人类最重要的交际工具，是人类区别于其他动物的本能特征之一。通过它，人类文化中的观念、价值和准则有了最完整的表达形式。

实验表明,在言语符号系统的运用方面,男女两性的实际语言模式存在着一些差异。莱可夫的研究发现,妇女使用附加疑问句的次数明显高于男性,这可能是女性对人际关系敏感,温情脉脉的一种表示。研究人员还发现,在同性交往中相互打断谈话的次数相同,而在异性间谈话时,男子打断女子谈话的次数远远高于女子打断男子谈话的次数。打断谈话或插话意味着谈话过程中的主动权,这也正是男性支配欲的表现。另外,男性比女性更多地使用怀有敌意的词汇。

(三) 非语言交往中的两性差异

在人际交往中,通过目光、面部表情、身体姿态来理解或传达言语符号系统的潜在含义是十分重要的。大量研究表明,男女两性在人际沟通的非语言交往方式上也存在一些差异。

人际距离是人际沟通中的一种非言语符号。对空间的使用通常表现出人们之间的关系和态度。一系列的研究显示,男人都愿意与他人保持稍远的距离,而女子则倾向于和他人靠得更近一些。这些差异的解释可能有二:一是由女性对情感的需求较之男性强烈,为了表达这些需求,她们愿与他人有较小的空间距离;另一是由于她们在社会中的依附地位,使得她们的空间能轻而易举地被侵入。

从总体上讲,女子对面部表情的判断较男性更为敏感和精确。笑是面部表情的一种,女子比男子更爱笑。两性在笑所表达的含义方面是有差异的。女性多用微笑来表示友好、快乐、尴尬或歉意。因此微笑是女性用来表示愉快的积极情绪,也可能是一种处世态度。男性则更多地用来表示自己的自信和大度。

人类可以发生70万个不同的体态信号。一个人的行为是大脑活动的外显,人类的这些体态语言的真实性与可靠性大大地超出了非言语符号系统中的其他方式,每一文化模式都展示出一套独特的动作和姿势符号,但全世界仍然有成千上万种姿势和动作是各文化模式所共有的。例如,几乎在任何一种文化形态中,女性站着或坐着时叉开双腿被认为是非常不礼貌的,所以她们在公共场合都非常注意自己体态是否得体,而当独自一人时则非常随意。男子则不论是在公开的或隐秘的场合,体态行为是比较一致的。社会对男子的行为表现比较宽容,更多的是对于成就方面的要求。

四、成就动机方面的两性差异

成就动机是指个人追求自己认为有价值的事情的愿望,一般在竞争的情境中,男性成就动机高于女性。

(一)男女性成就动机特点

伯利等人对成就动机作了深入研究,认为男性与女性一样在乎成就表现,只是追求成就表现的领域不同。男性成就多侧重于作业取向,即取得成就的着眼点在于工作本身;而女性则多侧重于人际取向,以取得和谐的人际关系为重,工作本身处于次要地位。男孩努力学习,乃是因为他内在的成就动机高;女孩努力学习,则可能是为了取悦于他人或是为了获得人们的赞赏,也就是说,女性的成就动机中融入了亲和需求。换言之,社会赞许对女性成就努力的影响大于男性,而竞争对男性的成就努力影响大于女性。研究发现,竞争情境下的实验提高了男孩的成就动机,而女孩则没有什么变化,甚至下降了。

对成就动机的深入研究还发现,女性成功道路上的另一重大障碍是回避性成就动机,这一发现曾引起人们的极大关注。美国心理学家霍纳指出,成功给男性带来满意感,但却为女性带来焦虑。事业心重、能力强、成就高的女性,常会具有较多的男性气质,因而失去了女性特有的吸引力,使男性不愿接近她,不愿和她建立亲密的情感关系。对女性本身来说,在获得成就的同时,要忍受与成就相伴产生的焦虑,更何况女强人较多男性气质,时时会受到非议。由于这种对成就的恐惧性动机,相当多的女性会回避成功,压抑自己的成就表现。

总之,成就动机是决定男女性差异最重要的心理因素。由于女性的亲和动机,决定了她并不与自身事业的成就认同,而是与能做一个事业成功的男人的妻子认同;决定了她对人际关系的注重胜过了对事业本身。同时,女性的回避性成就动机又使得她对成就并不抱有期望,甚至使一些有能力、有可能成功的妇女自设障碍,如怀孕、生育等,以避免因成功带来的焦虑。这两方面的动机因素严重地阻碍了妇女步入成功的殿堂。但这一切并不是女性自己的过错,根源在于社会文化因素中存在的错误的影响。

(二) 男女性成就动机差异的社会文化因素

由于社会文化因素的原因,社会对妇女人力资源的浪费持续了千年之久,而且这种现象仍有继续发展的趋势。

回顾过去,由于受歧视,女性的才智一直被埋没。20 世纪 50 年代前后,由于女权运动的蓬勃发展以及“男女平等”

口号的提出,女性的才能才有机会逐渐表现出来。在美国,“女强人”纷纷涌现,她们步入政界、经济界以及工商界等多种领域。但近年来,这种情况又发生了新的变化。据美国《妇女节》杂志对千余名成年妇女的调查,想当女强人的比例在两年中下降了25%,为数不少“功成名就”的妇女重新放弃了对事业的追求。中国的调查也同样发现,女专业技术人员普遍感到生活负担太重,生活节奏太快,不胜负担,她们在追求事业成功的同时,不能搁下对家庭的责任,使身体超负荷地运行。

分析其原因,主要是因为刻板印象这一重要的社会文化因素规定了人们的思想倾向与行为方式。李美枝研究指出,社会对一个典型的男性形象是刚强、粗犷、独立、有主见、好斗、有雄心、主动、支配、智慧、理性等良好品质,而刻板印象中的女性则是温柔、顺从、心细、胆小、保守、被动、依赖、善感等大多是消极性品质。不仅性别角色刻板印象如此,男女职业刻板印象也在某些方面设下了各种条条与框框,给予这两种性别以不同的成功条件与机会,在受教育、社会地位等各个方面,处处表现为男女有别。

应该说,社会对妇女成功的要求太苛刻了,由于这样的刻板印象,女性进退维谷。霍纳指出,聪明的妇女为双重绳索所束缚,如果失败了,她就达不到其成就的标准;如果成功了,那么她就辜负了社会对女性角色的期望。由此可见,女性成功的关键在于社会刻板印象和观念的根本改变。这种改变不仅是对女性角色刻板印象的改变,也同时需要对男性角色刻板印象予以修正。

第六章　社 会 动 机

心理学研究与社会生活实践经验证明，个人的工作与学习能否获得成就，在很大程度上取决于本人能否发挥其积极性与主动性。积极性与主动性乃是个人动机力量的具体表现，其作用之大并不亚于个人的能力与知识经验。

第一节　社会动机概述

分析人们的行为时，必须揭示其行为的动机。只有这样，才能判断其行为的出发点，才能预见其行为重复出现的可能性，才能作出鼓励或禁止的信号，从而实现对其行为的控制。

一、什么是动机

（一）动机的定义

动机，是直接推动个体活动以达到一定目的的内部动力。个人的一切活动都是由一定的动机所引起，并指向于一定的目的。动机是个人行为的动力，是引起人们的活动的直接原因，它是一种内部刺激。

动机这一概念内包含如下意义：

1. 动机是一种内部刺激,是个人行为的直接原因。

2. 动机为个人行为提出目标。

3. 动机为个人行为提供力量以达到其体内平衡。

4. 动机使个人明确其行为的意义。

由此可见,动机具有两个方面的作用：

活动性。个人怀有某种动机之后,能对其行为发生推动作用,表现为对其行为的发动、加强、维持,直至中止。

选择性。具有某种动机的个人,其行为总是指向于某一目的而忽视其他方面,使其行为表现为明显的选择性。故分析个人动机的作用时,首先要确定其方向,在正确方向指引下,动机越强烈,则其行为越具有积极的社会意义;否则,方向不符合社会要求,动机越强烈,其行为对于社会带来的消极意义也越大。

(二) 动机的复杂性

个人的动机及其行为之间的关系是错综复杂的。它们不是一对一的关系,同一动机可以产生不同的行为。例如,个人怀有为祖国现代化建设贡献自己力量的动机,可以表现在多方面的行为:(1)努力学习,掌握知识技能;(2)锻炼身体,增强体魄;(3)对智力实行自我开发等。参看下图：

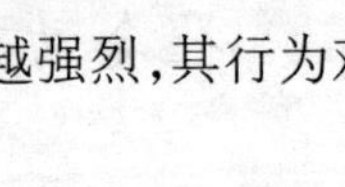

个人的同一行为也可以由不同的动机所引起。例如,个

人刻苦进行体育锻炼这一行为,可能来自不同动机:(1)为了参加运动会,获取名次;(2)为了增强体质;(3)为了使体形匀称、健美。参看下图:

动机(1)
行为——动机(2)
动机(3)

一般说,个人的行为总是同时有几种动机共同发生作用,其行为不是单纯为某一个动机所支配,但其中总有一种动机发生主导作用。或者说,在不同的阶段起主导作用的动机可以相互转化。例如,人们学习知识的主导动机是要成为一个专门家;在学习过程中,支持其学习活动的主导动机可能是其对专业的兴趣;在学习考核阶段,支持其学习活动的主导动机则可能是为了争取获得好成绩;在学习结束阶段又会产生与个人志愿有关的其他的主导动机。

动机的复杂性还在于:人们头脑里存在的动机和他口头或书面表述出来的动机往往是不一致的。例如,有人升入高校学习的动机可能是为了拿到文凭或为了加工资,也可能是为了个人兴趣。但他感到这种“赤裸裸”的动机似有个人主义之嫌,于是他可以向他人说升学是“为了祖国现代化建设”。此外,人们头脑中实际上起作用的动机与他本人意识到的动机也往往不一致。

(三) 动机的可知性

从以上的分析中可以看到,动机是复杂的,它是一种内部刺激,别人是无法直接观察到的。但动机也不是不可知的,因为动机体现在人们的行为之中，若能对人们行为作系统观察与分析，可以推测其动机。

根据行为的强度与持久性可推测其动机的强度。行为的力量来自动机，一个求知欲很旺盛的人和一个缺乏旺盛求知欲的人相比，学习活动的强度和持久性大不相同。

根据行为的方向与行为内容可推测其动机的社会意义。

二、动机与需要的关系

麦独孤最早提出，人们社会行为的动力是本能。也就是说，他把人的本能行为推动人们行为的动机，本能具有动机作用。因为本能是一种与生俱来的冲动，所以用本能一词来概括人们社会行为的动机，显然是站不住脚的。但是，人的本能对于他的某些行为确实发生推动作用，所以也不能一概否定本能有动机作用。例如，人有吃喝的本能，就会推动人们去寻找吃、喝的对象。但是，用本能作为人们行为的动机是十分不全面的，于是后来的一些心理学家用需要一词来代替本能的概念。

（一）动机由机体的需要所激发

所谓需要，乃是指人的生理或心理状态由于某种不足或过剩而失去了安定的不均衡状态，由此产生不快感而造成一种紧张状态，个人表现出追求安定以恢复平衡，这就是需要。例如，人们喜欢人际交往，不喜孤独，如果一人独处，失去思想交流的机会，那就是心理状态在交往方面的不足。但如果人们整天忙于与周围人交往，那就是情感交往过于频繁，心理状态在交往方面过剩了。不论是不足或过剩，都会产生不快感，造成孤独或烦恼的紧张心理，于是个人就会去追求交往或逃避人群，前者表现为寻找朋友，后者表现为寻找安静地方。这种追求就是需要。

人们的动机就是由其需要所激发。需要驱使个体趋向某个目标，变为动机。也可以说，动机是由需要转化来的。一般讲，需要与动机两个概念可以不必细分，许多有关书籍、文章中，都把动机与需要等同起来。不过，人们有时候即使有了需要，都并未激发出动机。例如，人们处于一般饥饿状态下，需要吃东西，但看到食品很不卫生，又冷又硬，知道如果吃下去会生病，就不想吃这食品。这就是说，饥饿状态下吃的需要并未激发出吃东西的动机。由此可见，动机具有一定的对象。

动机是由需要所激发的，但有时候，人们的需要却未被自己明确意识到，这是一种潜在的需要。人的潜在需要在某种场合下，仍然可以作为其行为的动机而发生作用。例如，有人去书店要买一本数学参考书，正好看到有歌曲选，原本他并无购买此书的明确需要，但有潜在需要，于是也想买一本歌曲选。这就是潜在需要激发行为的动机。

（二）需要的情感成分与认知成分具有动机作用

情感的动机作用。需要的满足与否会产生肯定或否定的情感，从而激发起某种动机。情感是人们快乐或不快乐的经验，是人们对于来自体内与外部世界刺激所获得的主观感受。若是给自己带来愉快的刺激，就发生趋近的行为，若是给自己带来不愉快的刺激，就发生逃避行为。例如，一个人在路上遇到了知己朋友，就会主动上前打招呼，谈话；如果遇到了一个自己不太喜欢甚至讨厌的人，就只点个头，或有意避开对方。

这就是人们的情感推动了自己的行动，故情感具有动机作用。

认知的动机作用。认知也有动机作用，因为认识外界事物，了解与掌握事物发展规律的本身，就是一种认识需要，这种认识需要会发生动机作用。例如，当人们对于某个新事物缺乏认识时，由于好奇心的驱使而想要了解它；当人们对于某个事物只有初步认识，由于对它具有兴趣而想进一步了解时，都会推动自己去认识它。所以说，认知也会对行为发生动机作用。

三、动机的社会历史性

人们的需要决定于社会生活条件，受其社会关系所制约，因此表现需要的动机也具有社会历史性。同一个国家在不同的社会背景下的人们，具有不同水平的动机。美国哈佛大学心理学家麦克莱伦多年来一直致力于研究人们的成就动机。麦克莱伦通过主题统觉测验(即用看图说话或看图讲故事的方法，简称 TAT 测验)以及对儿童的观察与谈话，获得两个主要的发现：

1. 由于社会背景不同，儿童所受到的社会化不同。一方面，父母本身若具有较高的成就动机，就能对其子女的成就动机给予迅速的奖励；另方面，父母本身的成就动机既可以为其子女的成就动机提供样板，又可以为其子女提供一个促进成就动机的家庭气氛。这种气氛能强烈地诱导儿童的成就动机的高度发展。

2. 促进成就动机的气氛可能在全国范围内造成。麦克莱伦测量并估计了 30 个国家儿童读物的故事内容中所表示的成就需要的强度，发现这与这些国家 20 年后的经济发展之间有显著的相关。这一发现表明，一个国家范围内形成了成就动机的气氛，将有利于青少年儿童成就动机的提高。

上述发现值得我们重视，这种情况同样可以在我们的社会生活中见到。人们的动机受社会经济文化等因素的影响很大。扬州师院陈家林等同志调查了近 400 名已婚青壮年的生育动机，发现其生育动机与所受的文化教育程度有明显的负相关，即人们的教育文化水平越高则越不愿多育，而教育文化水平越低则希望多育。研究者指出：文化程度高的人，追求精神生活的兴趣和探求知识海洋奥秘的求知欲更加强烈，不愿多育，而且容易领会和接受计划生育的宣传，使国家的客观要求转化为自己的主观需要。研究还指出了与上述结论有关的另一侧面，即生育动机与人们的职业有关系，文教机关已婚的青壮年中，少育动机占优势，而工农业及服务性行业青壮年中则多育动机占优势。

麦克莱伦提出关于社会气氛可以制约人们的成就动机问题，确实也同样在我国存在。十年动乱之际，由于社会上泛滥着“读书无用论”，在“书读得越多越蠢”的气氛下，当时学生的成就动机水平是不高的。党的十一届三中全会以后，为实现建设祖国、振兴中华而努力学习的社会气氛十分浓厚，学生的成就动机亦随之提高。

第二节　社会动机的分类

人们的社会动机是十分复杂的心理现象，可以对此作出各种各样的分类。兹介绍几种主要的分类。

一、内部动机与外部动机

许多心理学家都主张把动机分为内部动机和外部动机两种。

内部动机,是指人们对活动本身感到兴趣,活动能使人们获得满足,是对自己的一种奖励与报酬,无需外力作用的推动。例如,有人创造一个新工具,虽然外人未表扬他,但他感到自我满足,还想要继续干下去。

美国哈佛大学心理学教授布鲁纳指出,内部动机由三种内驱力引起,一是好奇的内驱力,好奇心也就是一种求知欲;二是胜任的内驱力即好胜心,好胜心就是一种求成欲;三是互惠的内驱力,人们都需要和睦共处协作活动。

外部动机不是对活动本身产生兴趣而产生的动力,而是由活动以外的刺激对人们诱发出来的推动力。例如,有人为了争取成为先进工作者而努力工作,或者为了避免挨批评而完成工作指标,这是为受他人表扬或为免受他人批评而做好工作,并不是对工作本身发生兴趣。

事实上,上述两种动机是缺一不可的,必须结合起来才能对个人行为发生更大的推动作用。一方面,通过表扬与批评,促使人们去追求符合社会要求的目标,从而实现社会对其行为的调节与控制。另方面,要引导人们对其所从事的某项工作发生内在的兴趣,从而使他们更加自觉地做好工作。

上述两类动机在企业管理中应用得十分普遍。一方面通过激励以激发外部动机,也就是使激励对其行为予以直接的影响。常见的激励方式如物质奖励、福利、晋升、表扬、批评、惩罚等，这种种激励方式都是外附性的，是附加于工作以外的，称“外附激励”。另一方面，给人以一种成功感，这实质上也是一种激励，这种激励是和人们从事的活动密切联系着的。工作成功本身就是一种最大的激励，最高的奖赏，这称为“内滋激励”。“内滋激励”还可以通过其助人行为而获得，帮助他人并非为了受表扬，而是一种自我鼓励。一般说，“内滋激励”较难控制。

二、初级的原发动机和高级的习得的社会性动机

初级的原发动机，不需学习，是由于生理方面的需要所激发起来的。例如，对食物、饮水、性活动以及排除疼痛等需要，都是引起机体行为的初级动机的源泉。

高级的习得的社会性动机，是在初级动机的基础上发展起来的高一级的动机。只有人类才具有社会性动机，它是在一定的社会生活条件下形成并发展起来的。例如，劳动动机、学习动机、成就动机等，都是通过后天的学习而获得的社会性动机。

社会性动机可以分为交往性动机与威信性动机两种。

交往性动机。交往性动机是一种最基本的社会性动机。它代表不同层次的情感连续体，从低级的群集感到高级的亲属感，都是属于交往性动机的不同层次。例如，人们总是希望和大家在一起而不愿一个人独处，这就是群集感，也是一种和睦需要；人们总是喜欢和合得来的人相处，不愿意和陌生人相处，这就是友谊感；人们总是喜欢和自己家里

的人相处，以保持亲密的接触，这就是亲属感。交往性动机是个体在儿童时期通过与他人接触和交往的过程发展起来的。个体早在婴儿时期就受到成人对他的影响，成人提供食物，照顾生活以及给予爱抚等，这些外来的刺激都成为满足孩子需要的源泉。孩子每当接触到成人的身体，听到成人说话的声音，看到成人的具体形象，都会使他们感到愉快与满足，从而渴求有人作伴、爱抚，害怕孤独、被冷落等，这就表现为交往性动机。

威信性动机。威信性动机是更为高一级的社会性动机。这是一种追求他人对自己尊敬并希望获得他人赞扬与肯定的动机，它实质上也就是一种取得成就和获得社会承认的愿望和需要。即使在童年期，人们就已经具有希望自己获得尊重，取得同伴尊敬、获得地位等的要求。

威信性动机常被用来作为激发学习与工作积极性的手段。许多心理学家用"承认、赞许、表扬和不赞成、责备、惩罚"等方式进行了一系列的对比实验研究。结果表明，正面鼓励对学习与工作最能发生鼓舞作用。美国心理学家赫洛克的实验有力地证实这问题。他把 106 名被试分为四个组，都练习难度相等的数学题 5 天，每天 15 分钟，但四组被试是在不同的激励条件下进行练习的。第一组为受表扬组，每次练习之后实验者宣布被试的姓名，予以表扬和鼓励；第二组为受批评组，每次均由实验者宣布他们的姓名，并严加批评；第三组为受忽视组，实验者对他们的练习既不表扬也不批评，只让他们静听其他两组受表扬和受批评，采取忽视他们的态度；第四组为控制组，让他们单独练习，即不知道自己的成绩好坏，也不知道其他组情况，不给他们提供任何外来信息，然后比较不同激励条件下的成绩，以探求各自所起的动机作用。四个组平均成绩如下图：

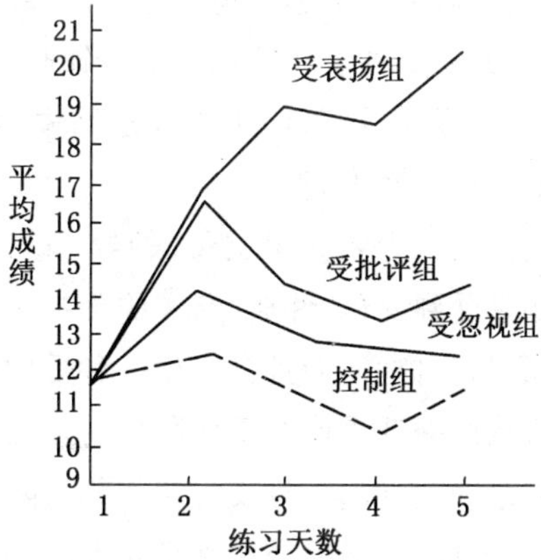

图示表明：受表扬组成绩连续上升，受批评组比受忽视组好些，控制组成绩最差。这相对地说，表扬能激发人们威信性动机，批评也有效果。这说明，无论是优胜者还是失败者，都能进一步激发其威信性动机；如果自己的工作与学习的成绩好坏、与他人相比有何高低上下都一概不知道，则无助于今后工作进一步的开展，亦即缺乏动力，尤其是缺乏其威信性动机的推动作用。在实际生活中，我们必须把表扬与批评巧妙地结合起来，才能发挥积极作用。

许多心理学家认为，在社会生活中交往性动机与威信性动机都是不可缺少的。人们往往注意了人的威信性动机的作用（这是完全应该的），但却很少有意识地运用交往性动机，使它对人的行为充分发挥作用。其实，交往性动机对人的学习、工作也起很大作用。学生往往对于他所喜欢的老师所教的课程抱认真学习的态度,上课用心听讲,努力完成作业,对课程容易发生兴趣;对于他所不喜欢的老师所教的课程则采取敷衍态度,作业马虎,对功课不感兴趣等等。这种情况在成人工作中也是屡见不鲜的。许多人往往对他所钦佩并尊敬的领导布置的工作乐于积极完成,对他所不喜欢的领导布置的工作有抵触情绪,工作积极性不高。

一般说,人们总是为要获得父母、领导、亲友的赞扬而更加努力工作,如果受到父母、邻居、亲友的责备与奚落,不仅削弱了他的自尊心与自信心,而且会产生一种受抛弃、不被他人欢迎的孤独感,从而降低了他的工作积极性。因此,必须创造条件,在人与人之间建立起一种友好合作的人际关系,使双方产生责任感与义务感,以激发交往性动机而推动自己的行为,更好地完成任务。

第三节　彼得罗夫斯基的动机系统理论

苏联心理学家根据个体需要与动机的关系,提出了动机系统理论。

动机系统理论的代表人物,是苏联心理学博士彼得罗夫斯基。他在其著作中指出:“个性积极性的源泉是各种不同的需要。……动机是与满足某些需要有关的活动动力。如果说需要是人的各种积极性的实质、机制,那么动机就是这种实质的具体表现。”他指出,动机彼此的不同是由于动机所表现的需要种类不同。复杂的活动乃是由几种同时起作用和相互影响的动机所推动，这些动机构成“多分支的动机系统”。

彼得罗夫斯基的动机系统，是由以下各个成分所构成的：

一、兴　　趣

兴趣，是人的认识需要的情绪表现，它是个人的活动动机的重要方面，当然不是唯一的方面。兴趣这种动机主要是推动人们对自然界和社会生活的深刻的认识，能使人们积极地寻求满足认识需要的途径与方法。这种认识需要愈被满足，则其兴趣愈能被丰富与深化，从而产生更高水平的兴趣。可见，兴趣是经常推动人们认识活动的内部机制。

二、信　　念

信念，是激励人们按照自己的观点、原则和世界观去行动并被意识到的需要系统。以信念的形式表现出的需要的内容，是关于周围自然界和周围社会环境的知识以及对这些知识的某种理解。当这些知识形式成为有顺序的、有内在组织的观点体系时，它们就可以被看作为人的世界观。有顺序的、有内在组织的观点体系包括的方面很广，如哲学观点体系、美学观点体系、伦理学观点体系、自然科学观点体系等等。人的世界观，就是由各方面的知识所形成的有系统的、有内在结构的观点体系的总组合。信念包括文学、艺术、社会生活和生产活动领域中的广泛问题，这些问题都以一定的世界观为指导。

三、意　　图

意图也是行为的动机,其中表现出对生存和发展条件的需要,以意图表现的需要若不经过专门组织的活动就不能得到满足,这类动机能够在很长时间里维持个人活动的积极性。例如,一个青年想要乘自行车作环球旅行,这就是意图。为要实现这一意图,必须积极组织自己的活动,不仅要准备牢固、轻巧的自行车,而且还要锻炼身体,省吃俭用,筹备资金,学习地理知识及准备地图等。如果不作专门的准备活动,其意图无法实现。所以,为要做好准备工作,可以在较长时间内维持个人活动的积极性。

意图有不同的形式,如企图、幻想、追求、理想等。

企图。企图是人们明确意识到需要的条件及准备利用的手段。但对于有些人来说,尤其对于少年来说,想要达到某种目的时,很难清楚地意识到达到目的的手段,它往往是很模糊而且也很难想清楚的一种心理状态。

幻想。幻想是通过想象活动而创造出来的本人所希望达到的形象,这种形象不仅可促使个人看清楚完整的图像,而且可以维持和加强个人的力量。

追求。追求也是一种动机,它可以表现出某种需要,这种需要具有不可战胜的力量,在相当长的时间里始终不变地指导着人们的思想和行为方向。追求未被实现就会引起强烈的情绪。例如,人们追求一个温暖的家庭。为了这一追求的目标,在很长的一段时间里人们的思想和行为都向往着该目标。如果不能实现,就表现出失望、不满、懊丧的情绪。

理想。理想就是模仿自己心目中作为典范的榜样的需要。

以上谈到的一切动机(兴趣、信念、意图)有一共同点,即它们都是被意识到的。人们能清楚地了解自己为什么去活动。自己需要的是什么。除此以外,还有一种动机是未被意识到的,未被意识到的动机也是动机系统中的一个重要方面。

四、未被意识到的动机——意向

意向是一种活动的动机,它是没有明确意识到的需要。一个人具有模糊不清的意向时,思想上并没有弄清楚有什么东西在吸引自己、鼓舞自己。意向往往是暂时的,未被明确意识到的需要或者消失,或者转化为意图。模糊不清的意向在青年人中是很普遍的,它们预示着未来的意图。

彼得罗夫斯基指出,意向不是天生的和经常起作用的生物决定的行为因素,意向是形成人们行为动机的一个低级阶段。意向未被主体意识到是暂时的,它们不是始终不变的,而同样是在社会制约作用的影响下,在社会生活过程中形成的。它们始终不可能成为对活动起主导作用的动机,起主导作用的动机是意识到的动机。然而意向在引起的最初阶段却保持着它一定的作用。

彼得罗夫斯基的动机系统理论,把许多动机置于不同的层次之上,并指出了诸种动机成分之间的关系,逻辑层次明确,有助于我们进一步理解动机的复杂性。但是,这个理论是属于概念性的,其动机系统中的各个成分尚缺乏内在的必然联系。

第四节　马斯洛的需要层次论

一、马斯洛的基本理论

（一）马斯洛需要层次论的出发点

马斯洛是西方人本主义心理学的创始人，生于美国纽约，父母是移居美国的俄国犹太人，幼年备受歧视，生活孤独。他一心读书，先醉心于行为主义心理学，相信行为主义可以改变世界。事实教育他，依靠行为主义无济于事，于是转而探求人的内在力量，即人的价值与潜能。他认为人的内在力量不同于动物的本能，人要求其内在的价值与内在潜能得以实现乃是人的本性。由此可见，他的人本主义心理学是以内因论为其根据的。人本主义心理学形成于第二次世界大战以后，是当代心理学的第三种力量，既不同于行为主义的外因决定论，又不同弗洛伊德的生物还原论。它以认知论的观点，肯定人的行为的意识性、目的性与创造性，强调人与动物的差异，注重人的价值和人的特殊性。

马斯洛认为，社会文化对人有影响，但人本身的内在力量尤为重要，社会文化因素对人的价值体系起一种促进作用。每个人都具有一定的内在价值，这种内在价值就是一种类似本能的潜能或基本需要。人要求其潜能得到实现，这就是马斯洛的自我实现论的中心思想。

（二）马斯洛的需要层次论

马斯洛认为，人的价值体系中存在着不同层次的需要，排成一个需要系统。其中最低层次的需要是生理需要，它是一种随生物进化而逐渐变弱的本能或冲动；最高层次的需要是高级的需要，它是随生物进化而逐渐显现的潜能。马斯洛认为，人的需要体系分为五个层次，从生理的、安全的、社交的、自尊的需要，一直到自我实现的需要。

1. 生理的需要。这是人们最原始、最基本的需要，它指对食物、水分、氧气、性、排泄及休息等的需要，是由体内化学或神经中枢所控制。这类需要如不被满足就有生命危险，所以是最强烈的需要。

2. 安全的需要。要求安全，希望避免如冷、热、毒气、灾害、痛苦等物理条件下的伤害，经济不稳定的威胁(如失业)，学习失败的威胁(如考试不及格)等。

3. 社交的需要。如渴望家庭、父母、朋友、同事、上级等对其所表现的爱护与关怀、温暖、信任、友谊、爱情等需要，人们还渴望自己有所归属，成为团体之一员。

4. 尊重的需要。希望他人尊重自己的人格，希望自己的能力和才华得到他人公正的承认和赞赏，要求在团体中确立自己的地位。这类需要可分为两种：第一种是，希望自己有实力、有成就、能够胜任工作，并要求独立和自由。第二种是，要求社会上给予名誉、地位、权力、赞赏，要求他人对自己重视或高度评价。

5. 自我实现的需要。希望完成与自己能力相称的工作，充分表现个人的情感、思想、愿望、兴趣、能力、意志等，能使自己的潜在能力得到充分的发挥。马斯洛说，“音乐家必须演奏音乐，画家必须绘画，诗人必须写诗，这样才会使他们感到最大的满足。是什么样的角色就应该干什么样的事情，我们把这种需要叫做自我实现。”

马斯洛指出：不是每个成年人都能自我实现的，能够充分使其自我实现需要得到满足的人是极少的，仅仅只有百分之一。

（三）自我实现者具有的特征

马斯洛提出的自我实现的人具有以下主要特征：

1. 具有一种领会自己、他人和自然的能力。他们有一种积极肯定的自我认识，也能领会他人和大自然的能力，有一种甘当觉察者而不愿当评判者的倾向，就像一个孩子一样，用广阔的、不带批评的、天真无邪的目光观察世界，看待自己和他人的内在的人类本性。

2. 建立良好的人与人之间的关系。他们喜欢接近人们，他们怀有一种善良的愿望，善于与他人建立良好的人际关系；他们待人和蔼可亲，克己耐心，对同伴富有同情心。

3. 对于现实有较强的感受能力，并能够和现实建立和谐的关系。他们能感受世界的本来面貌和人们的真实情况。发生问题时，由于他们能够了解事情的实际情况，因此能有效地解决问题。

4. 能不断地欣赏新生活。他们能经常从生活中寻找乐趣；他们对于生活中许多事物都能作出新的反应，就好像是第一次遇到似的；他们带着敬畏、兴奋、惊奇的心情，百看不厌地、天真地欣赏生活中常见的事物。对他们来说，即使是生活中偶然的、平常的、暂时的事情，也是令人兴奋而入迷的。

5. 能够独立自主，不受文化和环境的束缚。他们有良好的自我感受和自制力，能够遵照自己的行为与价值标准，知道应该怎么做，不应该怎么做，而不是处处依赖于别人的规定，或按照群体生活方式的规定办事。

6. 富有创造能力。他们不管做什么事情，都以一种创造性的方式来对待，从不按照自己或别人已经做过的成功经验来重蹈覆辙。

7. 具有一种民主型的性格结构。他们常常赞赏并崇尚别人的优点，愿意听取别人的意见并向其学习，尊重别人的独立性与特异性，他们向任何有学问的人学习而不必去顾虑别人会有什么想法，他们明智地懂得自己知道的东西比起应该知道的和别人已经知道的是微乎其微的。

8. 具有惊人的不可思议的经验——顶峰经验。大部分人也曾经有过顶峰经验，具有自我实现的人远比一般人有更多的顶峰经验。顶峰经验总是出现在美好的时刻，那是在快活而略带有神秘感的时刻。

9. 相信永恒和神圣的东西。当他们看到母亲在照料孩子，教师在教育学生，医生或护士在减轻别人痛苦的时候，会产生一种真和善的感受。

10. 认为助人是一种义务。他们能设身处地去帮助别人解决困难，当别人的希望得到实现时，别人的痛苦减轻时，自己会感到由衷的高兴，因为他们是怀着一种真正的愿望去帮助别人的。

11. 对人一片深情。他们有一种把自己与人类合为一体的感受，他们真诚地相信，所有的人基本上都是好的，都是善良的，是都非常值得自己去爱他们的。

12. 富有一种哲理性的、友善的幽默感。幽默感是一种对荒诞的、不合理的和自相矛盾的事情进行评说的能力。他们即使在逆境中,虽然在躯体上、心理上尚未被损害,但在有潜在的痛苦的情况下,能表现出一种幽默感,而在幽默中却不含有敌意。因为运用幽默感是一种在紧张状态下达到心理放松的有效手段,有益于心理健康。

13. 具有强烈的道德感。他们的道德境界包括了整个人类,他们似乎受着内部最高法庭的支配,这个法庭保障着所有的人的真诚、善良和尊敬,而不管这些人的国籍、民族、宗教和政治信仰如何,不管这些人是亲人、朋友,还是敌人。因此,他们不受法律条文的约束,而是受法律精神所支配,以理性和逻辑为根据。

14. 有一种独处的需要。他们乐意并主动寻找自己独处的机会,在独处的时刻,他们能够深谋远虑,设想解决各种问题的可能途径。许多举世闻名的构思就是在这种独处的条件下闯进意识的。

二、马斯洛对传统理论的不同见解

马斯洛认为,高级需要和低级需要尽管有不同的特征(指心理与生理的不同),但高级需要也是人的基本的和自然禀赋所给予的特征,是生物进化到人类而益发显著的特征。而不是像某些传统心理学理论所说的,是非人性所固有的。马斯洛认为,这一认识对于心理学和哲学理论具有重大的意义。

传统心理学中把需要与认知对立起来,马斯洛认为这是虚假的。他指出,人们对于知识的理解,对于哲学理论的探求，这本身就是一种需要，是我们原始的动物本性(我们是特殊的动物)的一部分。由于我们认识到这些需要并不完全是盲目的，这些需要是受文化、现实和可能性制约的，因此认知在需要的发展中会起很大的作用。总之，马斯洛认为，认知本身就是一种需要，需要本身即认知(没有认知，需要不能存在)；认知服务于需要。

马斯洛认为，所谓社会与个人的对立这一观点也应该重新审查。如果认为人只有低级动机而没有高级动机，就会认为社会的主要职能在于约束与抑制个人动机。如果认为人不仅有低级动机，而且有高级动机，就会认为社会的主要职能应该是促进人的动机的逐级实现。社会不仅要满足人们的需要，而且社会本身也是人类需要所创造的。

马斯洛还认为，传统心理学中关于紧张缓解的理论也应该重新讨论。所谓紧张缓解，是指人在满足需要以后所达到的体内平衡状态。马斯洛认为，这只适用丁人的低级动机的追求，涉及人的高级动机则只能用“生长”概念来说明。所谓“生长”，是指理想超越发展过程，它不在于寻求紧张的缓解，而是相反，往往是自觉地保持紧张甚至制造紧张，以促进创造潜能的发挥和自我的实现。

马斯洛的需要层次理论已成为组织管理心理学和教育心理学的重要组成部分，并在西方许多国家企业界应用推广。据估计，在美国大学中，现在约有三分之一的心理学人士赞成马斯洛的人本心理学的基本观点，而实验心理学则批评马斯洛的概念模糊，理论体系不够严密，方法欠科学。但是总的来说，社会上对于马斯洛的理论是普遍持欢迎的态度。

三、对马斯洛理论的评价

马斯洛认为,人的需要从低级到高级有不同的层次。可以认为,这是合乎逻辑的、符合系统论原则的。系统论强调结合性、层次性、整体性等要求,马斯洛的理论正符合了这些要求。有人批评他的需要层次太机械,这恐怕是误解,马斯洛指的是如果低级需要不能被充分满足,则高一级的需要也就不能充分发挥,不是说高级的需要不能产生。

马斯洛认为,人有内在价值、内在潜能,人要求发挥自己的潜能。这也符合社会生活的实际情况,即使是孩子,都要求有主动性与独立性,这种要求自主与独立对其本身的发展有一定的积极意义。

马斯洛指出,具有自我实现需要的人具备一系列的人格特质。看来,只要方向对头,有些特征在正确的社会条件下,是有利于社会的。

马斯洛强调要尊重人、关心人,这对我们的工作有启发,对我们搞好企业管理及搞好学校教育工作也有一定的参考意义。

但是,马斯洛过分强调了人的价值,认为人的价值是一种先天的潜能,忽视了社会生活条件对先天的潜能的制约作用。他太强调遗传因素的作用,从而导致这个理论具有很大的局限性。

第七章　社会认知

社会认知是人们社会行为的基础，要了解人们的社会行为，人与人之间的相互关系，首先必须了解人们的认知活动。

第一节　社会认知概述

一、什么叫社会认知

（一）社会认知的定义

社会认知是个人对他人的心理状态、行为动机和意向作出推测与判断的过程。社会认知的过程，是依据认知者的过去经验及对有关线索的分析而进行的；社会认知还必须依赖认知者的思维活动，包括某种程度上的信息加工、推理、分类与归纳。例如，个人对于他人在许多场合下的行为作了相同的推断以后，就有可能把一些相对稳定的印象归结到该人的身上，推测他以后在相似的情境中，将会产生过去那样的行为方式。如果该人在许多场合下都哭过，那么就可推断他在一定的情境中也会有哭的行为。人们就是通过社会认知来推断他人的行为的。

人们对他人的行为进行推测与判断时,往往根据自身的经验与体会来认识他人当时潜在的心理状态,即所谓以己度人。因此,这种推测与判断往往会发生偏差,特别是在复杂的情况下,判断他人的情绪状态与行为动机更易发生错误。

(二) 社会认知的特征

每个人在社会生活中形成了自己所固有的认识结构。因此,即使是同样的社会刺激,由于各人的认知结构不同,必然会使其社会认知表现出种种特点。

1. 认知的选择性。人们对于社会刺激的态度不同,可能认知也可能不予认知,这固然与社会刺激物本身的强度有关系。但所谓强度,主要不是社会客体本身的物理强度,而是其本身的社会意义的性质及其价值大小。也就是说,它对人们带来的是奖励还是惩罚,是有益的还是无益的,各人都以已有的认知结构为基础,从自己已有的生活经验出发,对当前的社会刺激作出种种估计与猜测。如果估计该社会刺激将给自己带来奖励,有益于自己,就会选择它作为认知对象。例如,人们从报刊介绍中知道某部影片的思想性与艺术性均佳,于是设法争取观看。如果估计该社会刺激将给自己带来惩罚,或对自己不利,则往往采取置之不理或逃避行为,不以该社会刺激为认知对象。例如,有的小学生看到班主任来家访时,根据个人以往经验,估计是来向家长"告状"的,于是就逃之夭夭。

可见,人们是根据社会刺激物的社会意义的性质及其价值大小而有选择地进行社会认知的。

2. 认知反应的显著性。这主要是指在一定的社会刺激下个人心理状态(情感,动机)所发生的某些变化,这种变化将随着个人对社会刺激的意义所理解的程度而转移。人们的认知总是伴随着一定的情绪体验的，当理解该社会刺激对个人有很大利害关系时，认知反应是十分显著的，亦即其情感及动机等心理状态反应强烈。例如，当一个学生拿到高考录取通知单，得知考入符合自己心愿的大学时，心情十分激动，情感及动机反应强烈；当另一个学生左盼右盼拿到了通知单，得知自己被一所本人不愿去的学校录取时，心情同样也很激动，但方向相反，一种失望的情绪十分强烈。

如果认知为该社会刺激与己无关或关系不大，则心情很少变化，或无动于衷。例如，刚吃过午餐的人看到食物并不会非常高兴，情绪并无波动，因为他已无进食需要，食物与他无关；如果一个十分饥饿的人面对食物，肯定是十分高兴，心情激动。

3. 认知行为的自我控制。这是自我意识发挥作用的结果，使个人的认知体验不被他人所觉察，从而使个体与外界环境保持平衡。

心理学家麦金尼斯作过一个实验：用 11 个性质不一的词汇(其中有 7 个是引起不愉快情绪或社会禁忌的词汇)作为社会刺激物，把这些词汇出示给被试，让他们进行认知活动，实验者通过皮肤电反射来测定被试的情绪状态。由于被试对这些不同性质词汇认知时，会产生不同的情绪状态，被试的皮肤电反射就能够十分敏感地将其情绪状态反映出来。实验者还要求被试当认知到这些词汇时，就立即向实验者报告，实验者要观察被试的皮肤电反射与口头报告两者是否一致。实验结果表明，这两者是不一致的，当出现社会禁忌的词汇时，被试很快发生皮肤电反射，但其口头报告很慢；但当出现其他中性词汇时，没有发生两者的不一致。

上述实验表明，凡是能激发个人产生焦虑的社会刺激，或者将要带来不愉快的刺激，在其生理反应、情绪反应上是非常敏感的，但认知态度是不积极的，而是把这些刺激压抑下来，从而减少焦虑，适应社会。

认知行为的自我控制这一特点，在人们社会生活中经常发生。例如，一个身材瘦弱的人遇到一个身材高大的歹徒，虽然他内心十分害怕，但竭力使自己在表情上不表现出来，因为他知道自己越是表现得害怕，对自己越是不利。这实质上就是自我意识对其认知活动发生调节作用。又如，我们去看望一个重病人，感到这病人面容憔悴，病势不轻，认知者心里十分难受，但在表面上会对病人说“你比前几天精神多了”，以此安慰病人，实际上却掩盖了认知者的真实感受。

二、对人认知的第一印象

（一）什么是第一印象

第一印象，亦称初次印象。两个素不相识的人第一次见面所形成的印象，称第一印象。第一印象主要是获得对方的表情、姿态、身材、仪表、年龄、服装等方面的印象，这种初次的印象在对人认知中发生一定的作用，它往往是以后交往的根据，也可能此后不交往。例如，婚姻介绍所初次见面的男女双方，职业招聘的面谈以及病人初次看病对医生的印象等。

（二）第一印象的实验

1. 实验一

用实验方法来研究对人的第一印象的是社会心理学家洛钦斯，他用两段杜撰的文字材料作为被试获得第一印象的根据，内容主要是写一个名叫吉姆的学生生活片断。这两段文字描写的情境是相反的，一段内容是把吉姆描写为一个热情并外向的人，另一段内容则相反，把他写成一个冷淡而内向的人。兹把两段材料介绍于后：

> 吉姆走出家门去买文具，他和他的两个朋友一起走在充满阳光的马路上，他们一边走一边晒太阳。吉姆走进一家文具店，店里挤满了人，他一面等待着店员对他的注意，一面和一个熟人聊天。他买好文具在向外走的途中遇到了熟人，就停下来和朋友打招呼，后来告别了朋友就走向学校。在路上他又遇到了一个前天晚上刚认识的女孩子，他们说了几句话后就分手了。
>
> 放学后，吉姆独自离开教室出了校门，他走在回家的马路上，路上阳光非常耀眼，吉姆走在马路阴凉的一边，他看见路上迎面而来的是前天晚上遇到过的那个漂亮的女孩。吉姆穿过马路进了一家饮食店，店里挤满了学生，他注意到那儿有几张熟悉的面孔，吉姆安静地等待着，直到引起柜台上服务员的注意之后才买了饮料，他坐在一张靠墙边的椅子上喝饮料，喝完之后他就回家去了。

洛钦斯把这两段相反描写的材料给予不同的组合：

(1) 描写吉姆热情而外向的一段先出现，冷淡而内向的一段后出现。

(2) 相反，先出示冷淡而内向的材料再出示热情而外向的材料。

(3) 只出示一段描写为热情而外向的材料。

(4) 只出示一段描写为冷淡而内向的材料。

洛钦斯把被试分为四个组，分别阅读一组材料，然后要求各组被试回答一个问题："吉姆是怎样的一个人?"结果表明，第一组被试中有78%的人认为吉姆是一个比较热情而外向的人；第二组被试中只有18%的人认为他是个外向的人；第三组被试中有95%的人认为他是外向的人；第四组只有3%的被试认为他是外向的人。

2. 实验二

有的社会心理学家作了关于第一印象的其他方面的实验。让同一组被试考察两个"学生"作业的情况，让这两个"学生"解答同样的问题——30个难度相等的数学题。这两个"学生"是由实验者事先控制好的，要他们都答对其中一半的题目，但一个"学生"被规定为多半答对题目的上半部分，另一"学生"被规定为多半答对题目的下半部分。"学生"作业完毕之后，实验者要求被试对这两个"学生"作出评价：两者相比较，谁聪明些，并要求被试估计这两个"学生"各做对了多少个题目。实验结果是，多数被试都认为在解题开始就能正确反应的"学生"聪明些，而认为在解题的后半部分能正确反应的"学生"不如前者聪明。这个结果说明，由于第一印象的作用，使被试对于一个"学生"开始就做对不少题目和另一个"学生"开始就做错不少题目获得较深的印象，这较深的印象会影响被试们后面的认识。对于实验者要求被试去估计这两个"学生"各答对多少个题目的结果是，被试回忆前一"学生"正确答题平均为20.6个，后一"学生"正确答题平均为12.5个，其实两人都是正确解答了15个题目。所以造成判断上的差异，是由于第一印象的作用。

这个实验的设计简单，却又很巧妙，但也有不足之处。实验者要求被试回答的两个问题中第一个问题，在控制实验条件方面尚欠严密。要被试评价谁比较聪明些，实验者未交代这两个“学生”外表的仪态，因为仪态表情尤其是面貌的长相的差异，可能会影响被试对智慧水平的判断；再分析一下实验者所控制的两个“学生”正确答题的分布情况，一是正确回答在前面，另一是正确回答在后面，造成这一情况的原因可能是智慧水平的问题，也有可能是学习态度的问题。一般讲，先对后错的“学生”主要是由于粗心大意，而先错后对的“学生”可能是思维活动的灵活性不够，对于一系列问题思想准备不够。因此可以说，这两个“学生”确实存在着智慧水平上的差异。这一实验虽然有些欠缺，但还是值得我们借鉴，尤其是实验者提出的第二个问题，是非常能够证明第一印象的作用的。

（三）第一印象的意义

第一印象在日常的社会生活中与工作中都有一定的作用，即所谓先入为主。例如，学校里对新来的班主任、新来的插班生，单位里对新来的领导人、新来的同事等，第一印象都会发生作用，双方都对对方留下深刻的印象，同时双方也都力图使对方对自己获得好印象，作为今后交往的起点。

但是，双方初次见面所获得的印象只是一些表面特征，不是内在的本质特征，所以单凭第一印象作为继续交往的基础是不牢固的。如社会上一些男女青年初次见面时，往往只凭仪表、长相而一见钟情，不考察对方的政治态度、个性品质而草率结婚。事实证明,这是靠不住的,往往会留下后患,最后造成感情破裂。

第一印象不是无法改变的,随着时间的推移,交往的增多,对一个人的各方面情况会愈来愈清楚,从而可以改变第一次见面时留下的印象。

第二节　社会认知的范围

社会认知的范围很广,指对他人表情的认知,对他人性格的认知,对人与人关系的认知等。

一、对他人表情的认知与判别

人是一种富有表情的社会人,人的表情乃是反映其身心状态的一种客观指标,例如,“喜气洋洋”、“气势汹汹”、“愁眉苦脸”、“眉开眼笑”等,都是标志着人们喜、怒、哀、乐的心理状态。在社会生活中,人们往往根据他人的面部表情来判断其心理,判断的正确程度是取决于判断者对他人表情的认知与解释。可以说,人们的表情是一种相当重要的社会刺激,尤其是面部表情更重要。此外,动作、姿态、说话的语调等,也是判断情感的客观依据,因为动作、姿态、说话的语调等也是属于人们的表情范围之内的种种形式。

人的表情包括有后天习得的成分。富克选择了一批 5—20 岁的先天性盲人和视觉正常人,进行了面部表情的后天习得性的研究。他让实验对象努力作出各种表情,结果发现,随着年龄的增长,两组被试的表情存在着很有趣的变化。最年幼的盲童和视觉正常儿童，无论是在面部表情动作的数量上，还是在表达表情的适当性上，都没有明显的差异。但是，视觉正常儿童在表情动作的数量上和表达表情的逼真性方面都随着年龄的增长而有进步，而盲童却恰恰相反。因为有视觉的儿童通过模仿他人，在日常生活中学会了各种表情的细微差别；而盲童则无法学习，虽然他也想表达自己的感情，但只会茫然地露出一种下意识的表情——盲相。

按照表达情绪的身体部位来区分，表情可划分为三种类型：面部的情绪表达称为面部表情；身体各部分姿态的情绪表达称为身段表情；言语中声调、快慢、音色随情绪的变化称为言语表情。

（一）面部表情的判别

关于他人特定表情的研究，这在F·奥尔波特所著的《社会心理学》中就有专章介绍。他专门研究人们各种表情与各有关肌肉活动的关系，研究哪一种表情发生时，受哪部分肌肉活动的控制，该肌肉是如何发生活动的。人有许多面部肌肉，各司其职，人们发怒时与高兴时都是由其面部各有关肌肉群的活动所控制，这方面的研究对今天大多数人来说，关系不大，我们不必去作进一步研究，但对戏剧家来说，可能有很大的研究价值。

关于面部表情中眼部肌肉与口部肌肉两者比较，何者更重要的问题，邓拉波用照片加以不同的组合进行实验比较。结果表明，口部肌肉活动所支配的表情比眼部肌肉活动所支配的表情要重要得多。我国社会心理学家林传鼎教授经过研究指出，“有些表情如喜悦、怨恨等，口部肌肉比眼部肌肉更重要，而较多的表情如忧愁、愤怒、惊骇等，则眼部肌肉比口部肌肉更重要”。

美国心理学家伍德沃斯要求被试根据照片来判断其情绪状态。判断情绪项目分为六类：爱情、喜欢、快乐；惊奇；恐惧、困苦；愤怒、坚决；厌恶；歧视等。伍德沃斯指出，被试根据照片判断其情绪状态，在以上六个方面较少发生错误。

另一实验表明，对于面部表情判断的能力受到暗示和训练的影响极大。事实上，我们对于他人面部表情的判断总要受到各种附加信息的影响。年龄的增长也是影响对表情判断的因素。儿童最难判断蔑视，而这对成年人却并不费力。不同年龄儿童对几种表情可以准确判断达50%的年龄如下：

表情	年龄
笑容	3岁以下
痛苦	5—6岁
愤怒	7岁
恐惧	9—10岁
惊讶	11岁
蔑视	14岁以上

（二）身段表情的判别

双手的表情在身段表情中占有很重要的地位，观察者判断双手所表示的表情的正确率能够达到和面部表情一样的水平。在实际生活中，我们即使看不清他人的面孔，但只要能看到他的身体动作就能了解到他的情绪状态。所有的舞蹈语汇，严格说来都是身段表情动作。实验表明，给被试看一个人体的整幅照片，则更有利于准确地判断其情绪状态。

（三）言语表情的判别

言语表情的重要性并不低于面部表情和身段表情。实验同样证实，让判断者判断以各种情绪的腔调来念英文字母的录音时，其判断的准确性几乎和辨别面部表情时一样高。歌唱家、演说家主要是靠他们的声音来打动听众的。现实生活中，我们往往通过人们发出的声音来判断其情绪。

现代社会心理学认为，上述研究过于粗糙。因为判断一个人的情绪状态，不能静态地单纯观察，必须在一定的被激发起来情绪的背景上才有可能正确判断，如仅仅观察其面部表情所作的判断，有一定的局限性。在现实生活中，在社交场合下，他人的面部表情只能作为判断其情绪状态的一项线索，不能作为唯一的依据。

根据面部表情来识别和判断其基本情绪状态，依存于三个条件：其判断能力随年龄的增长而增长；其判断能力与本人的社会经验的积累有关；其判断能力受社会文化因素的影响。

美国社会心理学家尔沙德对美国学生进行了表情命名、表情分类的实验。结果表明，在一个特定的文化环境里，存在着各种基本情绪的图像指标和言语指标，各个民族团体能够高度成功地把面部表情和言语概念配合成对，表情和言语配合得比较确切。例如，愤怒的面部表情和愤怒的言语表达是一致的，同一个社会文化背景下的人们都能够这样配合起来。

一般讲，一个人的表情是反映他的内在的思想感情的，尤其是面部表情更是如此。但是，在某些场合下，人的表情可以由其思想意识所控制，所以不但演员习惯于表达不同角色的表情，而且青少年的表情也不一定能真实地反映其内心的思想情感。因此,要正确认识他人的情感,主要依赖于认知者的生活经验。例如,生活中有形形色色不同人格特征的人,有人内心的喜、怒、哀、乐可以从他面部表情中直接反映出来,有人喜气洋洋的表情可能是掩盖着他心底的悲哀。这只有依靠在社会生活中所积累的生活经验,根据其一贯的表现,才能由表及里、去伪存真地作出正确判断。当然,如果系统地观察一个人的面部表情,可能会获得可靠的信息。认识他人情绪时,与认知者关系亲密的对象,单凭面部表情对其情绪状态的判断,比较正确;在复杂的社会背景下,对于关系疏远的对象则难以正确判断。

然而,在实际生活中,人们总是根据对方的表情加以推测其心理状态,并作出自己相应的表情。例如,在马路上遇到熟人,对方向你微笑时,则自己也报之以微笑;对方如果表示无动于衷、熟视无睹,自己也难以表示出热情的态度;在课堂里,学生看到教师的表情严肃时,上课就备加认真;在工作单位中,上级领导对下属工作人员热情招呼时,工作人员则备感亲切。许多团体的负责人和学校的教师,往往根据团体成员的表情来推测其心理状态,并及时做好思想工作。

二、对他人性格的认知

最早的研究方法也是提供照片给被试进行性格的判断。尔沙德等人的实验表明,照片上表现出积极情绪的面部表情和消极情绪的面部表情相比,有许多被试大都评价前者为具有令人喜欢的性格特点(友好的,有吸引力的,聪明的)。

许多实验业已证明,一个人的面貌俏丽或丑陋和他本身内在的优缺点并无必然的联系，并指出：根据人的照片来判断其智慧和品性是靠不住的；根据人的照片来判断其人是否犯罪以及犯罪程度，并决定判刑多少，会发生很大偏差。其中有一个实验是这样的，让被试看三组"犯罪者"的资料。实验者事先假设这三组"犯罪者"所犯罪行的程度相等，但两组资料均附有"犯罪者"照片，一组照片上"犯罪者"眉清目秀，另一组照片上"犯罪者"面目可憎，还有一组不附照片。然后请被试充任法官，给予判刑，结果发现，被试对第一组多半判为"无罪"，对第二组多判为"有罪"，对第三组则介于两者中间。由此可见，虽说"人不可貌相"，但人们往往会凭对方的相貌而推测其人格，从而发生认知偏差。

后来的研究还结合了其他方法，给被试以更多的信息。例如，实验者向被试介绍了该人的行为特点，行为的习惯方式，并进行面对面的实地观察，听其讲话快慢强弱的声音，观察其写字的笔迹等，企图通过上述多种途径让被试认知对方的性格。

其实，关于对他人性格认知的研究是很不容易的，其中最重要的一个问题是缺乏科学的、客观的指标。指标必须确切地能够反映认知对象的性格，即指标的针对性与特异性。评价他人的性格存在着很大的个别差异。对同一个人，不同个性的评价者会作出极不相同的性格评价，因此后来的研究又作了些改进。例如，研究认知他人性格时，让本人对自己的性格作自我介绍，请有经验的人作评价，请几个评价者共同评价，取其平均数等等。

对他人性格的真正认知，必须通过长期的共同生活才有可能,这正如中国有句古语所说的:"路遥知马力,日久见人心"。但对人们性格的某些方面,在较短时期内有可能推测到,如说话的强弱与快慢,可能反映某人脾气的急缓,也从另一个侧面推测他胆子的大小;有人做事情、写东西,往往开始认真后面马虎,可能与他意志的坚持性不够有关。

了解一个人过去的生活情况,有助于对其性格的认识。从小生活在逆境中的人和从小生活在顺境中的人,由于不同的生活条件而形成不同的性格。在逆境中生活的人,不顺心的事情多,遭受到的社会挫折多,他有可能形成孤僻倔强的性格,也有可能形成软弱顺从的性格;生活在温暖安定的家庭里的人,其性格多半是乐观的,友好的;生活在备受宠爱,以我为中心的家庭里的孩子,由于家中众人对他过分关怀与爱护,百依百顺,生活过分优越,有可能会形成其自私自利、好逸恶劳的性格。

了解一个人在家里兄弟姐妹中排行第几,也有助于了解其性格特征。一般说,长子长女往往有一定的独立性,而最小的孩子比较娇气,胆小。此外,由于社会化的条件不同,女子总会温柔些,男子比较刚强些。

三、对人与人之间关系的认知

对人与人之间关系的认知,包括认识自己与他人的关系以及他人与他人的关系。塔旧里作一实验,由十个互不相识的被试组成一个小组,先让他们在小组内自由交往,自由谈论,畅所欲言,使这些被试相互之间增进了解,然后进行问卷:1.这个小组里你最喜欢谁?2.你认为这个小组里谁最喜欢你？如果他们所选出来的人是同一对象(例如，甲提出“自己喜欢乙”，而且也认为“乙会最喜欢自己”，而乙也提出“自己喜欢甲”，认为“甲最喜欢自己”)，就有相应的一致性，这说明甲与乙两个人认识自己与对方的关系是正确的。如果双方提出的人选不一致，那就表示对于双方的关系认识不正确。3.如果要选小组长，你要选谁？4.你估计谁会当选(被哪些人选)？若选出来的人与他的估计是一致的，说明他对人与人之间关系的认识是正确的。例如，甲提出“要选乙”，甲认为其他人如“丙、丁、戊、己等人都会选乙”，事实上确实如此，这说明甲对人与人之间关系的认识是正确的。

对人际关系的认知这个问题，学校或团体的领导人应该更多地加以关心。因为人与人的关系融洽与否，对人们的学习与工作有很大影响。人与人之间关系亲密，就会产生一种协调和谐的心理气氛，否则就会出现紧张的心理气氛。在前一种心理气氛下，人与人之间会相互帮助、支持与鼓励；在后一种心理气氛下，则会相互排斥，相互对立。所以，领导人应该通过各种途径来了解人与人之间的关系，据此作些必要的调整，作些必要的思想工作，以充分调动每一个人的积极性。

第三节　影响社会认知的因素

影响社会认知的因素很多，包括主客观方面的各种因素。

一、认知对象本身的特点

认知对象本身的特点，是指该对象对于认知者所具有的价值及其社会意义的大小。认知对象,可以是某个个人,某个团体或具有社会意义的事物。由于认知对象本身的特点不同,因而认知结果也不同。

布鲁纳作了一个有名的货币实验,实验材料是一套硬币,有1分、5分、10分、25分、50分等种种大小不同的圆形硬币,一套与硬币大小形状相同的硬纸片,实验对象是30个10岁的孩子。实验程序是,先把两套材料先后投射在银幕上,让被试依次观看,然后移去刺激物,令被试画出刚才看到的硬币与圆形纸片。照理,这两套刺激物的大小形状是一样的,理应画出同样大小形状的两套材料。但是只因它们的社会意义不同,结果被试画出来的图形大小和实际上看到的刺激物不完全相同。他们画的圆纸图形与实际的硬纸圆形的大小比较一致,但所画的硬币圆形大小却远较他们看到的真正硬币为大。上述实验结果表明,由于外界事物本身的社会意义不同,因而影响了人们的认知结果。

由于认知对象的特点不同而产生不同的认知结果的情况,在生活中也很普遍。例如,当我们来到一个陌生的团体中,对每一个团体成员并不是平均主义地认知到的,乃是决定于这些成员本身的特点。对于那些身材特高或特矮的人,对于那些较胖或较瘦的人,对于那些穿着华丽服装的人或衣服非常朴素的人,对于那些说话声音洪亮的人,都能被优先于其他一般人的认知。

社会认知对象中,具体的个人是主要的一个方面。个人外部的表情、言语声调、行为以及言语活动中所包含的实际意义等,都是社会认知的重要信息。如果是个陌生人,当时情境并无特殊之处，则该人的外表是认知的重要因素；如果是个熟悉的人，因为尚有许多其他信息作参考，认知活动就会深入到该人的内在本质，并不限于该人的外表。

二、当时的情境

社会认知离不开一定的社会背景，认知社会中他人行为的善恶与是非总是离不开当时情境的分析，这种情况在我们日常生活中到处可见。例如，排队购买物品，这是任何人都必须遵守的文明行为，对于插档抢先行为，人们是鄙视的。但同样是插档行为，若对象是一个年事已高的老人，人们就会谅解他（她）；若对象是个年轻人，人们就会指责他（她），批评他（她），认为其行为不道德。

三、认知者本身的特点

社会心理学家凯利认为，每个人头脑中都构成了一定的心理组织或结构，如同于一个"有色镜头"，人们所看到的一切事物都要经过这个"有色镜头"的过滤。组成这"有色镜头"的因素有：一个人的经验、生活方式、文化背景以及个人的需求等。其功能是用来对认知对象加以分类和辨别。由于认知者本身已有的心理结构不同，对同一个社会刺激发生不同的认知结果。

（一）认知者的经验

认知者经验不同，思考问题的角度不同，即使同一社会刺激，却有不同的认知内容。例如，对某一个人的认知，艺术家侧重注意其外貌、身材、姿势、语调等，考虑该人能否做演员或绘画的模特儿；伦理学家则侧重于观察该人的行为举止及道德品质;学者则可能侧重于考察该人的智慧、能力及专业知识。

各人的经验不同,其认知结构也不同,有简单和复杂之分。年龄小的人具有简单的认知结构,认知他人时往往采用两分法,或好人或坏人;具有复杂的认知结构的人,可以看到该认知对象的多样性,既能看到他积极品质的一面,又能看到他消极品质的一面。

F·奥尔波特曾作过实验,他制订了有关学术理论、经济、美术、宗教、社会和政治等六方面的词汇让被试们加以认知。由于这些被试已有的知识经验不同,对于以上六项内容的词汇发生了不同的兴趣。

认知者生活方式不同,也会影响其认知结果。巴克拜做了一项实验,利用立体镜的两个不同图像,反映了经验与生活方式等因素对认知的作用。他以美国人与墨西哥人作为被试,立体镜的一边展示着墨西哥的风光——斗牛场面,另一边则出示了美国人的生活情况——一群小孩在玩球,当被试戴上了立体镜后,实验者问他们:"看到了什么?"由于落在两眼的画片不一样,因此不同生活方式的被试获得了不同内容的认知。按理,上述两类被试要么是什么也看不清楚,要么同时认知到两种情景。但事实上则不然,墨西哥人被试优先看到斗牛场面,美国人被试优先看到孩子们在玩球的情景。

(二) 认知者的性格

认知者性格不同会影响其认知结果。自信心强的人和自信心弱的人认知同一对象时,前者有独立性,后者则往往因服从权威、迷信别人而使认知活动受暗示，变得人云亦云。

一个平时好猜疑别人、具有猜疑性格的人，对他人动作和言语的认知，往往从猜疑的立场加以判断；一个具有内倾性格的人，判断与他交往的对方，总是以自己内倾性格去看待对方，发生一种投射作用。

康因等人研究了年龄与性别对其认知的影响，发现年龄大小与认知结果的关系很大，性别方面对认知结果也有影响，妇女对她所熟悉的人的认知比男子更富有刻板印象。他们通过研究指出："待人比较严厉的人，其社会认知也有明显的刻板印象。"他们特别重视人际间的尊重、地位和力量。自我意识的强弱也影响着人际间的认知结果，自我意识愈强，则认知他人的偏差愈大。

已有的心理定势也影响着人们的认知结果。一个人干了亏心事之后总是会"做贼心虚"。一个胆小怕事的人也会疑神疑鬼，一有风吹草动就认为要大祸临头了。

（三）认知者的需要

认知者需要不同，其认知结果亦不相同。

勒维因等人假设了人们生理需要对其认知的影响。他们的实验对象是一群饥饿程度不等的人，首先让被试看几张乱涂乱画的图片，其中有几张图片是描写食物和其他客体，这些图片上都被盖上一层薄纱，使被试无法看清楚图片的真实内容，然后要求被试根据回忆画出刚才看见过的图片内容。结果表明，饥饿时间越长的被试越倾向于回忆图片上画着的食物。

在日常生活中，有许多事实都可以说明认知者的需要决定了他的认知活动内容。我们如果走进新华书店随便看看，那么对书橱里的书将大致浏览，如果有人想买一本英语词典，那么他就会首先认知书架上的英语词典。这是因为由于人们的需要，特别容易摄取外界有关的信息。

四、社会刻板印象的作用

（一）什么是社会刻板印象

社会刻板印象，是指社会上对于某一类事物产生一种比较固定的看法，也是一种概括而笼统的看法。

人们常说，"物以类聚，人以群分"。这是有一定道理的，人们生活在同一条件下容易产生共同点，如果人们的社会生活、地理环境、经济条件、政治地位、文化水准等方面大致相同，就会具有很多共同点。例如，我国的中年知识分子，由于各方面条件的相似性，具有共同的心理特征——责任感、刻苦、勤劳、俭朴等。社会上逐渐对中年知识分子产生了一种比较固定的看法，这种看法往往会导致一种刻板印象的产生。

在日常生活中有些刻板印象与职业、地区、性别、年龄等方面有关。也就是说，职业、地区、性别、年龄等都可以成为各种刻板印象形成的基础。例如，一般认为老人总是弱不禁风的，山东人总是直爽而能吃苦的，上海人大都是机灵的等等。

可以说，社会刻板印象普遍地存在于人们的意识之中。人们不仅对曾经接触过的人具有刻板印象，即使是从未见过面的人，也会根据间接的资料与信息产生刻板印象。例如，对不同国籍的外国人，人们尽管未经直接认识交往，也会有一套比较固定的看法——一种概括而笼统的看法。

（二）关于社会刻板印象的研究

1. 研究之一

社会心理学研究刻板印象最多的是研究对他国国民的刻板印象。吉尔巴特调查了美国普林斯顿大学学生对于各个国家、各个种族的成员所具有的刻板印象，发现这些大学生对各国国民及民族的看法颇为一致。他们认为：

英国人有绅士风度，聪明，因袭守旧，爱传统，保守；

黑人爱好音乐，无忧无虑，懒惰；

日本人聪明，勤劳，有进取心，机灵，狡猾；

我国台湾省社会心理学家李本华等人用类似的方法调查了台湾大学生对于其他国家国民的印象，包括美国、印度、阿拉伯、苏联、法国、日本等国国民，发现这些大学生的看法也比较一致。例如，他们认为：

美国人民主、天真、乐观、友善、热情；

日本人善于模仿、进取、尚武、有野心；

法国人爱好艺术、轻率、热情、开朗；

苏联人唯物、勤劳、狡猾、有野心。

对他国国民的刻板印象多半来源于道听途说，不是根据自己的亲身交往与接触，往往包括了种族主义的偏见，不从各国的社会历史、政治经济、文化等方面去分析，所以是弊多利少。台湾大学生对美国人的刻板印象最好，其实这正是台湾当局长期宣传的结果。

2. 研究之二

凯利曾做过一个实验。被试是美国麻省理工学院一个学习经济学班级的学生。上课前，实验者向学生宣布，由于经济学教授因故不能来上课，现请一位研究生来代课。接着，发给每个大学生一份书面材料，向他们介绍关于该研究生的情况，以造成先入为主的印象。但材料分为两种，分别给予两组学生。一份材料上写道："×××是本校经济学研究所研究生，今年26岁，曾有一年半的教学经验，服过兵役，已婚，熟悉他的人都说他是一个热情、勤奋、讲求实际而又果断的人。"另一份材料上"热情"一词换成"冷漠"(这一不同点学生并不知道)，其他的文字介绍完全相同。研究生上课之后，实验者要求学生填写问卷表，要他们说说对代课教师的印象。结果表明，看到印有"热情"字眼材料的学生，比看到印有"冷漠"字眼材料的学生，对代课教师有较好的印象，往往形容他"是一个能体谅他人，不拘小节，幽默，脾气好的人"。

在另一个相似的实验中，把"冷漠"、"热情"的字眼都去掉，用"粗鲁"与"礼貌"的词汇来代替，结果两组学生对于代课老师的印象并没有什么重大差别。比较上述两个实验，可以看到，在形成印象之前，他人介绍的用词中，"热情"与"冷漠"两词起着重要作用。这方面的研究早在1946年已被阿希的实验所证明。

(三) 社会刻板印象发生先入为主的作用

社会刻板印象常有先入为主的作用，这在我们日常生活中也经常会发生。例如，某个单位里将要派来一位新的领导，大家就会竞相打听，如果听说这位领导人具有许多优点，大家内心就加以肯定，对他有一个好印象。又如，一个人说了一次谎话，被人们拆穿了，人们总是不太相信他的讲话了，以为他老是说谎话的。这就是先入为主的作用。

社会刻板印象的作用,也称“晕轮作用”、“光圈效果”。若对某人产生了好的印象,就容易把他的一切个性特点都认知为“好”;反之,则往往把他的任何个性特点都认知为“不好”。

先入为主的作用,虽然会影响人们的认知,但这种认知总是一些肤浅的认识。要对他人发生深刻的认识,必须经过双方不断的交往,并不断地修正头脑中由于社会刻板印象作用所造成的“余象”。

五、逻辑推理的定势作用

有些社会心理学家认为,每个人的认知活动,事先都有某种假设,并从这假设出发来看待当前的事物。这一理论是从凯利理论发展而来的,以为认知外界某一对象时,不仅会观察这对象本身,而且还会结合其背景,把对象与背景联系起来加以分析,才能全面认知其社会意义及价值。而且认为事物与事物之间是有联系的,任何人认知外界社会刺激时总要根据已有的经验加以推测。一般人的经验认为,“A 的特点往往伴有 B 的特点”,因此他看到某人具有 A 的特点,往往推测他必有 B 的特点。例如,认为容易发脾气的人,一定是很顽固的;好脾气的人多半是没有主见的等等。

此外,在认知一些平时不太熟悉、接触不多的人,或行为表现不很特殊的人时,由于所给予的信息少,缺乏必要的线索,人们常常根据外部的一些表面特点作为认知的线索,加以逻辑推理。例如,根据皮肤的颜色,身材的高度,穿着打扮等来认知其性格。看到一个很胖的人,就推断他是一个“舒舒服服”的人,因为“心宽”才会“体胖”;看到一个穿着入时的人,就推测他是个“不求上进的人”。

其实,社会生活中事物与事物之间的联系是错综复杂,千差万别的,单一的联系在社会生活中并不多见。这种推论的思想方法是简单化的方法,往往与事实不符,从而发生认识的错误。

以上几个因素都能影响人们的社会认知。事实上,人们的认知活动并不是单个的因素单独地发生作用的,而往往是几种因素交织在一起对认知活动发生作用的。不过,在不同的情况下,某些因素的作用更大些,某些因素的作用可能小一些。

第四节　社会认知的归因理论

社会认知的归因理论是近年来国外社会心理学研究的中心课题之一。最早是由美国社会心理学家海德从关于社会知觉的人际关系认知理论发展而来。

一、什么是归因

(一) 归因的定义

归因,是指人们对他人或自己的所作所为进行分析,指出其性质或推论其原因的过程,也就是把他人的行为或自己的行为的原因加以解释和推测。如“他为什么要这样做”,“自己为什么要这样做”等等,了解了原因之后就可以加以预测,从而对人们的环境和行为实行控制。海德认为,我们都相信一个人的行为必有原因,其原因或者在于外界环境,或者在于主观条件。如果判断个人行为的根本原因来自外界力量(社会条件、社会舆论),称为情境归因;如果判断个人行为的根本原因是个人本身的特点(兴趣、信仰、态度、性格),则称为个人倾向归因。

归因这种心理现象在生活中十分普遍。例如,一个人的助人行为,会被认知者加以分析:他为什么要帮助人?是别人命令他干的吗?他为了想让别人表扬吗?苏州青年工人杜芸芸把十万元遗产捐献给国家后,收到许多来信,绝大多数的信都表扬她"人格高尚","热爱祖国";也有少数信上讲她是由于"受到别人的劝告"或由于"社会的压力";个别人甚至认为她是为了"捞取政治资本",这都是不同的归因。

(二) 归因理论的意义

社会心理学的归因理论,在教育领域中有一定的指导意义。教师对学生学习成绩进行归因,尤其是对于学习成绩落后的学生,应该加以深入分析,"这学生学习成绩为何很差?其原因是客观的还是主观的?"从而改变自己的工作方法。如果是由于不用功而成绩差(归因为个人倾向),则做思想工作;如果是教师的教学不得法(归因为情境),则需要改进工作方法。所谓一把钥匙开一把锁的工作方法,实质上就是归因理论的实际应用。任何人的行为都有一定的动机驱使,只有剖析其动机,才能有的放矢地解决问题。

可以说,归因理论的应用是随时随地都在进行着的。不同的人对于同一件事情会得出不同归因,即推测他人行为的动机不同。这是每个人的过去经验、思想方法,乃至世界观的不同所致。

二、归因的参照点

人们认知他人行为作情境归因或个人倾向归因时，往往以其他方面为参照点。

（一）根据他人行为的特殊性、连续性与一致性等原则进行归因

这是人们日常生活中经常被采用的原则，只是一种不自觉的应用。

所谓特殊性，即他人行为是否特殊。例如，语文教师看到他所教的某一学生的语文成绩很差，分析其原因时，首先看该学生学习其他学科成绩如何，若其数学、外语、物理等学科成绩很好，则其语文成绩差是特殊的，可归因为他兴趣缺乏或教师教学方法欠佳。

所谓连续性，即分析他人特殊行为的发生是一贯的还是偶然的。例如，某学生语文成绩差是历来如此还是最近骤然下降，若是前者，则肯定其成绩确实是差，然后进行归因。

所谓一致性，即分析他人行为表现是否与其他人一致。如上例，若其他学生的语文成绩也很差，则其主要责任应当在教师方面。若班上只有几个学生成绩差，则可归因于学生本人。可能是这几个学生基础知识差，也可能是接受和理解能力均差，也有可能是学习态度不端正等等。

（二）结合他人的其他条件进行归因

对他人行为归因时，还可以结合其他条件而判别其行为动机的真实性。例如，人们对某人宣传移风易俗，提倡晚婚晚育、优生少育，会作各方面的分析，然后加以归因。若是已婚

者，就会猜测宣传的人是否真心实意地宣传？他宣传是否是为了领导的表扬？若是宣传者本人准备晚婚晚育，就会猜测他为什么要这样做？他是否是因为怕被人议论？若归因为该人行为出自崇高的目的，则宣传易被人所接受，并真心拥护其主张。但是，如果归因出宣传者只是为了宣传而宣传，而本人行为与宣传内容、精神相违背，那么，这样的宣传反而有害，即容易产生敌对和抵触情绪，使之宣传无效，劳而无功。

曾有人做过一个实验。把被试分为两组，分别让被试说服他人献血给红十字会(个别进行)，被说服献血的人是实验者的同伙，实验者同伙分别扮演了两个角色，他在一组被试面前扮演为一个地位高的教授，在另一组被试面前扮演为一个大学生。说服的结果是两个角色均同意输血，最后实验者要求被试对愿意献血的人作出归因判断。许多被试认为，学生愿意献血是由于被说服的缘故(情境归因)，教授愿意献血是出自于自愿(个人倾向归因)。这一研究表明，低地位者献血会使个人归因打折扣，高地位者献血会使情境归因打折扣。

(三) 根据认知者切身利害关系对他人行为归因

当他人与认知者本身发生利害冲突时，认知者可作不同归因。

琼斯曾有一实验，安排一组被试作一作业，并掺入一个实验者的同伙和被试们在一起(假被试)，工作中所有的被试都是成功的，而这个假被试是其中唯一的失败者。实验者控制了两种情境，一种情境是，假被试的失败会使全体被试都得不到奖赏；另一种情境是，假被试的失败只使他一人无奖赏，并不由此影响其他被试者获奖。虽然假被试在两种情况下工作的成绩同样差劲,但在前一情境下,全体被试都归因于假被试能力差,对其作个人倾向的归因。

三、自我知觉的归因

社会认知也包括行为者自己对自身行为动机的归因。个人或归因于情境,或归因于个人倾向,行为者本人对自身行为动机的归因不同于他人对自己行为的归因。虽然双方认知到的是同一行为,但是行为者往往把自己失败的行为归因于情境,而他人则归因于该人的个人倾向;行为者把自己成功的行为归因于个人倾向,而他人则归因于情境。

斯奈德进行了一次试验,考察人们如何解释自己的成功和失败,亦即考察他们如何估量自己成功与失败的原因。结果表明,当研究对象以某种方式解释自己的成败时,观察他的人却用不同的方式解释他的行动。斯奈德邀请研究对象赛跑,另一些人观看赛跑。赛跑结束,心理学家们请参加赛跑的人解释自己成败的原因。胜利者把自己的成功归因于内在因素,诸如技术和努力;失败者把自己的失败归因于外部因素,例如运气不好。另一方面,旁观者的解释却又大不相同。他们认为胜利者的取胜是由于运气好和其他外在因素,而失败者却是败于技术不高、努力不够。

有些教师对于学习成绩差的学生常常责备他不努力,太笨,而学生却不认为自己不用功,也不笨,而是认为功课负担太重,教师讲课呆板。社会心理学者的研究发现,成就动机高的学生多半归因为个人内在原因。成就动机高低是影响学习成绩的重要原因，教师对学生必须进行归因训练，使他们习惯于作个人倾向的归因，将其学习的成败归因于自己的努力与能力，改变学生的不良的归因方法，即归因于课程的难易或运气的好坏，从而提高成就动机对于学习成绩的影响。这就是社会认知归因分析在教育工作中的应用。

四、归因过程中的拟人化

社会生活中有一些自然现象，本来并不具有社会意义，但人们也往往作拟人化的归因。例如，人们走在路上，正巧天空飞过一只乌鸦，"哇哇"叫了几声，有人会以为这是不吉利的预兆，倒霉的事情就要发生了，因此心里总是沉甸甸的，许久不舒服。反之，如果一个人在房间里听窗外有喜鹊在"喳喳"地叫，他便认为这是一个好兆头，喜上眉间，心里总是乐滋滋的。可以说，对自然现象加以拟人化的归因是比较普遍的社会心理现象。

米乔特曾做一实验，他用无生命的两个物体作为实验材料，发现被试对于这两个物体的任意移动常作拟人化的归因。他用一个黑色的长方形 A 和一个灰色的长方形 B，先使 A 沿着直线移动，一直到触及 B，然后停止 A 的移动。尔后 B 开始移动，逐渐离开 A(参看下图)。实验者操纵 A 与 B 的运动速度，使两者作不同的变化，发现被试也随之作不同的拟人化归因。若 A 移向 B 的速度大于 B 离开 A 的速度，被试将之归因为"B 的离开是受了 A 的影响"；反过来，若 A 移向 B 的速度小于 B 离开 A 的速度，则被试归因为 B 的移动是一种

"逃避"行为,是B出于对A的"恐惧"。

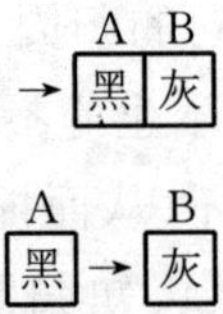

其实,A、B两者的接触是一种物理现象,并非是社会现象。A、B两个长方形都是抽象的无生命的物体,但被试却把此看作为社会事件,作出拟人化归因。

造成人们的这种心理现象多半是由于缺乏科学知识,把生活中的偶然的巧合视为必然的因果关系,这是一种偏见。

第八章　社会态度

社会态度问题是社会心理学的基本内容,许多社会心理学家都从不同的侧面探讨了这个问题。早期的社会学家杜马斯甚至把社会心理学定义为“研究社会态度的科学”。这种看法的理由是:因为社会化过程的最终结果就包含在个体的态度之中,人们每天和别人打交道,和各种团体打交道,最终都会表现出种种态度。

第一节　社会态度概述

最早肯定态度的是19世纪末的心理学家朗格,他在一项研究反应时间的实验中发现,被试如果特别注意自己即将要作出的反应时,即当被试心理上对自己需作的反应有所准备时,则其所作出的反应时间就会比其他被试集中注意于即将来临的刺激而发出的反应要快。以后,几乎在所有的心理学实验中都发现被试心理上的准备状态支配着个人的记忆、判断、思考和选择。这种心理上的准备状态实质上就是态度。这就是说,个人的态度决定着自己将会看到什么、听到什么、想些什么和做些什么。

一、什么是态度

(一) 态度的定义

态度是由认知、情感、意向三个因素构成的、比较持久的个人的内在结构,它是外界刺激与个体反应之间的中介因素,个体对外界刺激发出反应受其态度所调节。

社会心理学家卢森堡等人动态地图解了态度的这种内在结构的特征,显示出态度和刺激与反应之间关系,认为态度是刺激与反应之间的中介因素。

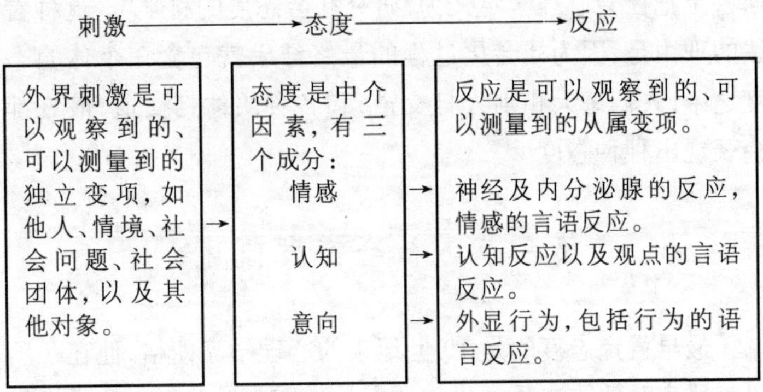

认知因素,规定了态度的对象。态度总是有一定的对象,其对象可以是人、物、团体、事件,也可以是代表具体事物本质的一些抽象概念,如勇敢、困难等,还可以是制度,如高考制度、婚姻制度等。如果只是笼统地说某人有善意的态度,那是不确切的,必须明确地针对某一个对象,例如,对自己妹妹的态度,对学习的态度等等。认知因素是带有好坏的评价与意义的叙述的成分,叙述内容包括个人对某个对象的认识与理解,以及赞成与反对。例如,"我认为早上锻炼有益于健康","这支钢笔很漂亮"等。

情感因素,是个人对某个对象持有的好恶情感。也就是个人对态度对象的一种内心体验:喜欢一厌恶;尊敬一轻视;热爱一仇恨;同情一冷漠等。例如,"我喜欢看电影","他不喜欢他的妹妹"。

意向因素,是个人对态度对象的反应倾向,即行为的准备状态,准备对态度对象作出某种反应。例如,"我想买只红色书包"、"我想向领导提出一个要求"等。意向还不是行动本身,而是作出行动之前的思想倾向。

一般说,以上三个心理因素是相互协调一致的。例如,青年职工认识到学习科学文化知识的重要性,乐于参加学习,并作了种种学习上的思想准备。说明态度中认知、情感、意向三个因素十分和谐,并无矛盾。但有时候,态度的三个因素之间也会发生不一致的情况。当三者发生矛盾时,其中的情感因素起主要作用。我们平时常常听到人们说:"我虽然知道×××并不坏,有不少优点,但不怎么喜欢他,很少与他往来","这件事在理智上知道应该如何处理,但在情感上却扭不过来"。生活中确有这种情况,道理上都知道,但并不能真正转变一个人的态度,因为认识上的转变是容易的,要在思想情感上得到转变就比较困难,也很缓慢。如果双方发生了误会,有过口角,经过第三者调解而澄清了事实真相,并不能保证双方在感情上融洽。意向主要是根据认识与情感,只要认识清楚了,情感增强了,去行动的思想准备也就随之而来了。

由于人的社会态度的复杂性与多样性,许多社会心理学家都根据自己的理解各自对态度下了定义。为了加深对态度概念的理解，下面介绍两个不同侧重的定义，以资比较。

G·奥尔波特指出："态度是根据经验而系统化了的一种心理和神经的准备状态，它对个人的反应具有指导性的或动力性的影响。"洛开奇指出："态度是一种具有结构和组织的复杂的认知体系。"前一定义着重在态度是个人行为的内在结构，或强调态度是个人行为的倾向性，它是对个人行为一贯地有规律地发生作用的心理结构。后一定义则着重于态度是个人对事物的内在信念的总评价，强调态度是一种认识体系，偏重于认知方面。若把这两个定义结合起来看，所谓态度，乃是个人对某一对象所持有的评价和行为倾向。对象的范围很广，包括人、事、物、制度以及代表具体事件的观念，也包括自己本人的各个方面，都可以有所评价——赞成或反对，与此同时作出准备去行动的直观心理状态。

（二）态度来自价值

态度来自价值，这是态度性质中最主要的一点。这就是说，价值是态度的核心。价值，是指态度的对象对人的意义。人们对于某个事物所具有的态度，取决于该事物对人们的意义大小，亦即是事物所具有的价值大小。社会心理学提到态度，就离不开态度对象的价值。G·奥尔波特等人认为事物主要的价值有六种：

1. 经济的价值。认为生活的主要目的是财产的得失。
2. 理论的价值。力求在知识系统内发现新东西。
3. 审美的价值。把美作为人生的根本意义。
4. 权力的价值。认为人生的目的在于为了支配他人。

5. 社会的价值。认为最有意义的工作是增进社会福利。

6. 宗教的价值。把精力放在追求神秘的东西上。

由于每个人所处的环境与教育条件不同，具有不同的价值观。因此同一事物对人有无价值，具有什么价值，这不是绝对的，而是取决于人的需要、兴趣、信念和世界观等个性倾向。这就是说，事物对人有无意义和意义大小，受个人需要、兴趣等个性倾向所制约。同样一个事物，由于人们的价值观不同，因此会产生不同的态度。如一枚外国邮票对一般人来说并无很大价值，但对一个集邮爱好者来讲可能是很有价值的。

（三）态度具有情绪作用与动机作用

人们的某种态度决定了他的某种期望、某种目标，与其态度相一致的事物将会给他带来满足感；与其态度相反的事物则能唤起失望感或不满足的情绪。

在一定的社会文化传统中的人们，对于食物的爱好或禁忌并不是根据它们的营养价值，而是决定于他已形成的固有的态度。对许多人来说，蛇是恶心的、可怕的，如果要他吃蛇肉，他将竭力反对。由此可见，社会态度具有动机作用，态度将驱使人们趋向或逃离某些事物。它规定了什么是偏爱的，什么是期望的，什么是渴求的，什么是想要避免的。

（四）态度和行为

态度的情感因素和人们的行动是紧密相联系的，积极的情感会趋向于接近该态度的对象，而消极的情感则趋向于逃避该态度的对象。对于过分热闹的地方怀有消极情感的人，一般都不会去那里散步的，这说明态度与行为是一致的。

但态度与行为并不总是完全一致的，因为同一个对象总是具有多种属性与特征，虽然有人不喜欢热闹的地方，但那里的商品众多，品种齐全而价廉物美，人们即使讨厌其声音嘈杂，但还是愿意去那里购物。所以说，态度与行为并不是一一对应的关系。因为行为除了受态度的影响之外，还受其他因素的影响，特别是受当时情境的影响。可以说，态度与行为不一致主要决定于当时的情境。例如，人们往往不愿意和他不喜欢的人坐在一起，但他若作长途旅行时，发现车上只有一个坐位空着，旁边坐了他所不喜欢的人，于是他不得不在空位上坐下来。这一行为与他的态度是不一致的，但当时的情境迫使他这样做。逢场作戏的抽烟也是如此，一个人不喜欢抽烟，也无抽烟习惯，父母也不赞成他抽烟，但在大家都抽烟的情境下，他也可能抽烟，这就是情境使他的态度与行为发生不一致。

二、态度的形成过程

（一）态度的形成是个人社会化的重要方面

个人态度的形成过程也是其态度的转变过程。一个婴儿从娘胎中分娩出来的时候只是一个生物体、一个自然人，需要得到成人的照料，才能发育成长，成为一个社会人。他在成长过程中逐渐对周围世界形成了种种的态度，逐渐掌握了一套固定的价值观。随着周围环境的变化，他对事物的态度也会发生相应的转变，成为符合社会要求的社会成员。因此可以说，态度的形成与转变的过程也就是社会化的过程。

态度形成的程序与个人社会化的程序是同步的。婴儿诞生于一个家庭中，受到家庭环境中许多新的刺激，他也表示出种种不同的需要。如果父母对孩子的需要的满足采取一种固定的方式,就逐渐会制约其态度的形成。例如,有些父母对于孩子过分溺爱,不管其需要合理与否都有求必应,于是孩子就养成了自我中心、好逸恶劳的态度。

态度形成之后,使个体具有一种内在的心理结构,从而对其行为会发生一定的倾向作用。如果形成了正确态度,就会促使个体与外界取得平衡,否则就会阻碍个人在社会中的适应。因为个人都是凭借自己已经形成的态度来对待他人,对待自己,对待社会生活中的其他事物,吸收或拒绝外界的影响。例如,从小生长在回族家庭里的个人,由于社会化的结果,形成了忌吃猪肉的态度,于是他对猪肉这一事物采取回避的态度。

(二)态度的形成过程是从服从到同化到内化

中国有句古语,叫做“近朱者赤,近墨者黑”,就是讲一个人的态度的形成是由于周围环境影响的结果。但是要形成一个人的态度需要相当长一段时间的孕育,而形成了某种态度之后,就比较持久、稳固,因为态度的三种成分中情感是最强有力的成分,要改变一个人的情感远比改变认知成分困难。

凯尔曼提出了态度变化过程的三个阶段——服从、同化、内化。

1. 服从(顺从)

人们为了获得物质与精神的报酬和避免惩罚而采取表面服从行为称为服从。服从行为不是自己真心愿意的行为,而且这种行为是一时性的,仅仅是限于在可能获得物质、金钱、被他人承认、赞扬等社会报酬下,也限于在避免批评、罚款、处分等精神与金钱的惩罚下，才服从于某一行为。如果上述的可能性消失的话，则其行为马上终止。

服从行为在生活中很普遍，但往往是一时性的。有的汽车司机在交通民警指挥下，驾驶汽车能按规定车速前进，民警的身影一旦消失，就加快速度行驶。有的小学生在老师视线下表现得规规矩矩，老师一旦离开教室，马上就活跃起来。

2. 同化

人们不是被迫而是自愿地接受他人的观点、信念，使自己的态度与他人要求相一致。如青年为争取成为一个共青团员，他承认团章、遵守团纪、接受团组织对他的教育与要求，以一个先进青年的姿态对待工作与生活。

由此可见，同化这一阶段已不同于服从阶段，它不是在外界压力下形成与转变态度，而是出于自愿。

同化能否顺利实现，他人或团体的吸引力是很重要的。一个青年要想成为先进团体中的一员而自愿采取与之一致的态度，这个先进团体必须保持有一定的吸引力，否则同化过程不可能维持下去。

3. 内化

这是人们真正从内心深处相信并接受他人的观点而彻底地转变自己的态度。因为是真正相信新的观点和新的思想，这意味着人们把这些新观点与新思想纳入了自己的价值体系之内，成为自己态度体系中的一个有机组成部分。

一个人形成了自觉的劳动态度，即劳动已经不是作为谋生的手段，而是他的生活的需要，不管周围有人或无人，他都能自觉遵守劳动纪律而热情地进行劳动。这时，他的劳动观点与情感已经根深蒂固,成为他整个思想体系中的重要组成部分。

一个人的态度只有到了内化阶段,才是稳固的。内化在态度形成过程的三个阶段中是最持久、最难转化的。我国许多革命烈士在敌人的屠刀下威武不屈,最后牺牲了自己宝贵的生命,就是因为他们对共产主义怀有必胜的信念,并已到了内化的程度。

表面的服从虽然是被迫进行的,但它可能是转变态度的必经阶段。例如,遵守交通规则,首先必须服从,逐步形成习惯,变成为自愿遵守,最后形成了牢固的观念,如果不按照交通规则走路会感到不自在。

态度的形成与转变从服从到同化到内化是一个复杂的过程,但并不是所有的人对所有的事物的态度都完成这个过程的。有人对一些事物的态度可能完成了整个过程,但对另一些事物可能只停留在服从或同化阶段。有人即使到了同化阶段,还要经过多次反复,才有可能进入内化阶段,也可能一直停止在同化阶段徘徊不前。所以要形成人们的牢固的态度是十分艰巨的。如一个先进班组,其集体成员的组织性与纪律性看起来很不错,但却尚未进入到内化阶段,如果一旦原班组长被调走,要不了多久,这个班组成员的组织性与纪律性可能不如以前了。

三、不正确的态度是偏见

(一)偏见的特征

偏见,是个人对他人或其他团体持有的缺乏充分事实根据的态度。偏见可以是正面的态度,也可以是负面的态度。

偏见具有以下几个特征:

偏见是以有限的或不正确的信息来源为基础的。我们对某些问题的看法常常是道听途说、人云亦云,从而形成正面或负面的偏见。例如,宣传一种药品的功效,有人并未经过实践证实也会产生偏见,盲目相信。再如,人们生活中往往有一种偏见,认为药品越贵则效果越好,其实这是很片面的。

偏见的认知成分就是刻板印象。人们刻板印象的形成与人类认知发展也有关系。人们认识外界事物往往根据它们的共同特征加以分门别类,这是人们适应环境的一种智慧的表现。但是这种思想方法如果固定下来,以人作为对象时,就会导致刻板印象,形成不正确的态度。

偏见有过度类化的倾向。一个怀有偏见的人常常有晕轮作用的倾向,即所谓"抓住一点,不及其余"。如果喜欢某个人,就认为他什么都好,十全十美,称心如意;如果不喜欢一个人,就把他看得一无是处,一钱不值。人们也会因为喜欢一个班组,而把属于这班组内的任何成员不加分析地全面肯定。这种倾向主要是过分强调了人们的共性,忽视了个别差异的多样性,以偏概全。

偏见含有先入为主的判断。人们往往了解到一些信息就过早下结论。这不足为奇,认识总是逐步深入,而随时可以根据事实加以修改。但有了偏见的人即使面对相反的事实也听不进去,不愿意改变与修正原来的判断。生活中常常有这种情况,人们对事物的认识发生了错误,如果以后获得了新的信息而改变了原来的看法,这是正常的,不是偏见。偏见的特点是先入为主而又参与了情感成分,以致即使得到了确实可靠的信息,仍旧固执己见。

(二)偏见的复杂性与纠正偏见的可能性

社会偏见往往和社会政治、经济、心理等各种因素复杂地交织着的,并深深地扎根于社会生活之中,因此不能很快地纠正偏见。阶级偏见与种族偏见主要是由政治因素所制约;有些偏见往往和社会风俗、民族传统联系着,如男尊女卑的偏见,就是几千年沿袭下来的封建传统势力所造成的。

但是,偏见的产生是由于缺乏可靠的事实根据,是摄取了一些道听途说的信息,所以要纠正并彻底消除人们的世俗偏见,最好的方法是开展调查研究,恢复事物的本来面目,将事实的真相公布于众。人们对黑人有时会产生偏见,但只要看看事实,确能消除人们对黑人的偏见。在历次奥林匹克运动会上,许多黑人运动员都获得了金牌。事实可以教育人们,促使其转变不正确的态度。

第二节　社会态度转变的方法

态度形成之后比较持久,但也不是一成不变,它会随着外界条件的变化而变化,从而形成新的态度。

研究人们态度的转变是十分重要的,它随着社会的进步和人类社会的相互依存性而日益显得重要。在科学技术飞速发展的今天,人和人的关系、团体和团体的关系、国家和国家的关系,其中都有人们的态度在发生作用。态度是个人行为的基础,如果转变了人们的错误态度,可以消除一些偏见、歧视和隔阂,有助于协调人际关系。

态度的转变指两个方面,即方向与程度。例如,有人对体力劳动的态度本来是消极的,后来变得积极了,这是劳动态度方向上的转变;有人对抽烟的态度本来不太赞成,现在变得很不赞成,这是对抽烟态度的强度的变化。方向与强度有关系,从一个极端转变到另一个极端,既是方向的转变,又是强度的变化,而且说明了强度变化很大。

个人态度的转变应注意说服与宣传工作的方式方法。说服宣传有各种方式,如通过交换意见,参观访问,观看电视、电影等方式,都有利于改变人们的偏见及一些不恰当的信念。大众宣传对改变人们的态度可以达到事半功倍之效,因为它可以使千百万人在同一时期内接受同一信息,它已经成为社会刺激的重要工具。当然,个人看电视、电影、报纸、杂志、广告和收听广播等方式,并非全部接受宣传内容,往往根据自己的价值观而有所选择。因此,大众宣传必须先了解群众的需要、动机、爱好等主观心理状态,以便进行有的放矢的宣传,达到转变人们态度的目的。

怎样进行说服宣传才能取得良好效果呢?社会心理学家作了大量实验,归纳起来有以下几项:

一、实事求是地提供信息

在进行说服宣传时,宣传者所提供的信息必须实事求是,既不过分夸大,也不过分缩小。过分夸大会使人产生怀疑感与不信任感,过分缩小则不易引起人们充分重视。

有人为同一型号汽车作了两则广告,一则广告说:“这种车门的内把手太偏右了一点，用起来不顺手，但除此之外，其他方面都很好”。另一则广告中没有这一条，全都讲优点，结果顾客都相信前一则广告。这说明实事求是地介绍优缺点能获得人们的信任，从而容易接受宣传的内容而转变其态度。

二、说服宣传要晓以利害

美国社会心理学家施肯认为，宣传必须使人们的内心感到有压力与威胁，只能听从劝告转变态度以消除心理上的负担。也就是说，说服宣传必须晓以利害，但又必须理智地实事求是地提供信息。

琼斯等人进行了一系列的实验研究。他们使用三种不同的宣传方式说明龋齿和身体健康的关系。第一组以强硬的讲解方式，说明牙齿腐烂引起的痛苦和感染；第二组用中等程度的方式诉说，其口气不如前者强硬；第三组用轻微的方式诉说。以上三种方式引起三种不同程度的焦虑：第一组显示出强烈的焦虑；第二组是中等程度；第三组是轻微的焦虑。结果最遵守口腔卫生的是第三组(被试中有百分之三十八)，第一组最少(被试中有百分之八)。

但是，以后的研究却获得相反结果，实验者以安全行车为主题，设置两个组加以比较，结果是引起被试恐惧程度越强，则态度转变也越大。还有人研究关于打破伤风针的课题，以中学生为研究对象，把被试分为三组，分别接受不同宣传，以引起不同程度的恐惧，也获同一结果，态度转变分别为38.6％、31.3％、14.6％。日本社会心理学家原岗等人曾重复了这一实验,结果相同。

以上几个实验结果告诉我们,在转变人们态度时必须注意下列两个问题:

第一,如果需要人们立即采取行动转变态度的话,则宣传应该能引起较强烈的恐惧心理,使这种恐惧心理转化为一种动机力量,以激发人们迅速改变态度。例如,上述安全行车的宣传使人们认识到如果不注意安全行车后果危险,发生强烈的情绪体验,从而很快转变其态度。

第二,如果宣传者要求人们可以延长一段时间改变态度,则不必过分强调危险,因为恐惧心理会随时间的推移而逐渐消失,但人们理智上却是清楚的,而且会逐渐占上风,认识到应该重视它,转变原先的态度。例如,抽烟生癌的宣传,过分作恐惧的宣传反而会发生抵触情绪,认为不抽烟的人也会生肺癌,即使生癌只要早期诊断、早期治疗也不会危险。而理智上终究认识到抽烟有致癌的危险性,应该戒烟,但迟几天问题不大。由此可见,情绪性作用和理智性作用对于态度的转变随问题的性质而有所不同。

心理学研究表明,宣传恐怖程度和人们的态度变化呈倒"U"形的关系,参看右图。

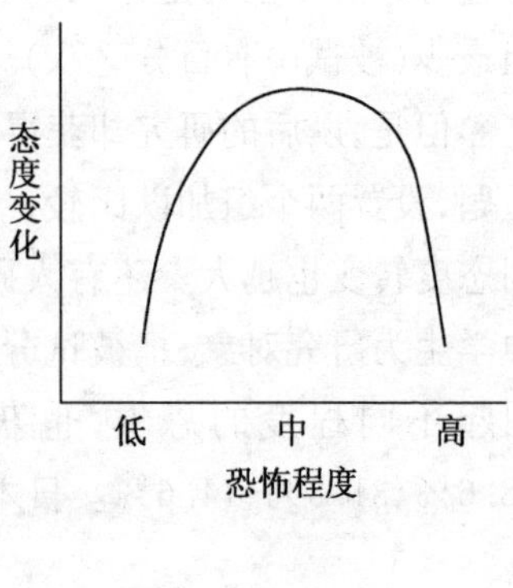

右图表明,恐怖的宣传由低等到中等程度时,其态度的变化也逐渐增大;但恐怖宣传一旦过强之后,情况将会适得其反,或是回避信

息的摄取,或是持抗拒态度。

三、双方面宣传和单方面宣传

要转变人们的态度,应该宣传正反两方面的内容,还是只要指出所强调的一方面的内容,这就是两方面宣传和单方面宣传何者有效的问题。

哈夫兰特在第二次世界大战中对军队士兵进行了实验。当时士兵有厌战情绪,希望早些结束战争。于是,他们进行了关于态度转变的研究。宣传的内容是“美国和日本打仗要延长。”哈夫兰特对一部分士兵宣传时,只从单方面分析延长战争的必要性,如“从美国本土到太平洋盟军基地的补给线很长,不容易迅速接济各种补给品”,而且“日本控制了不少当地资源,日本军队人数多、士气高,日本人有武士道精神等”。因此战争至少还要继续两年。实验者对另一部分士兵除宣传上述内容外,还强调了不利于日方继续作战的因素,如“盟军海军力量强于日本,在过去两次海战中日本海军损失惨重等”。因此战争不能很快结束,和日本打仗至少还要两年。

研究结果表明:对于教育程度低的士兵来说,单方面的宣传容易转变他们态度,他们都接受了这一观点;对于文化程度较高的士兵来说,进行正反两方面的宣传的效果好。此外,士兵最初的态度和宣传者所强调的方向一致时,单方面宣传有效;若最初态度与宣传者的意图相矛盾时,双方面宣传更有效。

日本社会心理学家原岗以中学生为研究对象,采用了四个课题进行单方面和双方面两种内容的宣传，然后测定其态度转变。结果是，单方面宣传能引起被试态度转变的平均尺度为0.83，而双方面宣传的结果平均尺度为0.41，从而显示了单方面宣传的优越性。

分析以上结果可见，单方面宣传或双方面宣传对人们态度的转变作用不是绝对的，要根据对象的特点有针对性地进行宣传。当人们和宣传者所提倡的方向保持一致时，并且他们在这方面的知识经验不足时，单方面宣传比较合适。当人们早已具备比较充分的知识经验，而且习惯于思考和比较时，双方面宣传可以向他们提供更多信息，以权衡利弊得失。

目前许多商业广告几乎都是一边倒的单方面宣传，从社会心理学角度看，对一些知识经验丰富或教育程度较高的人来说，并不能发生多大作用。但确实也会使一些人相信，甚至有些商品广告言过其实、过多夸大而蒙骗了一些人。为此，我国的广告管理条例规定：广告必须实事求是，不得弄虚作假。

四、逐步提出要求

实验社会心理学研究表明，要转变一个人的态度就必须了解他原先的态度，然后再估计一下两者的差距是否过于悬殊，若差距过大、操之过急反而会发生反作用；如果逐步提出要求，不断缩小差距，才使人们能够接受。

（一）实验一

有人通过一个实验证明了这一原理。实验的课题是转变人们对睡眠时间的传统态度,研究被试已有的态度与要求转变的态度之间距离的大小对态度转变的关系。实验者先询问被试认为最恰当的睡眠时数应该是多少(即原先对睡眠时数的态度,平均为 7.89 小时),然后把被试平均分为九组,发给每组被试一篇三页长的文章,文章提倡由于健康与工作效率的关系,每人每天的睡眠时数应该为 X 小时(九个组所获的时数各不相同,分别从 0 小时到 8 小时),因此,原先的态度与要求改变的态度之间的差距分别为 8、7、6……到 0 小时。实验者还让被试知道文章的作者是一位获得诺贝尔奖金的著名生理学家。被试看完文章后,实验者给予有两项内容的问卷:1. 你是否相信作者所讲的道理?有无说服力?2. 现在你认为最适当的睡眠时数是多少?研究结果表明了态度立场的差距和态度转变的关系。在一定范围内,文章提倡少量睡眠时数时,被试态度能稍作些转变。例如,文章提倡每天只须睡 3 小时,被试从原来的 7.89 小时下降为 6.6 小时。但超过了一定的限度,则被试的态度坚持原来的立场。例如,文章认为每天只需睡 2 小时、1 小时乃至可以不睡,则被试仍坚持要睡 7 小时以上。

(二) 实验二

弗里曼曾作对比实验。以家庭主妇为被试,向一组被试先提出一项要求,要求在她家门口挂一块牌子,待家庭主妇同意了这要求之后又提出另一项要求,即要求在她家院子里竖一个架子。向另一组被试同时提出上述两项要求。结果表明,最初提出较小要求,后来再提出进一步要求这种方法比一开始就提出两项要求,容易使别人接受而转变态度。

上述研究表明,要求人们转变态度时,应该分阶段逐步提出要求,不要急于求成,欲速则不达。如果要求过高,不但难以改变原先的态度,反而会使人更加坚持原来立场,持对立情绪。这种情况在日常生活中也是经常会遇到的。例如,对于后进者提要求必须循序前进,先提出他力所能及的小要求,然后再逐步加码,容易奏效。又如,人们突然听到不幸消息(亲人死亡)时,由于无思想准备而一时接受不了,甚至会发生意外,因此必须逐步给以信息。

五、积极参加活动

要转变一个人的态度,必须引导他们积极参与有关活动。在这方面,社会心理学家曾进行过一系列研究。

(一) 实验一

琼斯等人以大学生为被试,首先测定了他们在三个具体问题上都持有否定的态度,然后把他们分为几个三人小组,要求每个三人小组中有一人向该组其他两人作说服宣传,使他们对上述三个具体问题转化为肯定态度。要求扮演说服宣传者的角色,应根据实验者所提供的宣传内容与提纲进行宣传,而且在宣传时必须对其内容表示出深信不疑,好像出自内心那样的神情。最后再由实验者测定每个成员是否已转变了原来的态度,宣传者与被宣传者哪个人的态度转变最大?结果发现,三人全部都转变了态度,而且宣传者的态度转变比其他两个被宣传者更大;宣传者扮演的时间越长、越积极,则其态度的转变也越大。

（二）实验二

布鲁奇做了一个类似实验。被试是耶鲁大学一年级学生，他们原先都不信天主教，实验者要求他们写“支持天主教”的文章，共分为四组：第一组被试写文章可以自由选择材料；第二组被试必须按规定写，不可自由选择材料；第三组被试着重考虑文章的内容；第四组被试着重考虑文章的结构和语法。四组被试写好文章后，实验者再询问他们对天主教的态度，分析与比较他们原先的态度是否发生转变。结果发现，自由选择材料组和注意文章内容组的被试更多地转变了原先的态度，他们变得相信天主教了，而另外两组的变化则不大。

上述实验一致表明，引导人们参加实践活动有助于改变其原来的态度。在现实生活中也有正反两方面的事例。对于体育运动抱消极态度的人，与其口头劝说，还不如动员他们去操场上转转，往往容易使其态度发生转变。有人本来不喜欢抽烟，不赞成赌博，后来在别人的怂恿下抽上一支烟，或偶然踏进赌场，由于好奇心的驱使也试着去赌上一两次，最后也可能转变他们原先的态度。

六、团 体 规 定

团体的公约、规则可以有效地改变人们的态度。20 世纪 40 年代，社会心理学家勒温在这个问题上曾做了一系列的实验。

（一）实验一

这个实验的被试是家庭主妇。美国家庭主妇们一般都不喜欢用动物内脏如猪心、牛肝等做菜。但第二次世界大战期间，由于食品短缺，当局希望能说服家庭主妇们购买那些一向不受人欢迎的动物内脏做菜。勒温控制了两种情况：一是把上述要求作讲解与劝说，一是把上述要求作团体规定，观察两种情境下对于态度转变的影响，并加以比较。他把主妇编成六个小组，每组 13 至 17 人，其中三个小组接受讲解与劝说，三个小组采取团体规定。前三个组的主妇们听了口齿伶俐的人半小时的讲解与劝说，她们知道了这些食品如何美味，营养价值如何丰富，采用这些内脏当食品对国家的贡献如何大等等，还得到了一份烹调内脏的食谱。后三个组的主妇们被简单地告知，团体规定大家今后要改用动物内脏做菜。一周以后进行检查，讲解组中仅有 3%的人改变了态度，而团体规定组中有 32%的人改变了态度。

（二）实验二

这个实验的对象是刚生孩子住医院的产妇。当她们离院回家时，实验者把产妇分为两组，用两种方式告知：一种是通过医生的个别劝说，医生告诉产妇，为了婴儿的健康，每天应该给孩子吃鱼肝油和桔子汁；另一种是医院给大家规定，回去以后必须给孩子吃上述食品。一个月以后进行了检查，发现被医院规定的产妇几乎全都照办，而被医生个别劝说的产妇却只有部分人照办。

上述两个实验都一致说明，团体规定比个别劝说有助于转变人们的态度。那么，是否就可以不必重视思想工作呢？可以认为，这些实验所揭示的结果和做思想工作是并不矛盾的。转变人们的思想（包括态度），必须采用各种途径。团体规定，对于人们执行那些起码的、基本的准则是必要的，如要求公民遵守国家宪法，要求学生遵守学生守则等。团体规定之后如果有人不遵守，可以进行个别的劝说，双管齐下，促使其态度发生转变。

第三节　社会态度转变的主客观因素

一、宣传者的威信

（一）宣传效果与宣传者威信的关系

宣传者有无威信，这对被宣传者态度的转变与否有很大的关系。哈夫兰特的研究表明，宣传者本身威信高则其宣传效果好；宣传者威信不高则其宣传效果差。也就是说，被宣传者的态度转变与宣传者的威信有直接关系。

一般来说，宣传者威信的高低与其效果是成正比的。但哈夫兰特通过研究又指出，这种正比例关系只是发生在较短的时期内。时间一长，不管是有威信的宣传者还是无威信的宣传者，两者的宣传效果无多大差异。哈夫兰特的研究表明，有威信的宣传者在宣传之后即刻就具有很大的说服力，但几星期后优势就逐渐消失；而威信低的宣传者在宣传之后过一段时期，宣传效果会逐渐上升，因此最后两者的宣传效果几乎相等。

可以认为，上述情况在社会生活中确实是存在的。人们听了一个重要报告，当时情绪激动，纷纷表示要按照报告指出的方向与要求去行动。可是事过境迁，人们逐渐淡忘；有时候被宣传者接受了一般的宣传，当时还看不出有多大效果，但一段时间后，人们的态度却发生了变化。这两种情况可能对我们的工作有启发：当人们接受宣传之后情绪激昂时，必须趁热打铁，以促使其态度的转变；当人们接受宣传之后无动于衷时，我们也不必操之过急，要耐心等待一个时期，帮助他们转变态度。

（二）宣传者威信的分析

1. 哈夫兰特的研究

哈夫兰特通过研究指出，宣传者的威信由两个因素构成，即专业性与可信性。

专业性指专家身份，如他所受的教育训练、社会地位、职业、年龄等。这些因素使宣传者在被宣传者面前成为某方面的专门家形象。

可信性与宣传者的人格特征、外表仪态以及讲话时的信心、态度等有关。讲话时结结巴巴、畏首畏尾总不及理直气壮、信心十足那样使人感到可信。

2. 伯鲁的研究

美国社会心理学家伯鲁从三个方面研究宣传者本身的威信。

第一方面是宣传者的对人态度，包括以下几项：

公正——不公正；

友好——不友好；

诚恳——不诚恳。

这是可信性因素。

第二方面是宣传者的业务水平，包括以下几项：

有训练——无训练；

有经验——无经验；

有技术——无技术；

知识丰富——知识欠丰富。

这是专业性因素。

第三方面是宣传者的表述能力，包括以下几项：

勇敢——胆怯；

主动——被动；

语调坚定——语调软弱；

精力充沛——疲倦乏力。

这是表达效果。

伯鲁通过研究指出，上述三个方面中以第一、二两个方面是主要的，第三个方面相对来说不太重要。

二、态度转变的个人因素

态度转变也有个别差异，即使在同一情境内接受同一宣传，人们也并不作出相同反应。有人容易转变态度，有人则不易，这与他本人的个性特点有关系。个性特点主要指以下几项：

（一）自尊心的强度

自尊心强的人一般对自己的评价会高些，自尊心弱的人一般对自己的评价会低些。前者不易被他人说服，后者比较容易被他人说服。

（二）权威主义倾向的强度

权威主义倾向，是指人们对权威过分尊敬与服从，权威主义倾向强的人容易被他人说服。

（三）想象力的丰富性

想象力丰富的人比较喜欢猜测宣传者的意图,对宣传者将会带来什么奖励或惩罚十分敏感,他们往往对宣传内容不作客观的评价,容易被说服。

（四）性别

许多研究资料表明,女子比男子容易被说服。

（五）智力水平

就一般常识而言,智力水平高的人似乎比智力水平低的人不容易接受宣传说服而转变态度。因为前一种人具有更多的批判力,知识经验也相应会丰富些,比较善于辨别宣传者所讲的是否真有道理,是否合乎逻辑。有人研究发现,智力在不同情境下对自己转变态度有不同的作用。因为宣传说服有两种性质:一种是强调要对方注意和了解情况是这样的,而不是那样的;另一种是强调要对方相信要这样做,而不要那样做。前一种宣传内容复杂,意义较深奥,因此智力水平过低的人不易接受;后一种宣传内容意义简单,缺乏说服力,因此智力水平高的人不易受影响。

（六）当时的需要

如果可以满足本人当时最大的需要,逃避最大的惩罚,获得新知识,发挥自己最大的潜力时,容易接受宣传而转变其态度。

总之,个人能否转变其态度要看个人本身的心理状态。个人如果确实迫切要求改变自己的现状,则能改变态度,这就涉及到改变态度与他切身利益关系的大小。例如,有些学生或青年工人的学习态度很差，要求他们立即奋发图强一时难以办到，但当其认识到如不抓紧学习，就不利于自己时，也会努力学习。如他们知道参加工作必须经过文化考核、青年工人提升晋级要有学历时，转变其学习态度的可能性就会变得很大。也就是说，学习态度的转变与个人的切身利益关系十分密切时，外在的因素容易转化为他的转变态度的动机，从而构成了他的参照结构，最后转变了学习态度。

三、对态度变化的心理上的抵抗

宣传者进行宣传时，也会发生事与愿违的情况，即人们的态度会向相反方向变化，或仍持原来的态度，即所谓逆反心理。

人们发生对态度变化的抵抗有主客观原因：

（一）客观原因

宣传者的宣传如果单纯地为宣传而宣传，以命令的形式进行宣传，不准这样，不准那样，那么，这样的宣传效果可能适得其反。

宣传者的宣传如果言过其实，或强调得太过分，则其效果也不好。

琼斯等人探讨了引起什么程度的恐惧心最能转变人们对抽烟的态度。他设置了两个实验组，一是引起高度恐惧组，另一是引起中等程度恐惧组。给高度恐惧组被试看一部彩色科教片，电影介绍一个抽烟厉害的人生了肺癌而接受手术的过程，让被试看到患者被打开了的胸腔中糜烂的肺；中等程度恐惧组被试看这一电影时，上述镜头剪去了，被试只看到患者肺部X光片及医生的口头介绍。然后比较两组被试对抽烟态度改变的情况,结果是前者态度改变的人数少于后者,比数是36.4%与68.8%。

这一实验表明,不转变态度的危害性强调得太过分,引起对方的恐惧心太厉害,其宣传效果反而不好,会引起人们心理上的抵抗。

(二)主观原因

产生心理上的抵抗的主观原因是什么呢?有一种观点认为,心理上的抵抗是个人感觉到在某些方面享有自由行动的权力被剥夺时,自身激发出的一种动机状态,目的是想确保行动的自由。而且这种自由对个人来说越重要,则心理上的抵抗也越大。还有,如果个人能够自由地决定自己的态度是否需要转变,而其态度转变对个人具有重要价值的话,则心理上的抵抗也越大,就更难以产生态度的转变。

产生心理上抵抗的另一主观因素是人们由于好奇心的驱使,而产生了与宣传意图相反的效果。有些文学作品,本身有不少缺点,宣传者的目的是想让大家否定它们,于是提出种种禁止的办法,但宣传往往起了相反的作用。尤其是青年人,他们单纯、幼稚,因此错误地认为越是被否定、被禁止的东西,内容肯定是新奇的,独特的,有魅力的。于是他们千方百计想要占有它,了解它。这是在电影、文学作品的宣传中比较普遍产生的一种副作用。

以上主客观原因的分析对我们的宣传工作可能有些启发:一方面,我们的宣传要实事求是,不要哗众取宠,否则会引起人们的反感;另一方面,我们的宣传要引导人们自己去辨别什么是好的,什么是不好的,也可以有目的地组织讨论,共同评价,相互提高,这样会收到较好的效果。

第四节　社会态度转变的理论

关于社会态度转变的理论很多,此处主要介绍认知均衡理论。

20 世纪 50 年代后半期,社会心理学界提出了关于认知均衡理论的几个模型。这几个理论模型,都是假设社会态度的转变起因于个人的社会认知不均衡。

一、海德的 P—O—X 模型

海德假设 P 是认知者,O 是 P 认知的另一个人,P 与 O 双方建立起一定的感情(好感或恶感),X 是第三者的人或物或事。海德认为,P—O—X 三者的关系如相适应,则 P—O—X 的体系呈均衡状态,P 的态度毋需转变。如 P 与 O 两人是好朋友,他们都嗜好抽烟(X),则三者关系相协调,P 心理上是和谐的。如果三者关系不适应,则 P 心理上不舒服。例如,P 与 O 是母女关系,感情很好,O 作为女儿最近交上一个坏朋友 X,P 作为母亲竭力反对 O,对 O 发生否定态度,这说明 P—O—X 的体系发生了不均衡,P 十分苦闷。这时就必须对这种认知体系加以改变,P 说服 O 不要接近 X,从而使 P—O—X 三者的关系实现均衡,使 P 对 O 发生肯定态度。

二、纽卡姆的 A—B—X 模型

这一模式与海德的 P—O—X 模型有相同之处。如果 A、B 两个人之间保持友好或敌对关系,则这两个人对第三者 X 就发生相应的态度,A、B、X 三者总会构成一个体系,若此体系内部发生了不平衡,那么为了求得平衡,必须在体系内部发生变化,从不均衡转向均衡。例如:A 与 B 两人关系很紧张,他们看电影时正好坐位相邻(X),两人感到很别扭,于是 A(或 B)就走开,以消除紧张心理,从不均衡转为均衡状态。这一点与海德理论相似。

对这一现象的解释上,两位心理学家是不同的。海德认为,P—O—X 三者发生了不平衡,要使三者的关系趋向平衡,必须通过认知者 P 的认知体系来调整,作为母亲的 P 要么说服作为女儿的 O,要么教育好女儿的朋友 X,使 P 的认知体系协调。纽卡姆则认为,A、B 两者中,不必确定谁是认知体系中的主体,A、B 两人在一起看电影,发生认知不平衡,无论是 A 或 B 都可以加以协调,或者走开一个人,或者谁主动与对方打招呼。其实,他们的观点并无本质上的不同。

三、菲斯汀格的认知失调理论

菲斯汀格认为人有许多认知因素,这些认知因素之间有些是相互独立的,有些是相互关联的。例如,“今天要下雨”这一认知因素与“我抽烟很厉害”这一认知因素,在一般情况下,两者不存有什么关系;“我抽烟很厉害”的认知和“抽烟可能导致肺癌”的认知,这两个因素是有一定的关系的。菲斯汀格进一步指出，有相互关系的认知因素之间存在两种情况，一是两个认知因素之间呈协调关系，一是呈不协调关系。“我很喜欢运动”与“运动对身体健康很重要”这两者的认知很协调。“我很喜欢运动”与“父亲不准我参加体育活动，要我多做家务”的两者的认知就发生了矛盾。

菲斯汀格认为，认知因素之间的失调会使心理上发生不愉快，有时有压迫感。因此当人们的认知体系内发生了不协调，就会设法去减轻或解除这种不协调状态；当人们认知体系内呈协调关系时，就会设法保持这种协调关系，避免接触与已有认知因素相矛盾的信息。为此，心理学家去探究避免发生认知协调的方法以及解除已发生了的认知不协调的途径。菲斯汀格认为，认知因素之间失调强度越大，则人们想要减轻或解除失调的动机也愈强烈。例如，有人抽烟很厉害，已经成瘾，抽烟之后感到心情舒畅，若不抽烟则感心烦焦急，但又有“抽烟可能生肺癌，肺癌会危及生命”的认知，两者发生了矛盾，因此戒烟动机十分强烈。另一人偶然抽几支烟，虽然也知道抽烟与生癌的关系，但两者无大矛盾，因此戒烟动机不强烈。

当一个人认知发生失调状态之后，想要解除矛盾的心情十分迫切，这可以根据各人具体条件设法解除，改变认知因素失调的双方中任何一种认知因素，使双方趋于协调。仍以上述抽烟为例，其解除方法有：第一，实现戒烟，今后自己不再抽烟。第二，对于“抽烟会生肺癌”的认知因素加以否定，不认为两者有内在联系，认为“不抽烟的人也会生肺癌”。第三，添加新的协调的认知因素。例如，改抽过滤嘴香烟。或者获得关于香烟的新信息：听说最近的香烟很少含有尼古丁；听说肺癌只要早期发现,早期治疗,无生命危险。或者把生癌不当回事,以为反正自己年岁已高,即使患癌也无所谓等等。

菲斯汀格的认知失调理论,能说明人们的行为及其态度的变化。这比海德与纽卡姆的理论模型所适用的范围更加广泛,他们两人的模型中牵涉到甲乙两人,再加上第三者的事物或其他人,而菲斯汀格则泛指了人以外的各个方面。菲斯汀格的认知失调理论在西方影响较大,有其合理之处。他为了建立自己的理论体系,曾作过一系列实验。

以上三人的理论比较一致的地方,是当认知因素发生了冲突与矛盾之后,个人就处于一种想要解除其矛盾的不舒服状态之中;当认知因素协调时,人们就要维持这种状态,以避免其他不协调因素的介入,说明这种理论对于态度的转变具有积极的动机作用。

第五节　社会态度的测量

态度是个人的一种比较持久的内在结构,它无法被直接观察到,但可以从人们的言语、行动以及其他方面表现出来。凡是社会中各种社会角色、各个社会团体、家庭、学校等组织、各种制度以及各种社会问题(如生育、战争、宗教等),都是人们态度的对象。要研究人们的态度,必须对之进行测定。根据社会心理学家林克伦的观点,测量个人的态度主要是指其方向和强度两个方面。

态度的方向,是反映个人对客体的反应,其内容包括喜欢或不喜欢,肯定或否定。态度的强度,是个人对客体的感觉强度，也就是其力量或深度。

测定态度有以下几种方法：

一、自我评定法

自我评定法被视为最精炼的一种方法。这是被试对一定的项目的自我评定。自我评定有两种方式，即总加量表法与社会距离尺度法。

（一）总加量表法

总加量表法是由美国社会心理学家里开特所创用，测量每一种态度就用一个态度量表，态度量表是针对某个态度对象而设计的，它是由若干个问题组成，根据被测者对各个问题所作的反应给予分数，以代表该人对某个事物所持态度的强弱。

测量方法：

1. 设计测量态度的问题。总加量表法大约由 20 个问题组成。首先有一个前提，即认为构成态度的各个问题的价值相等，每个问题的意义大小并无本质差别，被测者只要对所提的问题表示同意或不同意的程度。程度可以分为两等（同意和不同意）、3 等（同意、无意见、不同意），也可以分得更细，如 5 等、7 等，甚至更多。测量一项态度，调查的问题一般最低不少于 5 个，最高不多于 25 个。

2. 被测量者进行自我评定。被测量者根据自己的观点在相应项目内打上记号，从中可以反映出被测量者对某个对象的态度是积极的还是消极的。

3. 整理结果。研究者对每个项目给予相应的分数。如果有5个等级,则最赞成的为5分、赞成者为4分、无意见的为3分、反对的为2分、最反对的为1分。最后将各人的调查表所得的分数加在一起,可以代表该人对某个对象的态度,分数越高表示态度越肯定。

(二) 社会距离尺度法

美国社会心理学家布加达斯创立了社会距离尺度法,以衡量人们对某个事物的态度。

测量的方法是由研究者设计出一套能反映不同社会距离的意见,请被调查者根据自己的实际看法在相应的意见项内打上记号,然后把一个团体的所有成员的态度距离加以统计,制成曲线图。曲线图反映了一个团体对某个对象所持态度的距离分布。不同的团体对同一事物的态度的距离分布可以作比较,同一团体对几个事物的态度距离分布也可以作比较。

举例:对于某个成员(甲)的社会距离调查表。

1. 愿意和他作为知己;
2. 愿意请他参加自己所属的社团活动;
3. 愿意和他做邻居;
4. 愿意和他做同事;
5. 愿意和他保持一定的距离(例如,最一般的社交);
6. 愿意和他少来往;
7. 愿意和他绝交。

要求被调查者从以上7个项目选上符合自己态度的1项并打上记号。

然后制图(统计团体各成员所选之项目)。

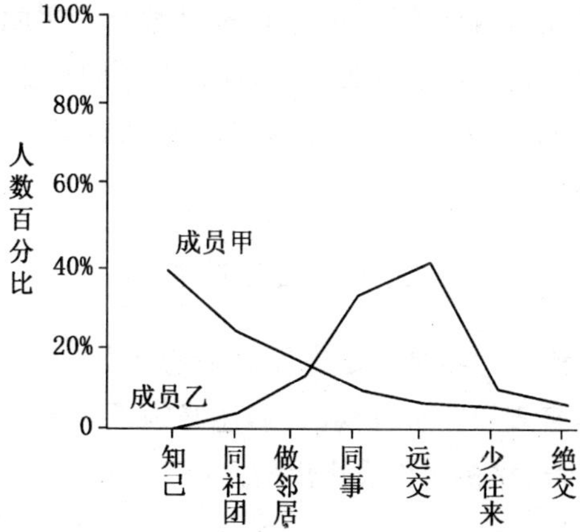

同一团体成员对甲、乙两人的社会距离

上图是表示同一团体(A)全体成员对成员甲、乙两人的态度的社会距离尺度比较。图中两条曲线表明,团体(A)成员对甲的态度的社会距离比乙小,即乙较少受人欢迎。

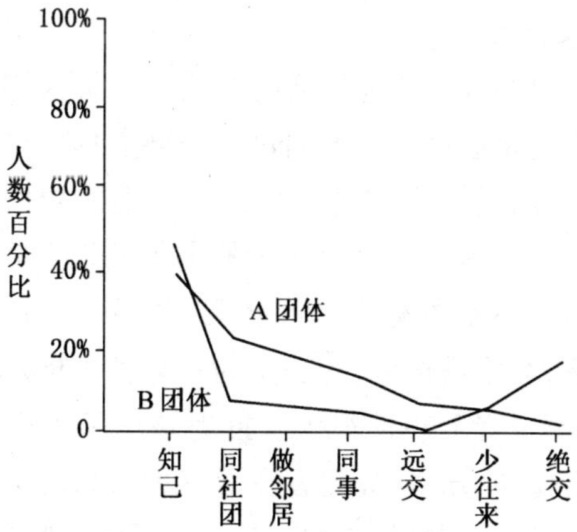

A、B两团体对甲的社会距离

上图是表示两个团体(A与B)全体成员对甲的态度的社会距离尺度比较。图中两条曲线表明,两个团体比较起来,A团体更倾向于甲,B团体虽然有相当人数倾向甲,但也有少数人要与甲绝交。

二、自由反应法

自我评定法主要是测定态度的情感成分,而且所获结果常常以数字来表示。有时候,人们还必须了解态度的认知成分,这就需要让被测者作自由反应。

(一)问答法

最常用的方法是用所谓开放式问题让被测者回答。这类问题的特点在于,它并不向对方提供任何可能的答案,以便使对方能充分地反映出自己的态度。例如:"你对计划生育的看法如何?"可以让对方作任何形式与内容的回答。

(二)投射法

投射法的特点是通过间接的方法来了解人们对某个事物的态度。这是通过分析人们对某个刺激物所产生的联想来推测其态度,这种联想是人们内心深处的想象、愿望、要求以及思想方法等等无意识地在某个刺激物上的反映。由于被测者事先不知道测定者的意图,猜不出测定者想要他回答些什么,故难以作假,有一定的可靠性。但对其反应进行分析时,测定者主观性很大。投射法一般都采用看图说话(TAT测验)的方法,被测者在看图编故事时会不知不觉地把自己对某一事物的态度投射进去,从而泄露出自己的真实态度。

（三）语句完成法

语句完成法是事先准备好几个有关某一事物的未完成的句子，让人们把句子写完，从中也可以反映被测者态度。以了解被测者对其父亲的态度为例，让人们完成以下几个句子："假使我父亲……"，"父亲说……"，"今天我父亲……"等。句子可以适当多些，从其完成的句子中可以知道被测者对其父亲的态度。

三、行为观察法

观察人们的行为，也可以用来估计人们对某事物的态度，而且还可以不使本人察觉，从而获得比较可靠的材料。运用行为观察法时，必须同时再结合被测者在上述几种方法中所表示的态度，加以相互印证，才有一定的可靠性。一般不宜单以观察行为来确定其态度，因为行为和态度不是一对一的简单关系，行为是态度的一个重要参考方面。

以上几种测定态度的方法中，以自我评定法为最普遍，方法也很简便，直截了当，但缺点是真实性、可靠性较差，因为人们的态度体系中都有一种"自我防御"机能在发挥作用，害怕自己反映的真实态度不符合社会及其所处的团体的规范与准则。因此用这类方法所获资料可能会发生误差，还必须结合其平时一贯表现出的行为，加以综合评定。自由反应法中除了问答法以外，其他方式运用起来比较困难，可以作一些尝试研究。

四、生理反应法

（一）生理反应法及实验

生理反应法，是通过检查被测者的生理状况来测定其态度的一种方法。生理反应法测定人们态度的情感因素，情感在人们的态度中起着重要作用。

当人们产生某种态度时，其态度中的情感因素会唤起机体的植物性神经系统的变化，如心跳加速、呼吸急促、血压升高、瞳孔扩大等生理变化。因此通过生理指标的测定，可以推测人们的态度。专家们还认为，人们的植物性神经系统较难自己控制，因此这种方法尚有一定的可靠性。

其实，生理反应法只能测定其反应的强度，要识别生理反应的方向却是十分困难的。例如听到“电影”这个词，被测者的皮肤电反射会发生变化。这种变化是因为被最近看过的电影的某个场面所感染的，还是因为电影票价太高而生气所导致的？无法确定。瞳孔反应也是如此。瞳孔扩大意味着愉快，瞳孔收缩意味着不愉快，这种关系也未必正确无误。

美国社会心理学家琼斯设计了一种“伪装管子”——一个管状的机器，装在被测者怀里，让被测者误以为是一种类似测谎器的仪器，告诉被测者必须真实回答问题，如果回答问题不真实，怀中的管子会有异常反应。其实，这种方法偶然试用一两次，可能有蒙骗作用，何况有些人对于真正的测谎器的作用到底有多大还有不同看法，所以“伪装管子”的作用是有限的。

（二）测谎器的应用

测谎器是反映人们心理压力的仪器。国外一些部门用测谎器来窥测犯人的真实态度，认为它有一定的科学根据。因为一个人犯了罪，情绪上必然会处于紧张状态，就会产生诸如恐惧、焦虑、悔恨、内疚、紧张等心理现象。这从测谎技术的角度来说，就是一种心理上的压力。心理上的压力将会导致生理上的种种变化。激动的情绪变化会使呼吸和心跳加速、外周血管舒张、脸红耳赤、肾上腺素分泌增加、血压升高、血糖和血液的含氧增加;突然的惊惧会使呼吸出现暂时中断、外周血管收缩、脸色发白、出冷汗、口干舌燥。

然而,测谎器只是生理变化的记录仪器,它捕捉到的仅仅是机体内的生理变化,而不是外部动作和表情的变化。构造最简单的测谎器主要是测量皮肤电反射的变化,因为它是衡量情绪变化的一个重要指标。研究表明,情绪紧张时,机体电阻会大大增加。电阻的均数在惊恐时为最大,在悬念着的期待时次之,而在心情安定时以及与己无关的情境下最小。实验证明,预期时的电阻为 40 欧姆,而在紧张、惊惧、混乱中的电阻分别为 1284 欧姆、846 欧姆、740 欧姆。测谎时,由工作人员向被测者提出一系列的问题,其中有些问题与案件有关,有些问题和案件无关。当提出与案情无关的问题时,作案者的情绪比较平稳,无多大变化,因此其生理反应是正常的。如果所提问题与案情有关,作案者定会发生内心的恐慌,导致其生理反应发生很大波动;未作案者则不然。只要把所提问题和对方所发生的生理反应一一对照,就可以提供破案线索。

许多心理学家认为,测谎器不是万能的。

第一,测谎器同其他科学仪器一样,它的效率高低同使用者技巧有关。有经验的使用者总要设计好提问程序。为此,必须先作摸底测试,掌握被测者皮肤电的基础水平,然后再提出一系列问题,把前后的数据加以分析综合,作出判断。因此编制测谎程序是一项技术性很强的工作,并不是任何人随便提问都能发现问题的。

第二,人们往往有控制自己情绪的本领。人们首先在大脑皮层对具体情境进行评估,产生一种态度,这种态度再转化为神经冲动,引起机体变化,产生各种情绪。由于具体情境不同,同一事物在不同的情境内引起不同的态度。例如,人们在动物园里看到熊会感到高兴,而在深山老林中遇见熊会惊恐无比,这就是理智评价的结果。假设被测谎者是个案犯,如果这个案犯了解到测谎器的原理并猜测到所设置的情境的意图,或受过专门训练,就可以控制自己的情绪,以假乱真,使测谎器上当。

第三,由于人们的情绪有很大的不稳定性,它可以受到很多难以估计的因素的影响。因此即使是测谎技术高超的人,也可能会发生偏差。日本心理学家因宝指出:"对训练有素的测谎者来说,70%的案件可作出正确判断,20%的案件难作判断,10%的案件作了错误判断。所以测谎器的结论只能作参考,不能作为判断的依据。"

当然,可以设想,今后随着科学技术的发展,测谎仪器的功能会不断提高,将能提供更多的正确判断。

社会态度一章的实验研究材料较多,实验的题材也很广泛。这对我们研究社会态度有一定的参考价值,可以启发我们去思考问题。但是这些研究也存在一些问题:

首先,不少研究都是在实验室内进行的,与具体的社会生活实际情况距离太大,有人为的性质,故其结果的可靠性与真实性不够;而且研究结果的实际应用也比较困难。

其次,有许多实验可能带有种族偏见与阶级偏见。我们应该用马克思主义的观点去审视它们,吸取其中有用的东西,抛弃那些不科学的、脱离实际的偏见。

第九章　群众性的社会心理现象

人们在相互交往的过程中,彼此会发生相互影响,从而形成连锁性的心理反应,成为群众性的社会心理现象。我们社会生活中经常可以看到的一些心理现象,如模仿、流行、舆论、流言、暗示、竞赛等,都是群众性的社会心理现象。

第一节　模仿和流行

一、模　　仿

(一) 模仿概述

模仿,是指个人受非控制的社会刺激引起的一种行为,其行为与社会上其他人的行为相类似。

模仿是再现他人的一定外部特征和行为方式、姿态、动作和行动,这些特征、行为方式、姿态的特点还同时具有一定的合理的情绪倾向性。在榜样的影响下,人们不仅掌握最简单的活动技能,而且会形成精神价值——思想、兴趣、倾向性和行为的风格。

要理解模仿,必须抓住两点:

一是引起模仿的社会刺激必须是一种非控制的社会刺激,它不是通过社会或团体的命令而发生,被人们模仿的对象具有一种榜样的作用。模仿有时因社会的一般号召,使模仿者自觉地发生与榜样相似的行为,有时是出自模仿者对榜样的无意识的仿效。不过,无论是自觉地或无意识地仿效,都不是通过外界的命令而强制发生,所以这种榜样称之为非控制的社会刺激。

二是模仿者发生的行为是与榜样者行为相似。例如,一个人看到他人买了一支新式钢笔,因而也去买了同样的钢笔。这说明模仿者与被模仿者两人的行为是相似的。

人们为什么会发生模仿行为呢?在本世纪初,以塔尔德和麦独孤为代表的一些社会学家和心理学家把模仿看作为一种先天倾向。麦独孤认为,人类有一种天然的冲动去照样做其他人的行为。行为派则强调模仿是由于社会榜样的影响,可以通过学习榜样的行为而发生。班杜拉关于模仿的社会学习理论较有代表性。他设计了一系列的实验研究作为建立理论体系的依据。其主要论点是,人们的道德行为通过学习而获得,社会生活中榜样是学习模仿的重要因素。

(二)班杜拉等人的模仿实验

1. 学习模仿的实验

1963—1968年期间,班杜拉和麦克唐纳等人进行了学习模仿的实验。实验步骤如下:

先用两难问题测试学生,让学生判断故事中人物的行为是否正确,以此了解他们原先的判断能力。

然后把学生分成三个等组,控制三种不同的情境,但仍然用上述两难问题让他们进行道德判断。第一组是单纯强化组。只要当他们第二次的判断与第一次的判断稍有不同，或稍有进展时，即加以强化——予以奖励与赞扬。第二组是榜样强化组，要求他们作道德判断以前，先给以成人的道德判断作为榜样，学生若是模仿成人而作出道德判断，立即给以强化——奖励与赞扬。第三组是榜样不强化组，情境与第二组同样，但当学生模仿成人的道德判断时不予以赞扬与奖励。

再给三组提出 12 个两难故事，要求各组学生作道德判断，"故事中谁是做对的？谁是做错的？为什么？"对三组学生的回答既不提供榜样，也不给以强化。研究结果发现：第二、三组学生的成绩远远超过了第一组，原因就是因为这两组已经经过了对榜样的模仿，这表明模仿的作用是很大的。第二、三组成绩相近，但实验情境不同，一组给以强化，另一组不给以强化，这说明赞扬、奖励等强化作用并不显著。

对于这一实验结论，有人有不同看法，认为模仿和强化两个因素对人们道德行为都有影响，但这两者并不属同一个层次，是不同质的。因此，它们对人们道德行为发生的作用应从不同的角度上来看待。模仿是以外界提供现有的行为模式为前提，据此发生相符行为。但强化并未提供直接的样板，主要是通过奖赏与惩罚以激发行为的动机作用。因为强化的量缺乏绝对的标准，它可多可少，其作用的大小，可随强化的程度而不同，而提供模仿的榜样是明确的，有一客观标准。由此可见，把模仿和强化两个因素进行对比实验，说服力不强，科学性不够。

2. 利他行为的模仿实验

格鲁西研究了以小学生为被试的利他行为的模仿效果。实验设计了三个组。活动内容为滚球游戏,模仿内容是捐献行为。

根据他人行为的模仿组。在滚球游戏中,首先由模特儿玩,如果达到标准就可以得到奖品——弹子,然后模特儿把所得到的弹子的一半都送给了其他孩子。最后让被试玩球,也给奖品,观察被试是否表现出模仿他人的捐献行为。

根据他人的言语表示的模仿组。整个过程与上组相同,所不同的是模特儿没有捐献行为,而是用言语表示,要把东西送给其他孩子。

对照组。既没有模特儿的捐献行为,也没有言语表示,让被试玩同样的滚球,观察他们能否捐献出获得的弹子。

实验结果表明,第一组、第二组与第三组相比,差别显著,并且很有成效;第一组与第二组相比,第一组有更好的效果,被试对于模特儿的言语表示亦有较好的效果。

事实上,由于人们会自觉地或不自觉地模仿他人的行为,所以,榜样的作用确实很大。电影、小说、故事都给人们提供了榜样,主要看它们所提供的是什么样的榜样。好的作品对人们起着鼓舞作用,宣传先进人物的典型能起到良好的模范作用。但坏的作品却会腐蚀人们的灵魂,对人们的模仿提供了坏的样板。

(三) 模仿与从众的对比实验

学校教育中,教师的榜样作用和学生同伴之间的相互作用,是影响学生行为的两个主要因素。华东师大心理学系的学生作了专门的实验,目的在于了解模仿与从众在不同的年龄阶段的作用有何变化，以此比较两者作用的大小。实验对象是6岁组(幼儿园)、10岁组(小学四年级)、13岁组(初中二年级)和17岁组(高中二年级)。各年龄组随机分为模仿组、从众组以及控制组。

实验内容是按规则投圈。实验结果表明，模仿和从众在各个年龄阶段都明显地发生着作用。尤其是6岁儿童的模仿和从众行为都很普遍，10岁以后，儿童对教师的模仿有所下降，到了17岁，对同伴的从众也下降了。

可以认为，上述结果也是符合儿童心理发展的年龄特征的，7—8岁以前的儿童有很大的依附性，他们尊重成人和权威，随从大伙；到了9—10岁以后，儿童的道德认识发生了新的变化，他们已经不完全仿效成人，但还未形成自己的行为准则，还需与同伴保持一致；到了16—17岁以后，他们的自我意识迅速发展起来，他们既不一味跟随教师，也不向团体压力屈服，因此他们的行为更多地受自我支配而显示了独立性。

二、流　　行

只要社会上人们的某种行为有新奇性，许多人就会竞相模仿，从而成为一种社会风尚——流行。

(一) 流行的特征

流行，是指社会上相当多的人在较短时间内，由于追求某种行为方式，并使之在整个社会中到处可见，从而使人们相互之间发生了连锁性感染。流行亦可称为社会风尚。例如，对于新的服装、新的发式，许多人都去仿效，就成为一种社会风气，这也就是流行。

流行的特征，一般表现为突然迅速的扩展与蔓延，又在较短时间内消失，有个时期，社会上流行着开发儿童智力的玩具——魔方，一时间在全国各大城市十分流行，发展得特别快，可没有多久，红极一时的魔方在市场上又销声匿迹了。流行的电影歌曲同样也是这样，一支优美动人的电影歌曲可以在几天之内脍炙人口，但曾几何时，人们又在追求其他歌曲了。在现代社会，电影、电视、杂志等大众媒体发展飞速，通过大量传播，人们可以了解外地及外国最时兴的东西，从而加速了流行的兴衰。但是，服装的流行相对来说，有一定的持续性，而流行歌曲、玩具之类，其兴衰速度最快。

流行有循环的特点。这在人们的服装方面表现更为显著。如男女长裤裤腿的宽窄，上衣的长短，衣服领子的形状等，都是周而复始，只是把各个部位加以不同的排列组合而已。

流行不同于风俗习惯。风俗习惯的历史悠久，比较巩固，而流行是一种风气，故称“风靡一时”、“风行一时”。

流行又不同于伦理道德，它没有伦理道德那样威力大，但当它风行一时的时候，对伦理道德既可以起破坏的作用，也可以起巩固某些行为规范的作用。

流行也不同于法律。法律具有强制性，人们慑于法律的威力必须遵守，否则，违法就要受到刑事处分。流行不具有强制性，但是一些好的风尚、有益的流行可以起到法律所无法起的作用。例如，新婚夫妇旅行结婚的社会风气是不能依靠法律条文或行政命令来推广的。然而，一些不良的流行、坏的社会风尚往往对道德起着冲击的作用。如有些青年骑着跑车、摩托车，加大了速度，在马路上横冲直撞，神气十足，许多青年亦竞相仿效。这种流行容易发生交通事故，不利于社会治安。由此可见，某些流行对社会意识形态发生积极作用，而另一些流行则发生消极作用。

一种风尚如果发生在权威身上，则流传速度更快。《韩非子》上曾有一则记载：齐桓公喜欢穿紫颜色的衣服，故而使得全国的老百姓也都仿效穿紫色衣服。桓公对此十分担心，对管仲讲："我们喜欢穿紫色衣服，紫色很贵，老百姓都这样做，怎么办？"管仲向桓公献策道："你若要阻止这种风气，首先是自己不穿，还要告诉左右大臣说，自己不喜欢紫色衣服，你以后凡是看到穿紫色衣服的，必须讲'吾嫌紫色臭'。"齐桓公愿意试试看，于是一天之内左右大臣都不穿紫色衣服，一个月之内国内的老百姓也都不穿紫色衣服，一年之内他所统治的地区内也无人穿紫色衣服。

一般说来，流行只要不违反社会规范，可以允许人们自由地去选择，如女青年染彩发、穿高跟鞋等，完全可以由人们任意选择，社会并不禁止。但不良的流行必须予以禁止。例如，中小学生抽烟、喝酒，这在学校里是被禁止的。

社会心理学家还发现，流行有年龄与性别的差异。一般讲，女性比男性追求流行，青年比老年追求流行。在性格上，脾气容易变化的人、喜欢华丽的人，对流行特别敏感；此外，虚荣心、好奇心、好胜心强的人都比较追求流行。

（二）流行的条件

流行的实现首先必须给参加流行的人以一种刺激，这种刺激应该适合于他们潜在的需要。日本心理学家齐藤综合分析了一些研究后指出,如果能够满足人们以下一些需要,那么流行就可能被人们接受而传播开来。这些需要指:他人对自己的承认与威望、自我显示、自卑感的补偿、新经验的获得、求得心理上的安慰、求爱、出人头地、从众等。对同一种流行内容,虽然人们都去模仿它,但各人都有不同的动机。例如,一般女性在夏天都喜欢剪短发,但每人的动机却不一样,有人是为了增添美丽,有人是为凉快,也有人是随大流。

流行的实现必须以一定的经济条件为基础。如服装、乐器的更新,须有具体的物质的东西去替代,没有各种质地的料子,没有新的乐器,就无法追求流行。所以说,一定的物质条件为人们追求流行提供了基础。

流行必须对社会带来有益的作用,才能得到人们的支持。如果流行的东西给社会带来不利,则会受到人们的抵制,有的即使一时流行起来,也会在很短时间内消失。

第二节 社会舆论和流言

一、社会舆论

(一)社会舆论的作用

社会舆论,是公众的意见与看法,是社会全体成员或大多数人的共同信念,也可以说是信息沟通后的一种共鸣。

个人在社会中遇到一些社会现象,必然会产生不同的主观反应。这些反应并未取得统一,但经过彼此间相互作用之后,逐渐加以汇集,使个人原先的主观反应经过群众无形的压力而改变，最后形成一种相同看法，这也是一种群众性的社会心理现象。社会舆论形成之后，就成为一种群众性的意见，对社会发生更大的影响。

社会舆论起着一种评论的作用。例如，团体内成员之间为了某个问题发生矛盾与冲突，其他人对此会作出评论，于是，理屈的一方会停止争吵，作出让步。有时，一个行为失检的人在集体舆论下会有所收敛。公共场合下的矛盾与冲突，在人们一致舆论下也会较快解决。一些社会心理学家通过研究后指出，在购买物品和欣赏电影、音乐时，舆论起着重要的作用。介绍某一商品或某一电影的人，称为舆论指导者，通过舆论指导者的宣传，就更具有说服力。因为舆论指导者总是某方面的专门家，熟悉他所介绍的对象，并且和社会上各个阶层的人们有着广泛的接触。

舆论对团体有相当大的影响。舆论多半是反映着群众的意见和要求，团体领导人如果忽视了社会舆论，会使群众产生反感及冷漠的心理。

舆论对个人也有很大影响。个人在社会中总是会发生从众行为。舆论既然是代表大多数人的意见，就可以产生一种社会控制力量，使它对每个人具有一种压力作用，约束每个人的言论和行动。所以，正确的、健康的舆论能够团结群众、鼓舞群众，阻止不道德的言论和行为的发生。

正确舆论可以战胜不健康的舆论。在某些团体中，如果在正气未抬头、邪气上升的气氛下，也可能有一些不健康的舆论，如“当先进为了出风头”，“结婚不请酒是小气”等，作为一个团体，必须针锋相对地制造正确舆论，以抵消那些不健康的舆论。衡量一个团体好不好，可以看团体内形成的是哪一类舆论。

正确的社会舆论可以鼓舞人心，打击社会上的歪风邪气，使正气抬头。舆论阵地必须由我们国家的党政机关直接控制，利用电台、报刊等宣传机构作舆论宣传，使宣传内容反映群众的呼声，传达党和政府的希望和要求。

舆论不是一成不变的，它随着社会的进展而不断地变化着。作为团体的领导人必须经常研究当前的舆论，并给群众以正确的指导。

（二）社会舆论的心理效果

社会舆论问题一向为许多社会学家与社会心理学家所关心，并十分肯定它的作用。

社会舆论为什么容易被人们接受与传播呢？首先是社会舆论代表了群众的倾向性意见和综合观点，它本身具有许多客观的合理因素。

除了舆论本身的特点以外，还有其心理上的原因：

群众在主观上早就有了心理感受与心理准备，只不过还不很清楚，不很明确。这种心理倾向遇到了舆论信息，个人原先的心理状态就被唤醒而转变为个人意见。

群众的激烈情绪是无法压抑的。他们一旦接受了舆论，就很快会把它加以扩散，以致使舆论的形式与传播带有浓厚的情绪色彩。

当个人生活受到挫折与困难不能解决时，最容易接受某种舆论。例如，我国十年动乱结束之后，关于中年知识分子待遇低的舆论，最易接受的当然是广大的中年知识分子。可见，个人对舆论的接受、扩散与传播，同个人的需要与愿望有关。当舆论和个人的需要、愿望相接近时，舆论传播的速度与广度就可增强，如果两者有距离或矛盾很大时，个人对舆论就会置之不理，不作反应。

二、流　　言

流言是提不出任何信得过的确切的依据，而人们相互传播的一种特定的消息。

流言和谣言有些不同，谣言是恶意的攻击，是谣言制造者故意捏造、散布的假消息。两者的区别在于动机不同。其共同点是，它们都缺乏明确而可靠的事实根据，但都能广为传播。

流言总是发生在和人们生活有重大关系的问题上，G·奥尔波特指出流言的发生与流传有三个条件：

在缺乏可靠信息的情况下，最易产生与传播流言。人们越是弄不清真实的情况，流言就越是容易传播。

在不安和忧虑的情况下，会促使流言产生和传播。例如，某种货物价格上升之后，人们就会产生不安与忧虑，担心其他物品也要涨价，于是关于物价上涨的各种流言，就开始产生和传播了。

在社会处于危机状态下，如战争年代、地震、灾荒时，人们容易产生恐怖感与紧张感，流言也容易传播。

G·奥尔波特根据流言产生和传播的动机，归纳为不安、恐怖、好奇、愿望、憎恶等几种。

流言的传播并不是平均地、广泛地传给社会上的每一个人，它只流传给那些和传播者有密切关系的人，并要求保密，“不要告诉别人”。流言也多半传播在一个团体之内，因为团体成员对当前的某些问题是共同关心与注意的。流言传播的速度往往是开始缓慢，然后不断地加快，当达到了高潮，将近饱和状态——人人皆知时，又变得缓慢起来，整个传播过程呈S形。

G·奥尔波特等人进行了这方面的实验，他发现口头传播流言后，其内容会发生明显的歪曲。生活中经常可以遇到这种情况，某件事一传十、十传百，越来越走样，最后弄得面目全非。在传播过程中流言内容发生变化的特点如下：

流言内容越传越变得简略与扼要，遗漏掉许多具体的细节，流失了许多信息，越到后来越使人感到内容很一般化。

听到流言的人，由于对其中有些内容比较容易引起注意和兴趣，留下了较为深刻的印象，经他再次传播时，就会强调其印象深刻的部分。

流言的接受者以自己已有的知识经验、需要态度等主观因素来理解流言的内容，凡是他认为合乎逻辑的部分就接受下来，同时凭自己的想象对它进一步加工(添油加醋)之后再广为传播。

流言是完全可以制止的，因为它缺乏事实的根据。社会有关部门通过调查访问，向人们提供确切的消息，就可以彻底制止流言的流传。此外，每个社会成员只要有冷静的头脑、明智的态度，就可以正确判断出流言，并劝说他人不要参与流言的传播。

第三节　暗示与竞赛

一、暗　　示

（一）暗示概述

暗示，乃是在无对抗条件下，用含蓄间接的方法对人们的心理和行为产生影响，从而使人们按照一定的方式去行动或接受一定的意见，使其思想、行为与暗示者的意志相符合。例如，孩子生病时害怕打针，母亲说"打针不疼，宝宝勇敢不怕疼"，孩子相信了母亲的劝说，接受了打针，其实这就是暗示。

暗示是一种被主观意愿肯定了的假说，不一定有根据，但由于主观上已经肯定了它的存在，就会促使其心理尽量趋向于主观假说。一个人生了病，一时查不出病因，自己怀疑是患上了癌症。这时，如果有位医生说他是患癌症，这个病人是会相信的。

暗示可以通过语言的形式进行，也可以通过其他方式进行。市场上做买卖的人，常常向顾客介绍他的商品如何价廉物美，这就是语言的暗示。有些做买卖的商贩，为了推销他的商品，故意让其同伙们拥挤在他的摊头，似乎"生意兴隆"。过路人不知有诈，误以为他的商品价廉物美，所以买者很多，于是挤进去抢购，这就是行为的暗示。还有些商店出售廉价物品时，往往冠以"出口转内销"之名，以招徕顾客，因为在人们的印象中，出口的东西质量好，出口转内销又会减价，于是竞相抢买，这就是信誉的暗示。

暗示得愈含蓄,则其效果愈好。要人们的心理活动受到影响,能按照一定的方向去行动,最好尽量少用命令的形式去提出要求,若能用巧妙的方式去引导,能获得更好的效果。例如,有些孩子有偏食的习惯,不肯吃青菜,父母不宜用命令的方式,叫他非吃不可,应该自己先大口大口地吃青菜,并且说:“这青菜烧得真好吃。”还可以对孩子讲青菜的营养价值高。在这种情境下,孩子多半也会随着吃青菜了。从效果看,用含蓄的语言或设置具体情境要优于命令式要求,因为人们都有一种自尊心,都愿意保持自己的独立性,不愿意受到别人的干涉与控制。

美国心理学家谢里夫曾对暗示的作用做过一个实验。他要求大学生对两段作品作出评价,告诉学生说,第一段作品是英国大文豪狄更斯写的,第二段作品是一个普通作家写的。其实这两段作品都是狄更斯所写。受了暗示的大学生却对两段作品作了悬殊的评价:第一段作品获得了宽厚而又崇敬的赞扬,第二段作品却得到了苛刻而又严厉的挑剔。这一实验表明了暗示的作用是很大的。

暗示不仅对人们的心理与行为发生影响,还会引起人们的生理变化。在实验室内,反复给被实验者喝大量糖水,经过检验,可以发现其血糖增高,出现糖尿并尿量增多等生理变化。后来,不给糖水,实验者用语言来暗示,结果同样会发生上述生理变化。这一实验表明,语言暗示可以代替实物,给人脑以兴奋的刺激,虽然被实验者未喝糖水,但人脑仍然参与了体内糖的代谢活动。人们常讲的“望梅止渴”,也就是由于语言的参与而发生暗示作用,产生一定的生理变化——分泌唾液。

暗示这种社会心理现象在生活中是十分普遍的。一方面，暗示者通过暗示的方法使他人发生自己所希望的行为，另一方面，被暗示者接受暗示而发生符合于暗示者所要求的行为，这就是一种受暗示性。这种暗示与受暗示不断地相互作用着，一个人在社会上无时无刻不在接受别人的暗示，也无时无刻不在暗示他人，从而使得人与人之间发生了相互影响与相互作用。

（二）他人暗示与自我暗示

暗示信息来自他人，称为他人暗示。上面介绍的几个实验都是属于他人暗示。

权威的暗示是他人暗示的特殊情况。我国谚语讲："人微言轻，人贵言重"，说的是人的地位不高、名声不响，则说话没有威望，不能引起别人的重视；如果声望高的、有地位的权威说话，就容易博得人们的相信。前者不易发生暗示作用，后者的暗示作用就大。

医生看病亦是如此。同样的诊断，若出自权威医生之口，病人就会言听计从；若出自一般医生之口，则会大打折扣。

暗示信息来自本人，称为自我暗示。自我暗示对自身可以发生积极作用，也可以发生消极作用。一个人的自信心其实就是自我暗示。当一个人面临一项挑战性的新任务时，如果能看到自己的力量，并且有足够的勇气来承担这一任务，那么他定能很好地完成任务。如果缺乏自信心，则工作往往搞不好。

生活中往往有一种"疑神疑鬼"的自我暗示。小组里有人丢了钱包，人们四出寻找，把疑点一个个罗列出来，又一个个加以否定。有的人虽然没有做贼却也会心虚，认为别人正在怀疑自己，处处观察着别人的动静，越是这样想，就越是感到人们在注意自己，“证实”人们确实在怀疑自己，于是感到十分愤慨、十分苦闷。一直到别人的钱包找到后，他才如释重负，这就是一种自我暗示的作用。

俄国作家契诃夫曾写过一篇有名的作品《一个小公务员之死》。小说描写了一个小公务员坐在将军后面看戏，不慎打了一个喷嚏，他自以为闯下了一场大祸，得罪了将军，很想向将军道歉，但又怕将军讨厌。最后，这个小公务员终于自认不能获得将军的原谅而闷闷死去。姑且不论这个作品的社会意义，从社会心理学角度看，这正是自我暗示的表现。

自我暗示对个人的心理和生理有着重要的影响。在严重的消极的自我暗示下，一个人可以变得突然耳聋眼瞎，但其视力与听力的丧失并不是因为视神经与听神经受损，而仅仅是大脑中分管视觉与听觉的有关区域的功能受到扰乱，使相应的功能失调，神经细胞丧失了正常的工作能力，不能正常地摄取外界信息，当然也就不能对外界信息作出反应了。

（三）暗示的意义

暗示这一社会心理现象在许多领域内都有重要意义。医生临床实践经验证明，有许多病人尽管自诉本人有种种不适的主观感受，但并无器质性疾病，生理上一点毛病也没有，只是其神经功能失调，表现为食欲不振、失眠心悸、头昏眼花等症状。有经验的医生采用暗示疗法，让病人吃些维生素药物，注射些葡萄糖液，果然治好了病人的“病”。在第一次世界大战中，前线的士兵们流行着一种因炸弹的爆炸震惊而得的心理恐惧症——“弹震病”，患者四肢严重瘫痪。当时英国的心理学家麦独孤参加了战时诊疗，他凭借自己的威望，成功地进行了多次暗示治疗，亦就是医学上的暗示疗法。

医生对病人最易发生暗示作用。病人即使患了不治之症，如果医生安慰病人，关心病人，再加上悉心治疗，就会增添病人的自信心，病人与医生密切配合，就能取得圆满效果。日本电视剧《血疑》中幸子的父亲大岛茂是个医生，看到女儿生了白血病，一边千方百计地为她治病，一边鼓励她要像一个正常人那样生活，要有所追求，有所希望。父亲的积极暗示，使幸子鼓起了生活的勇气，在她活着的时候，像一个正常人那样充满着青春的活力。

暗示在商业领域内也有很重要的意义。在国外，有些商人为了推销商品，不惜重金聘请名演员、名运动员为他们做广告。人们若接受这些宣传，自愿去购买这些商品，这些广告宣传也就发生了暗示作用。

在体育竞赛中，在知己知彼的前提下，运动员最重要的是树立必胜的信念，克服一切不利因素，实现积极的自我暗示，稳定自己的情绪，才能更好地发挥出自己的技术水平。比赛时，运动员总是怀有程度不等的紧张情绪，这时，周围人们的一句话、一个眼神、一个动作，都能对他发生暗示作用。若领队、教练以和蔼可亲并充满信心的态度对运动员加以支持、激励、赞扬，就能对运动员起积极的暗示作用；若运动员与领队、教练的关系素来十分融洽，相互信赖，也能促使运动员产生积极的自我暗示，使他的技术得以充分发挥；双方组织的拉拉队对自己运动员的鼓励，实质上也起着暗示作用。

综上所述，暗示在社会生活中既有积极意义，也有消极意义。从消极方面看，可以对个体发生不良影响；从积极方面看，可以对个体发生有益作用。它可以应用于医疗、商业、体育、教育等各个领域。但是，接受暗示毕竟不是一种根据事实做出判断的品质。接受暗示在很多情况下是一种盲从的表现，它往往是与缺乏知识、缺少经验联系在一起的，也与性格上缺少独立性、不善于独立思考有关。因此，不断丰富知识、提高水平、磨炼意志、培养独立思考的习惯，可以降低接受他人暗示的程度。

（四）暗示效果的主客观因素

人们对于什么样的外界影响容易受暗示？什么样的人特别容易受暗示？个体之间差异很大，也就是说，受暗示是由主客观因素所决定的。

1. 客观因素

暗示者本人的条件。暗示是人们对于暗示者怀有一种信服的态度，其信服程度主要取决于暗示者本身的条件，包括暗示者的信心、体力、身材、性别、年龄、知识、权力和地位等。例如，许多单位的保卫人员都要挑选身材高大的人担任，其原因之一就是人们认为彪形大汉都是大力士，可以威慑坏人。

多数人的共同行为也会对人发生暗示作用。这种情况在集会或戏院中最易发生。例如，在会场里只要有一两个人站起来回过头去，很快地就会吸引许多人也同样站起来回头观望，以为发生了什么事。人们跟随多数人的行为，接受多数人的影响，这不同于从众。从众行为也随多数人的行为而变化，那是由于团体压力所引起，暗示在此处并未因感到有压力，有时出于好奇。

2. 主观因素

个人人格的倾向性与受暗示的效果有关系。从独立自主的倾向来看，一种人缺乏主见，随波逐流，他们对于暗示者的影响容易接受；另一种人独立性很强，他们往往具有反暗示性，反对顺从，反对压服，特别是当知道(意识到或猜到)他人企图施以暗示影响的时候，更不会接受暗示。于是，暗示者施加的影响就不起作用，表示暗示失败。为要使人们就范，可采用一些方法作暗示性的鼓励，如"你将会"、"你能够"，这是进行积极暗示的有效手段。

二、竞　　赛

竞赛，是个人或团体的各方力求胜过对方成绩的对抗性行为。个人或团体的竞赛机会愈多，则成功和失败的机会也愈多。竞赛时，各方都积极争取同一个有限的目的。所谓有限的目的，就是说开展竞赛是采取第一、第二……等名次的形式，如体育比赛、劳动竞赛中，优胜者是有限的，不可能人人都获第一名。

竞赛在社会生活中是比较普通的现象，除了有组织的一些竞赛活动，如球赛、清洁卫生评比、劳动红旗竞赛、数学竞赛等形式之外，许多社会现象实质上也是一种形式的竞赛。例如，学校里的考试，各单位完成计划生育指标等，也都是竞赛。可以说，凡是可以比出高低水平的一些对抗性行为，在人们心目中都认为是一种非正式的竞赛。竞赛条件下的心理状态有以下几个特点：

动机强烈。在竞赛条件下,人们的自尊需要和自我实现的需要更为强烈,对于竞赛活动将会发生更加浓厚的兴趣,克服困难的意志更加坚定,争取优胜的信念也更加坚强。在非正式的竞赛条件下,如果主观上意识到这一点,竞赛动机也会增强。

提高活动的效率。在竞赛条件下,人们受到了竞赛目标的鼓舞,获得优胜的愿望强烈,于是树立起一种积极的心理准备状态,这种心理准备状态是影响竞赛活动效果的决定因素之一。根据巴甫洛夫高级神经活动学说,这种心理状态乃是某一部位大脑皮层神经过程处于最适宜的优势兴奋状态,从而使心理活动的各个成分保持着一定程度的紧张和高度的集中。这时候,人们的观察敏锐,记忆清晰,思维活跃,思路开阔,因此大大提高了活动的独立性与创造性。

但在有些场合下,如体育方面的重大竞赛,升学考试,智力测验等活动,参加竞赛者心理上的压力特别大,由于求胜心切,反而会产生怯场与失误,从而影响成绩。在这种情况下,教练员应对运动员进行心理训练,教师应让学生参加模拟考试,以消除过分紧张的心理影响。

肌肉产生紧张感,精力更加充沛。在竞赛时,由于人们产生了强烈的情绪体验,刺激着肾上腺体分泌激素,血糖升高,从而使全身肌肉产生了一种紧张感,使肌肉变得更加坚强有力。这种紧张感对参加体育竞赛及其他任何项目的竞赛都是需要的。

生活经验与心理学研究表明,在竞赛条件下最能发挥人们的潜力,尤其是后进的个人或团体,他们虽然基础差,起点低，但自尊心是很强的，本身的潜在能量也很大，只要善于组织，善于引导，他们在竞赛中肯定能得到应有的成绩。

竞赛虽然可以作为动机力量来推动人们的活动，但如果经常遭受失败，会使人们产生挫折感、失败感与自卑感，经常成功会使人骄傲自大。因此，有些心理学家主张不提倡竞赛。对此，有人认为这是一种消极的措施，是因噎废食。

在竞赛中，必须提出多指标，因为如果只有一项标准，那当然肯定有许多人失败，会由此产生消极情绪。如果竞赛设有多种标准，参加竞赛者可以根据各自的具体条件，提出自己的奋斗目标，争取胜利，获得成功感。多种标准的范围很广，可设综合奖、单项奖、安慰奖、鼓励奖等。总之，竞赛的标准越复杂，获得成功感的人越多，竞赛的积极作用发挥得也越大。

组织竞赛有不同的形式，心理学研究表明了以下几点：有组织的竞赛比无组织的竞赛好；有观众的竞赛比无观众的竞赛好；有奖励的竞赛比无奖励的竞赛好；个人的竞赛比团体的竞赛好；简单的作业竞赛比复杂的作业效果好。

以上比较强调了竞赛的积极作用，但这并不意味着任何情况都必须开展竞赛，必须因时、因人、因地制宜，有时候开展团体竞赛，其效果比开展个人竞赛更好。

有人曾做一实验，目的是比较个人竞赛和团体竞赛的效果。以大学生为研究对象，从志愿者中选出条件相似的 50 人，分为 10 组，各组 5 人，其中 5 个小组在内部开展个人竞赛，5 个小组在组与组之间开展团体竞赛。实验结果如下：

在团体竞赛条件下，工作是相互支持的，共同活动的目的指向性很强，彼此的情况及时交流，相互理解，相互友好，提高了单位时间内的效率。

在个人竞赛条件下，多数人都只关心自己的工作，相互不够支持，发言不友好等。

现实生活中的许多事实表明，竞赛对人们的心理及其行动有相当大的促进作用，但由于组织形式不同，其效果各异。团体的领导人要根据具体条件有效地开展多种竞赛活动。但是，并不是任何活动都非采用竞赛形式不可。因为处于竞赛条件下，人们的情绪十分激动紧张，精神负担很重，所以开展竞赛要适可而止。尤其是中小学校，不宜动辄搞竞赛，竞赛过多将不利于青少年儿童的身心健康发展。此外，开展竞赛不能只限于数学竞赛，竞赛内容要多样化，如写字、唱歌、画图、讲故事、演讲等等，使竞赛活动丰富多彩。

第十章　相符行为

社会心理学需要研究团体中的个人行为，这种个人行为大多数是受团体中其他人行为的影响而产生的。相符行为就是指个人行为和团体行为相一致，或团体中一部分人的行为和另一部分人的行为一致的现象，它主要包括从众、众从和服从。

第一节　从　　众

一、从众概述

（一）什么是从众

所谓从众，乃是在社会团体的压力下，个人放弃自己的意见而采取与大多数人一致的行为。我们平时讲的“随大流”，就是一种从众行为。产生“随大流”行为的原因，是由于实际存在的或头脑中想象到的社会压力与团体压力，使人们产生了符合社会要求与团体要求的行为与信念，个人不仅在行动上表现出来，而且在信念上也改变了原来的观点，放弃了原有的意见。

在社会生活中,从众行为非常普遍。例如,暑假来临,一群青年学生准备外出旅游,在确定游览地点问题上,有不同意见,多数同学要去杭州,少数同学要去苏州,也有个别同学提出去北京,最后这少数派也同意去杭州,这种随从大多数的行为就是从众行为。

与从众行为相似的还有顺从行为。顺从行为,虽然也是受到团体的压力而表现出符合外界要求的行为,但内心仍然坚持个人意见,仅仅作表面上的顺从。从众行为和顺从行为的区别在于内心是否出自自愿。放弃原来的意见附和大伙儿,这是从众行为;保留自己原来观点而符合客观要求,这是顺从行为。两者的共同点都是迫于外界压力而产生相符行为。社会或团体的压力,主要是社会舆论,集体气氛,而不是社会或团体的明文规定。

(二) 从众行为的心理原因

人们为什么要从众呢? 这是外界压力的结果。如有人讨厌喝酒,但在宴会上也喝起酒来,如果坚持不喝酒,将会被同伴取笑,视为"不讲交情"。为了免受团体其他成员的非议与排斥,乃至孤立,于是作出从众行为,从而获得同伴的好评、欢迎与喜欢。可见,人们的从众行为是为了取得外界给予的种种报偿而避免种种惩罚而发生的"随大流"行为。

在外界情况不明、把握不大的场合下,从众行为亦时有发生。例如,低年级小学生上课时,教师提出一个较为复杂的问题,若第一位学生答错了,教师不表态,再让其他学生回答,后面回答的学生常常会犯相同的错误,一直要到优秀学生回答时才能获得正确答案。因为重复错误的学生对问题没有把握,就附和前面学生的回答。这种情况下所谓外界压力是人云亦云,由于个人缺乏对外界情况清楚的认识,因此只能随从多数人的行为。

(三)反从众与独立

生活中既有从众行为,也有非从众行为,即持不同意见或态度,称为反从众和独立。具有这种非从众行为的人表示自己不随波逐流,也不随便受人安排。

反从众行为,是故意和团体的准则与团体行为相对抗,对团体怀有对立情绪,团体的认同感、归属感很低。独立,是指个体在团体压力之下保持自己一定的独立性,其行为不以团体影响而左右。

(四)从众行为分析

从众行为既有积极意义,也有消极意义,这主要看从众的是什么样的行为。如果有一种良好的社会风气,只要在社会上大力宣传,造成一种社会舆论,使人们感到有一种无形压力,从而发生从众行为。例如,宣传婚事新办、参加志愿者活动等,都会使人们产生从众行为。学校里的后进青少年调到另一个学校或班级,在新的环境中,他往往特别容易发生从众行为,会和大家表现得一样,规规矩矩,不敢做出越轨行为。因为新的环境中的良好气氛对他来说,就是一种团体的压力。如果教师及时地加以表扬、强化,促使他向好的方面转变,则有可能成为他转变态度的转折点。

如果团体对于社会上的一些歪风邪气、不正之风不加以阻止,任其泛滥,也会造成一种压力,使一些意志薄弱者随波逐流。例如,社会上流行的结婚讲排场、摆阔气,请客送礼等不良风气，使人感到有压力，因此都去效法。有的是打肿脸充胖子，弄得劳神伤财，负债累累，甚至导致偷盗等犯罪活动。

人们表现出的反从众行为或独立行为，也不能一概都认为是消极的东西，这主要看反从众或独立的行为本身是什么。不过，反从众行为中，个人怀有对立情绪太浓厚，常常是意气用事，缺乏理智，即使其反从众的方向对头，也不能使人心服，如果方向错误的话，消极因素就更多。独立性行为可以说是独立自主的行为，它往往是通过思考之后表现出来的行为，盲目性较少。但这种行为的是非标准最终取决于本人的立场、观点与思想方法。

在任何一个团体内，总有一小部分成员对团体的准则或决议有不同观点，这完全是正常现象。但是，有些团体的领导人对团体中的少数派往往采取不欢迎的态度，其实少数派在团体中有一定的作用。在团体中若能听到不同意见，甚至是反对意见，能够激发大家的思考。有不同意见的争论是好事情，便于督促团体防止不良的倾向，否则团体内各个成员看法完全一致，毫无分歧，将会缺乏创新精神，从而墨守陈规，甚至和稀泥，这样的团体缺乏生命力和战斗力。

二、关于从众的研究

（一）阿希的实验研究

美国社会心理学家阿希做过多次关于知觉方面的从众实验。实验材料是 18 套卡片，每套两张，每次向被试出示一套卡片。其中一张卡片上有一根标准垂直线，另一张卡片上有三根长短不等的垂直线，里边只有一条垂直线与标准线等长。

实验者要求被试从三条垂直线中选出一条与标准线等长的垂直线，这个实验过程比较简单，实行起来照理并不困难。

但实验设置了特殊的情境。每次实验有一个被试参加，让几个实验者同伙混在被试中间冒充被试，称假被试，让他们说假话。实验时用一张圆桌，真假被试围桌而坐，实验者每拿出一套卡片，被试就逐一回答，但是规定好先由前面几个假被试一一口头回答，真被试总是安排在最后第二个回答。18 套卡片呈现 18 次，第 1—6 次，假被试都作了正确的选择，当然真被试也作了正确的反应。第 7 次开始，假被试都故意作出了错误的选择，实验者观察被试的选择是从众还是独立。

参加实验的被试，面对这一实验情境需要考虑以下三个问题：

1. 是自己的眼睛有问题，还是前面几个人的眼睛有问题？

2. 相信自己的判断正确，还是多数人的判断正确？

3. 当自己认为多数人作了错误判断时，能否坚持自己的意见予以抵制？

实验者记录每个被试每一次选择，是从众、顺从还是独立，然后加以分析统计。阿希在 1951 年开始做实验，1956 年、1958 年又重复做此实验，结果颇为一致。实验结果发现：

1. 大约有 1/4—1/3 的被试保持了独立性，每次的选择反应无一次从众行为。

2. 约有 15％的被试平均从众反应为 75％，即从众行为平均 12 次中有 9 次。

3. 所有被试平均有总数的 1/3 次作了从众反应，即 12

次中有 4 次从众。

实验结束后，实验者个别访问被试，询问其发生错误选择的原因，归纳起来有三种原因：

1. 被试确实观察发生了错误，把他人(假被试)的反应作为自己的参考点。这是一种知觉的歪曲。

2. 被试虽然意识到自己看到的与他人不同，但却认为多数人总是比自己正确些。这是一种判断的歪曲。

3. 被试明明知道他人的反应是错误的，但自己却跟着也作错误的反应。这是一种行为的歪曲。

实验者认为，第三种情况是顺从行为，虽然行动上相符，但其内心却不以为然；第二种情况是从众行为，被试都相信大伙儿，属于这种情况的被试人数最多。

(二) 重复阿希的研究

阿希的经典实验是关于感知方面的从众行为，尚未涉及到社会生活方面。照理说，判断线条的长短似乎谈不上有什么压力，完全可以不受外界的影响而凭自己的感知。因此，我们有些人对阿希的实验抱怀疑态度，估计这种情况很可能不会在我们这里同样发生；也有人认为中国人从众行为比外国人更严重。为此，华东师大心理学系学生于 1982 年重复了阿希的实验。

被试是华东师大的学生共 30 人，实验结果表明，中国人同样表现出感知方面的从众行为，和阿希的实验结果相似。具体有以下几点：

1. 有 56% 人次未发生从众行为，44% 人次发生从众行为。

2. 有两个被试自始至终都表现了独立性行为，有两个被试从头至尾都发生了从众行为，26 个被试程度不等地表现出了从众行为。

3. 实验观察表明，开始表现从众行为的人次较少，随着实验的进程，从众行为亦随之增加，这反映了从众行为的人次数与实验次数有一定的函数关系。

实验过程中还观察了被试的表情：1. 表现出独立性行为的被试回答果断，毫不迟疑。2. 每次都表现出从众行为的被试，表现为不假思索，人云亦云。3. 其余被试表现为犹豫不决。实验开始时，有的认真地用手比划卡片上的线条，有的还揉揉眼睛，也有的先表示怀疑，越往后就越发不假思索地发生从众行为。

实验结束后，实验者对不同类型被试作了重点访问，请他们谈谈在实验过程中自己是怎样想的。

表现独立行为的一个被试说："尽管许多同学与我不一致，我还是深信自己的判断是正确的。"另一被试说："我发现只有我一个人与众不同，我知道他们是错的，我无法屈服。"

每次表现出从众行为的被试说："我看到别人怎样讲，自己也就怎样讲，有几次我看出是不对头，但别人都这么说，我就跟着讲了。"

其余被试有的说："开始我坚持，后来看看大家都讲得与我不一样，我就怀疑自己的眼睛有问题，有点害怕自己看错了，所以也跟着随大流了。"有的说："开始我相信自己是对的，后来发现就我一人与别人不同，觉得奇怪，于是以后就随从了。"

进一步调查又发现，坚持自己意见、表现独立行为的两个被试,都是家庭中长子长女;而缺乏独立性、每次都表现从众行为的两个被试,其家中都有兄姐。这可能反映了不同的社会生活条件对他们的要求不同,长子长女在家庭内独立自主地处理问题的机会多,而家中有兄姐的人经常处于随从地位,容易随大流。

（三）个体顺从群体的研究

张昌荣等研究了个体顺从群体的心理特点。研究结果表明:

1. 群体评价对于儿童判断的影响是显著的,而且,群体评价对儿童判断的影响有持续作用。在实验组中,当排除变量因素以后,与对照组结果比较,仍有明显区别。

2. 群体评价对儿童判断的影响,在小学阶段,顺从的高峰期出现在三四年级,随着年龄的增长,一方面表现为教师对儿童的影响逐渐减弱,群体对儿童的影响逐渐增强;另一方面,儿童愈来愈明确地以自己的标准和要求来选择团体或群体的影响。

3. 随着年龄的增长,儿童从广泛地对多数同学的意见表示顺从,逐渐发展到只对某些人或团体的意见表示顺从。

4. 顺从行为表现了男女性别的差异。男生要比女生更顺从于群体评价,但进入五六年级以后,小学中女生的顺从性较男生更为显著。

5. 评价的内容(材料)不同,对顺从的水平有影响。

三、影响从众行为的主客观因素

阿希及其后来的研究者在他们自己的研究基础上作了进

一步的探索，发现人们的从众行为依存于下列因素：

（一）团体的条件与特点

团体的性质是多方面的，包括团体的人数、团体的吸引力、个体在团体中的地位等等。

研究表明，团体人数保持在七八人以内，从众效果最好。实验中的假被试人数过多，并不会使被试增多从众行为，有时反而会减少。

在阿希的实验中，假被试在三四人时，被试从众效果最好（参看下表）。

假被试人数与从众效果

假被试人数	1	2	3	4	8	16
平均从众次数	0.33	1.53	4.0	4.2	3.48	3.75
被试人数	10	15	10	10	50	12

上述实验都是在人为的情境下由假被试故意作出错误判断，导致被试发生从众行为，作出错误的判断。如果假被试人数过多，反而容易露出破绽，并不能增强实验效果。但是，在社会生活中却不然。如果赞成某一观点的人越多，或采取某一行动的人越多，则社会压力就越大，越容易使人们发生从众行为。

团体的吸引力大小、个体对团体的依恋性、团体内部的团结性和团结气氛等，都能影响人们的从众行为。一个团体如果能满足个体的需要和愿望，就对个体有很大的吸引力；个体对团体表示依恋，则个体容易表现从众行为；如果团体内部团结气氛融洽，则个体也容易表现从众行为。

团体中与个人条件类似的其他成员的行为，也会影响个体的从众行为。人们的行为往往倾向于参照那些与自己条件相类似的人的行为表现。在团体内，如果与自己条件相差无几的人大都采取同一的行为表现，多数成员的行为对个体来说，是一种压力，个体也容易发生从众行为。

（二）团体中个别人的反从众行为是抵消从众行为的一个因素

当个体感到社会或团体压力很大的时候，只要团体中有一个或几个持不同意见者站出来抵制或反对，就能大大减少团体对个人的压力，个人的从众行为也会随之减少。有人在重复阿希实验时，实验者故意让其中一个假被试作出不同于多数人的反应，就减少了被试的压力，被试也不作从众反应。

（三）个人的心理特点如需要、情绪、智力、自尊心等与其从众行为有关

有些人特别重视社会对自己的评价，有人则无所谓，这是由于人们对受表扬的需要程度不等之故。研究证明，前者容易发生从众行为，后者不易发生从众行为。

一个人的情绪特征也与其从众行为有关。有的人对于社会舆论特别敏感，忧心忡忡，一感到社会舆论的压力就很快发生从众行为。

心理学认为个人智力水平的高低、自尊心的强弱与从众行为有关。一般说，智力水平高的人则其自尊心亦强，反之则弱，他们的从众行为也不同。智力水平低而自尊心弱的人总认为自己能力比不上别人，知道的事情也比别人少，因此缺乏自信，受不了社会压力而发生从众行为。

（四）个人在团体中的地位高低与从众行为有关

在任何一个团体中，每个人的地位总是处于团体一定的结构之中，团体中处于较低地位的成员往往会感到有从众的压力，这是因为团体有权对从众者或不从众者施以奖励或惩罚。地位高的成员比较能干、自信，因此有较多的独立性，但他们也感到有压力，一方面他被其他成员期望着，必须以身作则，带头服从团体的规范；另一方面其他成员对他还有一种期望，即希望他有创新精神，因此他的行为又不能因循守旧。

此外，关于男女性别方面的从众行为有无差异的问题，心理学家们从 20 世纪 50 年代开始进行了许多研究，发现女性的从众行为高于男性。但这些结论遭到了许多社会心理学家的非议，认为这是男女角色社会化的结果，女性在社会生活中长期被训练成为较被动的性格，往往容易附和他人的意见。1972 年有一份研究报告指出，过去的研究中有些材料是为男子熟悉而为女子生疏的，现在换成了男子生疏而女子熟悉的材料，结果男子表现出的从众行为更多。

第二节　众　从

在社会生活中，比较多见的是从众行为。有些人虽然感到团体决定与自己的想法不一致，但为了明哲保身，避免与团体冲突，仍然违心地听从了团体的意见。然而，在社会团体中百折不挠、坚持己见的也确有人在，尽管他们可能受到种种非议，甚至在团体中遭到排斥或拒绝，但还是坚持到底，这样的人也会给团体带来不小的影响。在某些情形下，团体中的绝大多数人还可能会反过来听从少数人的意见，因此，这种与从众相逆的行为——众从也必须加以研究和探索。

一、众从概述

（一）众从定义以及研究的开端

在团体活动中，个人听从多数人意见的从众行为是大量存在的。但在不少场合下会发生众从行为，即团体中由于多数人受到少数人意见的影响而改变原来的态度、立场和信念，转而采取与少数人一致的行为。人们体会到，有时候大多数人的意见未必正确，真理也可能掌握在少数人手里。在少数人意见保持一致，并坚持自己观点的情况下，多数人可能会怀疑自己的立场是否正确，在思想上动摇不定，甚至一部分人首先会转变态度，倾向于少数人所持有的意见，从而使多数派团体内部思想瓦解，有越来越多的人转变立场，开始听从少数派的意见。这样少数派在整个团体中就起到了举足轻重的作用，因此，少数人的立场和态度也不可低估。

社会心理学关于群体相符行为的早期研究，主要集中在从众行为方面，即多数人对少数人的影响。法国社会心理学家莫斯科维西另辟蹊径，最早注意到了群体中还存在着少数人对多数人的影响。他观察到，社会影响不仅仅局限于少数人听从多数人意见这一方面，而且还存在着多数人听从少数人意见的另一方面。以此为起点，莫斯科维西及其同事在20世纪60年代开始了对众从行为的研究，取得一系列新的研究成果，从而将“众从”这一概念纳入到社会心理学研究的重要领域之中。

（二）众从研究的实验

莫斯科维西等人为了证实众从行为的存在，着手实施了一项实验。每次实验都有两名假被试代表少数派，由四名第一次参加实验的真被试代表多数派。这个实验的步骤与阿希实验一样，先给包括六名真被试在内的控制组呈现一个清晰的物理刺激，判断的错误率几乎等于零；然后在一个简单的颜色知觉作业中，要求实验组被试判断仅因发光亮度不同而有所差异的蓝色幻灯片的颜色，两个假被试首先回答，每次故意出错，都说幻灯片是“绿色的”。虽然事先测试已证明所有被试的视觉能力均完全正常，可实验结果表明：有 8.4％的被试回答幻灯片是“绿色的”，32％的被试报告说至少有一次看到了“绿色的”幻灯片；而如果假被试的反应前后不一致的话，就不会对真被试产生任何影响。这一实验证明了在团体中众从行为确实存在。

二、众从行为产生的条件

在一个少数派和多数派同时并存而且相互抗衡的团体中，少数派能够顶住多数人的压力，非但自身不表现出从众行为，而且还设法使多数人转变态度，依从于少数人的意见或行为。这个问题显然与少数派(有时可能只有一个人)的坚定信念和多数派的动摇不定相关联。因此有关众从行为产生的条件，可以从少数派成员内部的特征与多数派成员内部的关系两个方面进行分析。

（一）少数派成员内部的特征

在近十年的研究中，大量的实验结果揭示出产生众从行为的少数派成员内部的特征是:一致性、独立性和权威性。这些特征是影响多数派成员,使其发生众从行为的必要条件。

1. 一致性

有关实验表明:少数派团体成员的态度和行为只有保持一致性才具有影响力,如果左右摇摆不定的话,就不会对多数派产生任何影响。这里的一致性,不但指少数派成员意见的一致,而且还包含少数派成员的行为在时间上的前后一致性,即"坚持到底"。团体的一致性能够体现出成员内部的坚定性和自信心,具有足够的力量促使多数派转变态度采取与少数派相同的行为。

莫斯科维西等人发现,一个人的少数派没有两个人组成的少数派影响力大,这是因为当少数派只有一个人时,他的不同意见可能被认为是偏离者的特殊原因,如对工作不熟悉,视觉有问题,观点的狭隘性等;当由两个或两个以上人员组成的少数派就不能认为是个人的特殊性,而是一种普遍的原因,形成了一致性的力量,对多数派产生了压力。

2. 独立性

少数派对多数派成员产生影响力,还必须具备行为上的独立性,表现与众不同,使多数派成员感到压力,促使多数派依从少数派。但这种独立性必须符合时代精神的发展。莫斯科维西等人在一项实验研究中讨论了男女平等问题。研究者让被试充当多数派,让他们了解少数派的立场是赞同时代精神(主张男女平等)还是反对时代精神(反对男女平等),观察被试反应如何。结果表明,在赞同时代精神的条件下,少数派影响力显著,使多数派也表示赞同男女平等;而在反对时代精神的条件下，少数派的影响力随着多数派内部的意见分歧而变小了。

3．权威性

当少数派由权威人物组成，或少数派成员中有权威人物参与时，其影响力大大增强。因为权威人物地位高、威望大，是整个团体中的核心人物。人们一般都乐意接受权威的指导，听从权威的命令。团体中的权威比其他人更具有力量，由于权威占据很大的地位优势，可以左右其他人的行为。因此，当权威人物站在少数派立场时，由于"名片效应"的作用，增加了少数派意见的可信度，对多数派产生了更大的心理压力，迫使多数派放弃原有的观点，表现出众从行为。例如，社会上有小道消息说某商品不久就要涨价，大多数人都表示相信，于是人心惶惶。这时如果某权威人物在媒体发表讲话，说此商品价格不会上涨，这样就可以消除人们对物价上涨的恐慌心理，权威人物的言论在此起了重要作用。

（二）多数派成员内部的关系

发生众从行为的多数派成员内部的关系，包括多数派成员内部意见分歧、缺乏团体凝聚力以及多数派成员对遭遇问题的真实情况不明确。

1．多数派成员内部的意见分歧

多数派成员内部矛盾重重、意见分歧很大，缺乏统一的指挥，则极易受少数派的影响，导致众从行为的产生。在少数派行为的压力下，多数派成员对事物的信念容易发生动摇，对自己所站的立场的正确性产生怀疑。由于失去了行为的参照准则，多数派成员对于自己应该如何行动举棋不定，于是不得不采取现实主义态度，转而倾向于少数派的立场。

2. 多数派内部缺乏团体凝聚力

多数派内部缺乏团体凝聚力，容易产生众从行为。因为缺乏凝聚力或凝聚力不强的团体，其人际关系不佳，团体成员各行其事。这意味着团体本身处于一种动荡的危机状态，一旦有外界压力的存在，其成员受压力影响，就会立即转向少数派一边。社会心理学家多姆斯等人观察到，松散型团体受外界压力影响而发生态度转变，接受他人意见的可能性，比凝聚型团体要大得多。

3. 多数派成员不明确所遭遇问题的真实情况

在多数派成员对遭遇问题的真实情况缺乏了解，把握不大的场合下，他们的态度常处于模棱两可的状态，众从行为亦时有发生。人们的思维都具有认同作用，在需要对一件不明确的事物表明态度的时候，常常以其他人的意见作为自己观点的参照系统，如果团体中少数派的立场坚定，那么多数成员就会认为少数派的观点肯定是正确的，在少数派的影响下，发生众从行为。例如，班级组织春游活动，班中有少数几位同学建议到长兴岛，说岛上很好玩，而大多数同学没有去过长兴岛，不知道究竟是否好玩。当征求全班同学意见时，多数同学回答“随便”，在少数同学的一再坚持下，于是大家听从了这少数几位同学的意见，决定全体开赴长兴岛。

三、阻碍众从产生的因素

阻碍众从产生的因素很多，归纳起来，主要有以下两种，即少数派内部意见的非一致性以及多数派内部的齐心协力。

（一）少数派内部意见的非一致性

如果少数派成员内部意见动摇不定，缺乏高度的一致性；他们内部不团结，不能自始至终坚持自己的观点，那么就不可能克服多数派因人数众多而产生力量优势，对多数派也就不具有影响力。实验结果表明：少数派的影响力来自于少数人对多数人一致性的压力，当少数派的行为或意见不一致时，就谈不上对多数派产生任何压力，不可能使多数派产生态度的转变，发生众从行为。

（二）多数派内部的齐心协力

多数派内部齐心协力，观点统一，行为一致，则少数派对多数派产生的影响力会减小。因为多数派在人数上占优势，总体力量强于少数派，即便少数派坚持其一致性，但所产生的压力比多数派的优势力量要小得多，无法动摇多数派坚定的信念，多数派完全可抵制来自少数派的压力。多姆斯等人的研究结果同样证明了这一现象，即无论什么时候，只要多数派采取一致的行为方式，少数派的影响力就会大幅度下降。

四、研究众从行为的意义

任何社会的进步都有其自身的一般发展规律。在历史的进程中，社会系统始终经历着各种各样的变化，这种变化的动态轨迹固然遵循着自身内部的发展规律，但产生这种变化显而易见的直接动因，却是生活在社会团体中的某些人，及其积极的新异行为。很难设想，在个人或少数人团体完全遵从多数人的信念和愿望的社会里，其文明程度能够达到多么高的地步。社会要产生强大的变化和发展，就需要改革者（按定义;改革者属少数派)对多数人施加压力,即少数派提出一种新异的思想或观点,供多数派选择,用于评价自己原先的立场。渐渐地,多数派中有些成员转到了少数派这一边。如果这一过程加速进行,最后将使原来的少数派实际上变成一个新的多数派。当然,少数派在这个过程中常常要经受极大的心理压力,很可能导致失败,甚至遭致自由和生命的丧失。如伽利略宣传哥白尼的"日心说",遭到当时教会势力的迫害,最后,被迫放弃了自己的信仰,尽管这样,但他的行为却在当时起到了一种推动社会变革、科学进步的不可低估的作用。又如达尔文创立进化论,一开始同样遭到社会上大多数人的攻击、谩骂,甚至人格上的侮辱。这也正是后人在确信"日心说"的进步性、进化论的科学性之后,对伽利略、达尔文以及另外许多科学家的所作所为大加赞颂的原因之一。可以说,没有一般的发展规律,就不存在社会系统,而没有少数派,就不会出现社会的改革。

自莫斯科维西以后,社会影响的众从行为引起了人们的广泛关注,社会心理学家们以此为专题开展了一系列研究工作,尤以法国、比利时和瑞士为盛。许多人对众从的理论问题越来越感到兴趣。目前,社会影响的众从理论不仅在一些心理学的教科书或论著中有所涉及,而且还成功地将其理论应用于当前各种社会实际问题中,如外籍工人或客籍工人的待遇问题、妇女在社会中的地位和作用、公民遵守团体规范的自觉性等具体领域中。可以预计,对众从行为的深入研究和探讨,有利于社会的发展和变革,加速社会的发展进程,并妥善解决社会生活中的实际问题。

第三节　服　　从

一、服从概述

（一）什么是服从

所谓服从，乃是个体按照社会要求、团体规范或别人的意志而作出的行为，这种服从行为是来自外界的影响而被迫发生的。外来的影响有两种情况，一种是在一定的有组织的团体规范影响下的服从，另一种是对权威人物命令的服从。

F·奥尔波特曾做过一个关于服从的调查研究。他观察了汽车驾驶员遵守交通信号的服从情况，发现服从交通规则的汽车驾驶员是绝大部分，而不服从交通规则的则是极少数人。他在一个时期内观看了十字路口 2114 车次的汽车驾驶情况，结果如下：

1. 见红灯立即停车的有 1594 人，约占 75.5%。
2. 见红灯减速的有 462 人，约占 22%。
3. 见红灯稍缓停车的有 47 人，约占 2%。
4. 见红灯仍旧冲过去的有 11 人，约占 0.5%。

（二）对权威的服从

人们在生活中还会对个别权威服从，这种服从往往也是无条件的服从。对权威的服从有两种情况，一种服从是钦佩权威而服从，一种是害怕权威而服从。一般讲，人们的服从行为可能与其本人内心有一定的距离，但不大会引起内心很大的矛盾与冲突。有时权威的要求与一个人的良心会发生矛盾,个人违背了自己的良心而服从权威的命令,精神上会感到惶惑不安。

上述情况在生活中亦有发生。在一个流氓团伙中每个成员都必须服从团伙首领的命令,干那些盗窃、诈骗的勾当。其中有些成员是误上贼船的,他们并不是死心塌地愿意去干那丧尽天良的坏事,但在团伙首领威逼下只好服从命令,被迫昧了良心去干,其内心深处却十分痛苦与不安。

(三)服从的对立面是不服从

生活中虽然许多人都是按照团体的规范或权威的意志去行事,但并不是任何人在任何场合都无条件地表示服从的。如果团体的规范或权威的要求不合理,或者团体的规范或权威的要求虽然合理、但不符合个人需要时,个人会表现为不服从。

不服从在不同的场合有不同的表现形式,或者表现为不同的层次:

抗拒。表现在行动上拒不执行,并且提出口头或书面的抗议,主观上情绪偏激,怀有对立情绪。这在生活中经常可以看到。团体中领导与被领导发生的矛盾往往是领导提出的要求不被下级所接受,表示抗拒。例如,某个工人因故违反操作规程,车间主任执意扣其奖金,工人不服而提出抗议,以致使双方的关系十分紧张。

消极抵制。团体中有些成员对于团体规定不愿意执行,又不敢明目张胆地表示不同意,只好表面上顺着干,暗地里采取消极抵抗的办法。例如,许多工厂规定工人不得迟到早退,有些人照样常常迟到早退,而在口头上还表示拥护团体的规定。

自由主义的态度。有些人对于服从命令与规定是被迫的，不自觉的，他们在一般情况下能够遵守团体要求与规定，服从权威的意志，但是在无人督促的情况下会采取自由主义的态度。例如，有些汽车司机在马路上驾驶汽车时，由于有警察的监督，能服从指挥，按规定速度行车，一旦处于无人管辖的郊外，就加足马力横冲直撞，以致酿成车祸。又如，有些人当班组长在场时能遵守劳动纪律，组长离开现场时，他们就不遵守劳动纪律。

（四）服从与从众的区别

服从与从众从形式上看有共同点，两者的行为都是属于相符行为，但实质上是有区别的。

服从是被迫的，即对行政命令、团体规范或权威意志的服从，是无条件的服从，不管是理解的还是不理解的，都得服从。

从众不是对团体规范的服从，而是对社会舆论的压力的随从。从众也可能是一种违反心愿的服从，它与服从不同之处就在于不是对团体或权威的明文规定的执行，而是在团体压力下的随从行为。

（五）服从的意义

人们在社会生活中总是属于某个社会团体，并成为其中的一员。而任何一个社会团体都有一定的规范与纪律，要求大家共同遵守。如果团体成员能遵守其规范与纪律，团体就会加以肯定，违反规范，就会受到团体的批评。如果违反了国家规定的宪法，侵犯了别人的人身自由，就要受到国家机关严厉的制裁。作为一个学生，他的行为必须服从学校的校规；观看电影或欣赏音乐的观众，就必须遵守剧场的规则，不得大声喧哗、无理取闹。

社会生活中，服从团体规范是十分必要的，它有助于维持社会治安，协调人与人的关系。否则，社会生活不可能正常化，于人于己都有害。所以服从团体规范对每个人来说，不管是否愿意都必须如此。当然，许多人都自觉地服从，但在有些方面也可能是被迫的。被迫的服从形成了习惯以后就会变成自觉的服从。例如，行人要走人行道，过马路要走横道线，就是从被动服从到自觉服从。

二、米尔克拉姆的服从实验

1963年美国社会心理学家米尔克拉姆做了一个关于服从的实验研究，引起社会心理学界的争论，贬褒不一。

（一）实验设计

1. 用登载广告的办法公开征求被试。一次实验付给4.5美元作为酬金。

2. 实验出示假目的。实验前实验者的指导语是这样的："我们要做一个关于学习的实验，研究两个问题。一是观察教师对学生的学习有什么作用？另一是观察惩罚对学生的学习有什么影响？一人当'教师'，一人做'学生'。谁当'教师'，谁当'学生'，可以用抽签方式决定。"其实，在抽签决定之前早已安排好了，被试"抽"的签总是当教师，学生总是由假被试担任。

3. 实验者使用其同伙参与，充当假被试。实验者让其同伙(即假被试)与被试一起参加实验，每次实验由真假被试各一人参加。

实验过程是当“学生”的假被试与当“教师”的被试分别在两个房间，中间隔一堵墙壁。实验者把“学生”用带子拴在椅子上，给“教师”解释为“防止他逃走”，并在“学生”手腕上绑上电极，目的是为了当他学不会时由“教师”施以惩罚——电击。

然后实验者交待给“教师”教学的任务。教学内容是一组有联系的配对词，“教师”教授之后，要检查“学生”是否学会。检查方式是“教师”读刺激词，“学生”用选择的方式从四个现存提供的答案中挑选出一个词，如果“学生”答对了就继续学下一对词，如果“学生”答错了，“教师”必须给“学生”以惩罚，由“教师”按一下电钮，加以电击“学生”。“教师”的教学、“学生”的回答、“教师”的惩罚——按电钮以及“学生”受到电击时的反应等都是通过电讯传导给对方。

4. 假电击。“教师”面前的给“学生”施以电击惩罚的电钮共有 30 个，最低的电击强度是 15 伏特，“学生”第一次答错了，“教师”先用 15 伏特电击加以惩罚，若第二次又回答错误，惩罚就再加上 15 伏特，依此累积。最高的电钮是 450 伏特，每四个电钮为一组，边上用文字加以标记，一共是七组零两个，依次标明为“弱电击”、“中等电击”、“强电击”、“特强电击”、“剧烈电击”、“极剧烈电击”、“危险电击”，最后两个用“×××”标记。

实际上这些电击都是假的，但为了使作为“教师”的被试深信不疑，一方面，实验者给被试接受一次真的强度为 45 伏特的电击，作为惩罚“学生”的体验。另方面，每当“教师”惩罚“学生”施以电击时，当“学生”的假被试受到假电击时，假装作出痛苦的反应。由于“学生”是假的,实验者令“学生”经常故意学不会,所以经常要挨电击,“学生”装做痛得已经发不出叫喊声,只能用脚敲打墙壁。这时当“教师”的被试就问实验者怎么办,要不要继续教“学生”。实验者用很淡漠而严厉的口吻说,他不回答就作为错误处理。于是“教师”惩罚“学生”后又教下去,“学生”又答错,“教师”又加码电击,“学生”既不回答,又不打墙壁,好像真的是痛得昏过去了。

(二)实验目的

米尔克拉姆的实验目的,是要知道有多少被试能服从实验者的要求,用惩罚的手段对付“学生”而一直坚持到最后一级;观察被试在执行实验者命令过程中所表现出来的紧张焦虑、歇斯底里的表情,以反映他们内心矛盾与冲突的程度。

(三)实验结果

一共有 40 人应征作为实验被试,都是男性,年龄为 20 至 50 岁,各种职业都有(中学教师、邮局职员、工程师、工人、商人等)。

实验结果是,有 26 个被试(65%)屈服于权威的压力之下继续施行电击到最后,但表现出不同程度的紧张和焦虑,其中有一被试在实验之前态度从容不迫,待人接物彬彬有礼,但在实验了 21 分钟之后,内心的矛盾与冲突越来越尖锐,几乎成为一个精神失常者,浑身抽搐,张口结舌,扭动手臂,自言自语道:“让我们停止实验吧!”但却还在继续按电钮,惩罚“学生”,直到最后。还有 14 个被试(35%)作了种种反抗,认为用电击去惩罚一个素不相识的人是很不人道的,他们抵制权威的压力而维持道德与良心。

米尔克拉姆的实验全部结束之后，把实验的全部真相告诉了被试，以消除给他们造成的不良心理影响。

（四）米尔克拉姆的进一步研究

后来，米尔克拉姆改变实验条件，继续作进一步的研究，目的是探讨服从行为受哪些条件的影响。

1. 探讨服从的客观条件的研究。米尔克拉姆控制了以下几个因素：

操纵“教师”与“学生”的距离因素。师生双方的距离分四等，各等距离均有 40 名被试参加，分析“教师”与“学生”距离的远近与被试服从的相关，结果是受害者（“学生”）越是靠近“教师”，被试越是拒绝服从。

操纵实验者与被试的关系这一因素。双方的关系分三种情况：实验者与被试面对面地在一起；实验者作出要求之后离开现场，然后通过电话控制被试；实验者不在现场，实验要求的指导语是由录音机播送。实验结果表明，在第一种情况下，即实验者与被试面对面的在一起时，被试服从的次数多于其他情况下的三倍。

操纵实验者地位的因素。在实验者的年龄、职务、权威性等不同情况下进行。结果表明，实验者的地位越高，被试用最高电压电击“学生”的人数也越多。

2. 探讨服从者主观条件的研究。米尔克拉姆让被试们在柯尔堡的道德判断问卷上显示出不同的水平。处于最高水平的第五、六阶段上的被试中，有 75% 的人拒绝权威命令继续用电击惩罚“学生”；处于第三、四阶段的被试中，只有12.5%的人拒绝继续电击。可见，道德判断与服从权威两者呈负相关，即道德判断水平越高，服从权威的可能性越少。

1966年，米尔克拉姆对被试进行了人格测验，发现服从实验者要求施加电击的被试，其人格特征有权威主义倾向。权威主义人格特征有以下几点：世俗主义，十分重视社会压力以及个人行为的社会价值；权威式的服从倾向很明显；权威式的攻击倾向也很明显，对于那些违反社会习俗与社会价值的人，主张严厉处罚；反对内省，强制压抑个人内在的情绪体验；迷信与刻板印象深，经常采用简单化的二分法的思想方法，常常表现为个人迷信与盲目崇拜；追求权力与强硬手段；对上级的绝对服从。

（五）对米尔克拉姆服从实验的评价

可以认为，服从这一社会心理现象是十分复杂的社会现象，尤其是对权威的服从，其中包括：权威是什么人，权威发出什么命令，当时的情境怎么样等，都受一定社会的政治、历史、道德、法律、传统习惯等社会文化因素的影响。单从心理学角度来研究人们对权威的服从，尚不足以说明人们对生活中权威命令的执行，故此研究似有社会问题心理学化的倾向。

社会心理学家从不同的角度讨论与评价了米尔克拉姆的实验。

有些社会心理学家认为，这个实验缺乏科学道德。认为实验者通过命令“教师”用电击惩罚“学生”以观察被试对权威的服从程度，这种方法并不可取，因为人们在服从过程中必然会引起心理上的矛盾与冲突，因此对被试来说，会造成紧张、焦虑、内疚等消极心理。虽然实验结束后实验者把事实的真相告诉被试，可以消除被试的不良心理状态，但不可能彻底消除。因此,这种方法遭到了心理学界的批评。多数人认为这是违反人道主义原则的,用电击惩罚无辜的“学生”不但在道义上是讲不通的,而且被试心理上会受到谴责。因此必须反对这种违反科学道德的实验。对此,也有持不同意见者,认为既然作为科学实验,就总会有牺牲,无论是医学的试验还是其他方面的试验,都会使被试验者或试验者在生理上、心理上受到一些损伤,古今中外都不例外。何况服从实验结束之后,实验者已向被试作了解释,被试心理上的矛盾与冲突早已在哈哈大笑之中烟消云散了。

有些人认为,实验者出示假目的(研究教师对学生学习的作用以及惩罚对学习的影响)的心理学实验,乃是对被试的欺骗行为,这也是违反科学道德的。但是多数心理学者认为,出示假目的是为了获得可靠的结果,并无恶意,也未危害被试身心健康,是可行的。

对于实验者通过广告公开征求被试的做法,社会心理学家也提出了异议。他们认为,由于被试是自愿报名参加的,而且还有 4.5 美元收入,可能被试会产生一种“迎合”心理,从而增加了服从的人数比例。也有人认为,实验取样未能做到随机化,可能缺乏代表性与普遍性,因此实验结果的推广价值不大。

但是,许多社会心理学家都认为,尽管这一实验有以上几个方面的不足,但也有许多可取的优点:

设计巧妙。实验采用假目的、假被试以及假电击,使被试的自我防御机能不能发挥作用,从而增加了实验结果的可靠性。

指标客观。根据被试施行电击的级别来说明其服从行为的程度,比较合理,有一定的说服力。

实验结果有一定的说服力。说明了历史上屠杀人民的罪魁祸首是反动派的决策人物,他们要负主要责任。而杀人的执行者——刽子手是次要的,但他们的罪责也是难逃的。

第十一章 利他行为

在我们的社会生活中有许多美好的东西，令人高兴，为之骄傲，人们彼此之间相互吸引与喜欢，相互帮助与关心，甚至是忘我的奉献，社会上出现许许多多的利他行为受到了人们普遍的赞扬。然而社会生活中见死不救的冷漠行为也时有发生。社会心理学研究产生利他行为的原因，以引导人们做出更多的利他行为。

第一节 利他行为概述

不同的心理学流派对利他行为作不同的解释。下面，从利他行为的定义、产生利他行为的原因等方面加以分析。

一、利他行为的定义

利他行为的最广泛的定义为提供时间、资源或能量，以帮助他人的行为。利他行为也称亲社会行为、利社会行为、助人行为等。不同的理论家对利他行为有不同的解释。

（一）社会生物学家对利他行为的解释

社会生物学家认为，一个团体中的成员在遗传上的关系越密切,则其成员之间的联系越稳定、越亲密,因此利他行为主要涉及团体选择与亲属选择。如不育的昆虫对生育的昆虫有显著贡献,这是一种团体选择,所谓团体选择是指团体成员有选择地帮助与自己有亲密关系的团体而不顾其他;若个体对于一个家庭有贡献,这是一种亲属选择,所谓亲属选择指个体有选择地帮助自己的亲属而不顾其他。社会生物学家还探讨不同生物品种之间的利他行为,认为即使接受者与施予者之间并没有密切关系,利他行为仍然可以发生。

(二)心理学家对利他行为的解释

许多心理学家都认为利他行为是一种不期望日后报答而出于自愿的助人行为。不期望日后报答的利他行为也有两种不同的含义:一是利他主义的行为,以助人为其行为的目的,即“我为人人”;一是报答性行为,因曾受人帮助而认为自己应该帮助他人,即因为“人人为我”,所以我要帮助他人。

总之,利他行为有四种特性:它是一种出自于自觉自愿的行为;以有益于他人为目的;不期望他人日后报答;利他者本身有所损失。

利他行为的本质在于是否期望报答的问题(如帮助他人为了领导表扬,为了日后的奖赏等),几乎所有的社会心理学家都认为行为者不怀有对外来报答的期望。但对于自我报偿的助人行为能否归结为利他行为,尚有不一致的理解。自我报偿包括自我强化,如满足、骄傲、愉快等的自我体验。多数心理学家认为,任何一种利他行为,追根究底都会有自我报偿的结果。总之,利他行为主要是指有利于他人而不期望外来报偿的行为,行为之后也可以产生自己报偿的结果。

二、两类情境的利他行为

利他行为有两类,一类是非紧急情境下的利他行为,另一类是紧急情境下的利他行为。

非紧急情境下的利他行为的特点:并无危害生命财产的威胁存在;日常生活中经常遇到的普通事例;情境中有明确的线索与信息,知道有人需要帮助;帮助他人不需要采取紧急措施。

这类利他行为在日常生活中十分普遍,如公共汽车上让坐,主动打扫公共卫生,义务照看邻居小孩等。这种利他行为偶然做一次是可以办到的,但要坚持下去也颇不容易。

紧急情境下利他行为的特点:有伤害人命与财物的威胁,有一定的危险性,付出的代价很大,甚至是自己的生命;不寻常的、少见的情境,人们缺乏经验;情境特殊,如失足落水、触电、抢劫、火烧等,需要用特殊手段去帮助别人;不能预见到的,无法事先制订计划,往往是措手不及的;紧急情境会引起生理上的应激状态,体内血糖升高,肌肉变得紧张有力,准备去战斗。

三、两种动机的利他行为

一些学者相信,利他行为有不同的动机,其中有些是明显的利己,例如,有人觉得帮助他人能获得奖励或避免惩罚;有人的利他行为有些微妙的利己,例如,帮助他人之后在自己心理上感到自慰;有些是纯粹意义上的利他主义,即为他人的幸福而助人,丝毫没有想到自己的利害得失。对于第三种动机的利他行为，有人怀疑它的存在，但也有人仍然相信它的存在，认为人们有时候确实只考虑他人的幸福而作出助人行为。

关于利他行为，历来认为有两种对立的动机，即自我利他主义与纯利他主义。过去，许多学者在区分利他行为是由外部动机或内部动机所驱使的问题上一般都未加争论，然而近年来，两种动机的分歧日益明显，争论的焦点在于人们有无纯利他行为。

巴特森指出，利他行为一般不图日后他人的报答，助人者看到他人处于困难处境时，会产生一种专注于自我内心焦虑或专注于他人的同情心理，由此产生两种动机的利他行为。一种是为了减轻自己内心的紧张和不安而采取的助人行为，这是自我服务性的，人们通过助人行为来减少自己的痛苦，使自己感到有力量，或体会到一种自我价值，这称为自我利他主义的动机；另一种是受外部动机所驱使，因他人的处境而产生同情，从而做出助人行为以减轻他人的痛苦，其目的在于他人的幸福，这称为纯利他主义动机。

上面说过，许多心理学家都认为，任何一种利他行为，归根结底都会产生自我报偿的结果，这有积极的意义，因为助人行为之后产生自我报偿是一种自我强化，是自己对自己的助人行为的肯定，如愉快、满意、自我欣赏等，这样就能使自己在日后作出更多的利他行为，于自己于他人都是有益而无害的；至于所谓为了减少自己的焦虑与烦恼而作出的利他行为，虽然其动机不很高尚，但从中也可以反映出他愿意做好事的良知与社会责任感，同样值得提倡。

四、利他行为的理论

关于利他行为的理论，主要有先天论与动机论等两种。先天论认为利他行为是先天遗传而来的，动机论则认为利他行为是由价值取向所决定的。诸种理论从不同的侧面来解释与分析利他行为产生的原因。

（一）先天论

先天论认为，人们的利他行为是先天决定的。威尔逊指出，利他行为是遗传得来的，它是"人类的本性"，是天生的部分，并在人类生存中起着重要作用。弗里德曼指出，利他主义行为的本能论是有积极意义的，它与当代人本主义心理学家的思想相吻合，即对人类的本性有着很积极乐观的看法。利他行为先天论的观点有可取之处，因为既然侵犯行为由遗传而来，而利他行为也可由遗传而来。

威尔逊举出了许多动物行为的实例，认为这些动物行为与人们所表现出来的利他主义行为有着许多共同之处，人类与动物都具有利他主义的行为倾向。因为从利他主义内涵里，任何不指望报答的有利于他人的行为，都可以称之为利他主义行为。例如，在白蚁群中，兵白蚁面对危险走在其他白蚁前面来保卫巢穴，抵御入侵者，许多兵白蚁为了其他白蚁的生存和巢穴的安全而死去；蜂群中，工蜂采用蜇针叮入侵者的办法来攻击入侵者，蜇针扎入了入侵者以后，蜇针就留在对方体内，而工蜂自己则慢慢死去，这样，工蜂以自己的生命来换得蜂群的生存；南非狒狒对外来的威胁有一种独特的反应方式，居支配地位的雄性狒狒站在外边最公开暴露的位置，并且可能冲向入侵者，另外，当一群狒狒撤离危险区时，这些雄性狒狒会留在最后，以保护其他同类；在许多动物中，双亲在它们的幼仔受到威胁时会牺牲自己，这在鸟类中最明显，它们总是及时采取措施使自己的后代免遭危险。

以上列举的动物的行为是否与人们的利他主义行为具有同样的性质？表面看来似乎相同，然而最本质的区别在于，动物的利他主义行为是先天的本能，动物没有意识，而人类的利他主义行为给自己带来的甚至有生命危险的后果，是清醒地意识到的。当然，利他主义的先天论提出了有积极意义的一面，因为动物尚且能够冒着生命危险去帮助同类，它们全然不顾自己的生命安危，那么人类也能做出许多助人行为，以帮助人类自己免受危险。

（二）动机论

斯陶布提出了动机理论来解释利他行为产生的原因。在社会化过程中，受外界影响而逐渐发展起来的价值观，特别是利他行为的价值观，是人们作出利他行为的主要动机。斯陶布提出的利他行为的价值观包括三方面的问题，即对人类助人行为的积极评价，对他人福利的关心和重视，对他人幸福的个人责任感。

动机论认为，人们在社会发展中形成了许多动机，使其行为的目的在于追求某种期望。人们的动机是潜在的，在一定的条件下可以被激活、被唤起。当这种动机处于潜在状态时，根据它们对个人的价值或重要性大小而依次排列，外界情境可以同时激活一个两个或多个动机，如果被激活的动机不只一个，就产生了动机之间的冲突。而利他行为价值观则是助人和不伤害他人的动机。斯陶布研究发现，利他行为价值观越强，人们做出的助人行为就越多。

动机论认为，利他行为的价值观体现为两种性质的动机，一是作为利他主义的无私的动机，其目的在于帮助他人，是以他人为中心的。二是以规则的道德观为特征的动机，其目的在于坚持行为规范。由于这两种动机性质不相同，故对于行为产生不同的影响。此外，同情心也是利他行为的动机之一。

动机论认为，动机转化为利他行为，除了动机之间的冲突与斗争外，还受其他因素的影响。其中能力是重要因素，个体如果看不到完成助人目的的可能性，其动机就不可能被激活。有三种能力是非常重要的，一是对于有关事件和成功地达到助人能力的一般态度，二是在特定条件下制定行动、计划产生助人行为的指导能力，三是以某种方式行动的特殊能力。例如，游泳是抢救落水者的一项特殊能力。

总之，利他行为的动机理论提供了一个分析和预测利他行为的方法和思路。在特定情境下，通过综合考虑各种动机因素，有可能对利他行为作出较为合理的解释。但是，该理论主要在于提供利他行为的原因分析，如果在实际生活中存在几种同样重要但彼此不同的动机时，很难认为是某种动机处于支配地位，故该理论仍然不够具体。

第二节　影响利他行为的因素

利他行为引起了不少社会科学家和生物学家的兴趣，为什么在社会生活中普遍发生助人行为？有些学者认为人基本上是自私的，但大部分学者对此持不同意见，因为发现许多人的利他行为都是出于自愿的，利他行为以后心情十分舒畅。研究表明，影响人们利他行为的因素很多。

一、个人因素

利他行为的个人因素包括认知、同情、情绪以及其他方面的个人因素。个人因素是促进利他行为的内因，是起着决定作用的。在同样的外在条件下，由于个人因素不同，有人可能作出利他行为，而有人却可能未作出利他行为。

（一）认知

认知因素包括认知归因和公平动机等方面。

维纳指出，面对失去能力而需要获得帮助的人，人们是否愿意去帮助他，主要通过认知归因来决定。例如，人们更乐意帮助一个病人而不是醉汉，因为生病是无法自己来控制的，而喝酒是可以自己控制的。因此，认知归因是助人行为的中介因素，如果认识到他人的困难是自己无法控制的，就给以帮助；反之，则助人行为受到抑制。

维纳设计了两种情境，以书面形式呈现给被试阅读。

1. 下午地铁的车厢里有许多乘客，其中有一个人抱着车厢的柱子前后晃动，终于倒在地上，他口袋里有一瓶酒，还散发着酒气，显然是个醉汉。

2. 地铁车厢里有许多乘客，其中有一个拄着拐杖，突然倒在地上，他显然是个病人。

让被试表示上述两个情境中愿意帮助哪一个。结果被试对病人产生了同情，认为应该给予帮助；而对醉汉产生愤怒，认为不该帮助。后来的研究重复了这类实验,都得到了相同的结果。

个人的公平动机也会影响其助人行为。人们往往有这样一种看法,从长远的观点看,一切都是公平的,现在别人能够得到他所需要的东西,说不定以后自己也会得到的,深信彼此的机会都是公平的。所以现在帮助别人,以后别人也会帮助自己,如果现在别人有困难自己能够帮助他,也许以后自己有困难,也会得到别人的帮助。人们就是在这样的认知条件下作出助人行为。

(二) 移情与内疚感

移情是设身处地以他人的立场去体会当事人的需要和痛苦等心理感受,即所谓将心比心,从而产生助人行为。

有学者设计了一个实验,让被试有机会代替一位害怕电击的妇女去接受电击,比较在两种不同情境下被试代替妇女接受电击的比例。一是让被试直接观看妇女接受电击(不回避组),二是让被试不去观看妇女接受电击(回避组)。同时告诉被试,其中一些妇女和他具有共同的兴趣、爱好以及价值观,另一些妇女则不是。这样就控制好了移情的条件。

实验结果表明了移情对助人行为的作用。(1)两组被试在高移情条件下,代人受过的比例都很高,回避组为90%,不回避组为82%;(2)不得不观看妇女接受电击的被试(不回避组)在两种移情条件下,都较愿意代替那位妇女受过;(3)被试在不观看妇女接受电击(回避组)的情况下,只有"高移情"的被试才愿意代人受过。研究者认为,前一种被试可能认为这是唯一可以减少自己内心焦虑的办法,而后一种被试由于他回避了妇女受电击的情境,未能亲眼目睹妇女遭受痛苦,他们代人受过的原因不仅是减少了自己的焦虑,而更主要的是考虑那位妇女的幸福。

内疚感往往会导致赎罪。研究表明,有内疚感的人比没有内疚感的人,更有可能产生助人行为。卡尔·史密斯令一组被试电击他人(实验者的同伙,其实是假电击)而产生高度内疚感;令另一组被试发出噪音以影响他人安宁而产生低度内疚感,然后要求两组被试去帮助他人。结果表明,高度内疚感的被试(电击他人)所作出的助人行为多于低度内疚感的被试。还有一些研究都得到了相同的结果。

(三)情绪

人们当时的情境状态也是一种主观情境。社会心理学研究表明,人的情绪最能影响他的利他行为。一个人心情愉快的话,往往容易产生利他行为。艾信以中学教师为研究对象,先让其中一半人获得愉快情绪,另一半人获得懊丧情绪。然后比较两类教师所发生的利他行为的多寡。具体过程是这样的,请他们制作一项测量运动技能的仪器,工作结束后,实验者让一半教师知道自己做成功了——成功组,让另一半教师知道自己做失败了——失败组,由此造成他们两种相反的情绪体验,最后有人(实验者的合作者)请两组教师捐款,把钱用来给一所中学安装实验设备,结果成功组教师由于心情愉快而平均每人捐了4美元,失败组教师由于心情懊丧而平均只捐了0.7美元。实验结果表明,成功经验会提高人们的愉快感,这种愉快感有扩散作用,所以比较愿意帮助他人。

（四）其他个人因素

其他个人因素指身份特点。身份特点包括性别与年龄。心理学研究表明，一些需要较大体力的助人行为，女性不如男性那样主动。在其他方面的助人行为无性别差异。

利他行为与年龄有一定的关系。厄盖赖尔等人曾做过一项实验，让4—16岁儿童分核桃，核桃是单数，5、7、9、11、13、15个，要被试和另一儿童分。发现他们有三种分法：(1)丢掉一个成偶数后两人平分；(2)给自己多分一个；(3)给对方多分一个。研究结果是，自私行为随年龄的增长而减少，4—6岁儿童有67%是给自己多分一个，9岁左右有23%的儿童是自私的，12岁以后没有一个儿童表现出自私行为。格林等人则测验100个5—14岁的男孩，要求他们将糖果分给其他孩子以及帮助成人捡拾铅笔。研究结果表明，分糖果与捡拾铅笔的行为与年龄呈正相关。

斯陶布通过实验发现，儿童的利他行为随年龄而下降。他的实验以幼儿园儿童及小学一、二、四、六年级学生为研究对象，让他们分别单独一人或两个人在实验室内画图，实验者均不在场，当时设置了新的情境，实验者用录音机在隔壁屋子里放出女孩子摔倒的哭叫声，实验者通过观察窗观察被试是否出去报告，相隔多少时间去报告，结果是二年级学生出去报告的人数最多，六年级最少。

初看起来，这一结果与前一实验结果似乎有分歧，实验者对自己的研究结果作了分析，认为年龄大的孩子接受社会规范的教育多些，其行为往往受到社会规范的约束，所以他们虽然都听到女孩的哭叫声，但不敢马上放下手中的工作而随便行动,因此不能认为年龄越大利他行为越少。可以认为,这一分析也有一定的道理。总的说来,利他行为与年龄成正比,随着年龄的增长,其人际关系也日趋复杂,彼此之间的相互影响也日益增多,更加懂得帮助他人是合乎社会规范的道理。

不过,从另一角度来看,年龄的增长不一定使利他行为相应增多。因为年龄越大,心理活动更加复杂,不像孩子那么单纯无邪。但能否帮助他人,还要结合其他因素。

二、情 境 因 素

人们的利他行为与当时情境有关。如果人们看到别人都在做好事情,为他人服务,就更加能激发自己也去做好事,这可能是一种从众行为,也可能是模仿或受暗示。伯曼1978年在蒙太纳大学以大学生为被试,实验者给一组学生看有关帮助人的电影,另一组不给看有关电影。两星期以后,实验者安排其同伙与被试两人一起散步,途中突然发生了意外事件——一个男子昏倒在走廊上(假装的),实验者同伙假装未发现此情,观察被试的反应,结果前一组被试(看过助人方面电影的)中有43%的人产生了助人行为,后一组被试只有23%的人产生了助人行为。

这一实验人为性很大,也很费人力与物力。其实,生活中许多事实都可以证实,有些人的助人行为是受了他人的启发。本实验的数据仅供我们参考。

布赖恩等人发现,人们看到别人捐款给募捐小组,他们自己也会纷纷把钱捐出来。

三、被帮助者的特点

被帮助者的特点主要指性别、年龄、仪表等。兹分述如下：

性别。大部分研究发现，女性被帮助的机会多于男性，原因可能因为男子在体力上比女子强，而且社会规范强调，身强力壮的人应该帮助弱者。

年龄。老年人与幼儿都能比较多地得到别人的帮助。

仪表。莫盖恩发现，人们的穿着仪表也是影响别人是否愿意帮助他们的因素。如果一个人穿了奇装异服，招摇过市，当他发生困难时，就较少获得别人的帮助与同情，往往是认为他自作自受，帮助这种人不会获得精神上的自我安慰。

四、社 会 文 化

利他行为受当地社会文化的价值观与行为规范所影响，属于同一社会文化的成员一般都具有相同的价值观，并遵循着同样的行为规范。所以不同文化背景的人们，其利他行为也有区别。

第三节　紧急状态下的冷漠行为

一、冷漠行为概述

冷漠行为是指在紧急、危险的情况下，个人明知他人受到生命和财产的威胁而需要得到自己帮助时，却持坐视不救、袖手旁观的态度。例如，看到河里失足的人在那里挣扎，快要淹死，是否去救他？看到马路上正好有歹徒在行凶，是否去抓坏人？学校校舍突然起火，火势很旺，是否去救火？如果对这些紧急事态采取漠不关心的态度，那就是冷漠行为。

1964 年 3 月 14 日，美国《纽约时报》报道了一则杀人消息，被杀的是一个妇女 G，出事地点在她家的附近。由于被杀者奋力反抗，谋杀者前后用了半小时将她杀死，案发后半个小时才有人去报告警察局。被杀者住地周围有 40 多个邻居，都听到妇女 G 的呼救声，但却没有一个人出来干涉，表现出旁观者的冷漠行为。

美国社会心理学家达利等人立即进行了调查，想要弄清楚冷漠的旁观者当时心里是怎样想的，归纳起来有以下几种：害怕暴徒用刀子捅自己；如果参与干涉之后，怕法院来查询时要自己去作证，就会花费许多时间，或者产生其他的牵连；由于情况是突然发生的，思想上准备不足；可能是一场虚惊，并无其事，若没有发生谋杀事件，而自己贸然去救人，太冒失，会被人笑话。

其实，上述第一种原因是主要的，第二种原因是次要的，第三、四种原因是借口。

二、冷漠行为的旁观者作用

在情况紧急之时，歹徒行凶杀人，失足落水者大声呼救，房屋失火等事件呈现在人们眼前，人们为什么会抱着事不关己的态度呢？

达利等人在 20 世纪 60 年代末作了一系列的实验研究，

根据实验结果，发表了题为《毫无反应的旁观者》、《紧急情况下旁观者的作用》等论文，指出这类现象是毫无关系的旁观者介入突发的紧急事态的过程，发生了旁观者的作用。

达利等人分析了影响助人行为的许多因素，认为其最重要的因素是“他人在场”的影响，由于他人在场即旁观者在场而抑制了人们的救助行为。他们怀疑正是由于众多的目击者在场，才导致妇女 G 的死亡，由于出现紧急事态而有众多的旁观者在场时，人们才产生了冷漠行为。达利等人指出，旁观者在场发生的作用有以下几种。

（一）旁观者起观众作用

当有其他人作为旁观者在场时，个人的行为会比没有其他人在场时产生更多的顾虑，特别是在不清楚旁观者将怎样评价自己的行为时，不愿意在众人面前处于尴尬的地位。如果并非发生紧急事态而自己却采取了紧急事态的行动，将会被众人取笑；如果自己的游泳技术不好，也不会作人工呼吸，这时贸然下水去救人，将会使自己在众人面前丢脸，因此表现得犹豫不决，从而抑制了自己的救助行为。在这里，旁观者起了观众作用。

（二）旁观者起榜样作用

当个人处于难以作出决定的犹豫状态时，或当时的情景模糊不清而难以作出判断时，就会观察旁观者的行为来帮助自己的判断，并以旁观者为榜样，采取和旁观者一致的行为。如果周围的人都无动于衷，并未采取任何行动，就理解为旁观者认为没有必要去帮助。就在旁观者一致不动的情况下，个人会从众，于是出现坐视不救的局面。

研究者指出，在这些情况下，一个重要因素也许是个人如何解释正在发生的一切。人们关于情境的理解，似乎很大一部分依赖着其他人如何反应。如果听到有害怕地大叫“着火啦”，又看到一些人正在逃命，就认为一定是着火了，也会尽快地逃出去。如果每个人依旧坐着，那就认为叫声是在开玩笑，也会仍然坐在那里。

研究者指出，有时候人们听到呼救声，也认为呼救的人不一定真正需要帮助，因而不愿下决心去帮助。甚至在上述妇女G受害事件中，听到她呼救声的人们也许不清楚呼救的原因，或者把呼救理解为夫妻争吵，认为不该去打扰，这种情况是很普遍的。

（三）旁观者起责任分散作用

在紧急事态中，如果只有一个人在场，那就责无旁贷，会使他采取助人行为。而周围有了许多旁观者，大家相助的义务均等时，即救助别人的责任分散了，摊到每个人身上的责任减少了。如果一人在场则救助责任就是100%，而如果有100人在场则救助责任就减少到1%。那时候，个人见危不救所产生的罪恶感、羞耻感和责任感就大大减轻了，反正在场的人都有责任，自己不介入，外来的责备压力很小。研究表明，在场的人数越多，个人助人的可能性越少。

研究者还分析了影响个人介入过程的其他因素，如被害者的特征、旁观者与被害者的关系等等，他们认为这些因素不是主要的，而且也不取决于个人品质或者是社会的道德规范，他们坚持是由于旁观者的存在，才导致了人们在紧急状态中的冷漠行为。

可以认为，达利等人对人们的冷漠行为决定于旁观者存在的观点，强调得太过分了，个人的道德品质好坏才是决定是否产生冷漠行为的主要原因。有些人私心杂念严重，他们在公开场合下，明明看到危害社会治安的坏人坏事却不敢挺身而出。有些人对于他人助人的高贵品质与高尚行为还要泼冷水，讽刺挖苦。例如陈燕飞在怀孕的情况下抢救投河自杀的妇女，当时在场的人很多，可谁都不愿下河去救人，还有人冷嘲热讽地说什么"又一个女英雄出来了"。社会生活中的许多事例充分说明，个人是否产生冷漠行为取决于本身的道德水平和信念。冷漠行为的核心是保护个人的自身利益。具有冷漠行为的人并不是与世无争，当其个人自身的利益受到损害时，就不表现为冷漠。

三、产生冷漠行为的主观原因

达利等人的研究有助于解释紧急情况下的冷漠行为。但他们只强调了产生冷漠行为的客观因素(旁观者的在场)，但未将主观因素考虑进去。在通常的情况下，主观因素与客观因素交织在一起，共同影响紧急情况下的冷漠行为，有时候，主观因素可能起着更重要的作用。

(一) 个人付出代价的权衡

人们在作出救助行为之前，首先要估量一下自己所付的代价，代价越大，则越有可能不救助。

1. 消耗自己的时间与精力有多少。例如，出车祸后送受伤者去医院，有时可能还要送受伤者回家，作为目击证人上派出所为受伤者作证明等。但若自己不去救助受伤者，可能会受到舆论的谴责和良心的谴责,因此,不去救助受伤者,自己也要付出代价。个人就是在两种代价之间进行衡量,作出避重就轻的决定。

2. 担心个人的安全。面对歹徒持刀行凶,若挺身而出很可能会遭到坏人的毒手,甚至会伤命。这就是说,在紧急状况下,救助他人要冒着极大的个人风险。据《人民日报》1988 年 5 月 12 日报导,有一位刘桂常女士目睹火车车厢里歹徒行凶时,她振臂高呼:“警察来了!”吓跑了歹徒。但当歹徒发现“平安无事”而卷土重来并搜寻高声喊叫的人时,她见无人掩护赶快戴上帽子、口罩装作下车样子匆匆地离开了车厢。刘女士既为自己振臂高呼而得意,也为自己的怯懦而羞愧。《人民日报》编者写得有道理:“歹徒在光天化日之下行凶,一般是心狠手毒,不计后果。仓促之间,要求手无寸铁的旁观者挺身而出,与歹徒展开生死搏斗,应该说,是一个很高的要求。它唤起人的良知、觉悟、正义感和社会责任意识。”

(二) 个人对受害者的认识

认识伤害的严重性与人们的救助行为也有关系。有学者作过研究,发现被试干涉坏人偷窃他人财物的可能性大小,与被偷财物价值大小有关,两者成正相关,即当被偷的财物越是贵重,被试干涉的可能性越大。值得注意的是,无论别人被偷的物品贵重与否,女性被试都表现出较高的干涉行为,占 80.7%,而男性被试仅在被偷物品较贵重的情况下有干涉行为,占 51.1%。

在紧急情况下,个人是否进行救助,还要视其对受害者求助线索的觉察。有些人总是在觉察到受害者要求帮助的情况下才提供救助。语言表达与目光注视是受害者向助人者发出求助的线索，如果人们对这些信号未能注意到，则不可能发生救助行为。

（三）个人受当时情境的影响

个人的救助行为也受到当时情境的影响。以抢救溺水者为例，如果当时有六位旁观者，其中只有一人是年轻男子，其他五位都是女性，这位年轻男子就不大可能因为有其他五位女性的在场而推卸自己的责任，减低其助人动机。因为在这种场合下救助的责任自己将义不容辞地担当起来。又如在大街上不止一人在追捕歹徒，过路的人也会跟上去追赶歹徒而不是袖手旁观。

《人民日报》1988 年 8 月 12 日报导了成都一女学生在众目睽睽之下溺毙的消息，第二天(8 月 13 日)又用大字标题报导了“成都街头正气歌”，反映的是一位出租汽车司机被暴徒劫持后，机智地在闹市区高喊“抓坏人”，暴徒击伤司机的枪声惊动了周围的人们，一群人围了上去，暴徒夺路而逃，这一群人紧追不舍， 位交通民警冲在最前面，一位工人被暴徒开枪打死，罪犯最终被擒。同样在成都市，同样是成都市的市民，时隔一天，在紧急情况下人们表现出不同的态度，这是受当时情境的影响。因为追捕持枪的歹徒，虽然有生命危险，但有见义勇为、奋不顾身的一群人和民警冲锋在前，以及其他公安人员的参加，他们的行动起了暗示作用和榜样作用。

第十二章 侵犯行为

在社会生活中,人与人之间发生着互动作用,既有相互支持、相互帮助,也有相互排斥、相互对立、相互侵犯。可以认为,凡是有人类的地方,上述现象是不会绝迹的,如何正确认识侵犯行为的实质,有效地减少人们的侵犯行为,对于整个社会、家庭以及个人,都是十分必要的。

第一节 侵犯行为概述

一、侵犯行为的定义

所谓侵犯行为是指故意对他人产生伤害结果的行为。伤害包括物质的伤害,如生命的毁灭、肢体的残害、财物的掠夺以及精神性的伤害,如指责、诽谤、讽刺而伤及个人的尊严。依据这一说法,只要一个人的行为导致伤害他人身心的结果,就可以称这个人为侵犯者。但这一行为必须是故意的。

在拥挤的街道上,你的脚被人踩了一下,你痛得正要反击,但看到踩你一脚的人,因为闪避掉落的广告招牌使身体失去重心而踩上了你,一句“对不起”马上捻熄了你的怒火,你不会视这个“伤害”到你的人为侵犯者。相反，一个蓄意杀人的人尚未伤及他人，我们会把他视为有潜在危险的侵犯者。因此，判断一个人的行为是否侵犯行为，必须分析其动机，了解其意图。

二、侵犯行为形态的分类

侵犯可以根据几种不同的标准加以分类。

（一）侵犯行为的强度

根据侵犯行为强度的大小可分为轻微、中等与极端的侵犯。轻微程度的侵犯常见于学校操场上近乎游戏性质的学生混战；中等程度的侵犯伤害了受侵犯者，但不致使对方残废或丧失生命；极端强度的侵犯则很可能剥夺对方的生命，或使之残废。

（二）侵犯行为的目的性

从目的来分，侵犯可以分为工具性侵犯和敌意性侵犯。工具性侵犯是侵犯者以侵犯为手段以达到满足自己私利为目的。例如，强盗拦路抢劫，为了抢夺钱财而动刀。这种侵犯行为的目的，不是为了使对方身心健康受伤害，而是把侵犯行为作为达到其他目的的手段；敌意性侵犯是故意伤害他人，侵犯的目的就在于使对方不幸。

此外，独断与敌意也可以看作为一种侵犯。因为独断地坚持自己的主张可能会伤害到他人的尊严。敌意与侵犯性的关系非常密切，只是敌意的表现非常隐蔽，可能是一种间接侵犯，以别于身体与口头的直接侵犯。

（三）产生侵犯行为的原因

产生侵犯行为的原因主要有以下几种。

个人需要未被满足。凡是妨碍个人需要满足的对方会遭到侵犯,侵犯的矛头有时指向直接妨碍其需要满足的他人,有时侵犯行为表现为迁怒他人,或乱发脾气,或乱扔东西;有时侵犯行为指向本人,表现为自杀。

已经形成的侵犯习惯。人们在社会生活中形成了不良的侵犯习惯以后,变成了个人的性格,因此,往往为了一点小事动辄侵犯他人,无事生非,意气用事,逞能逞强,称王称霸。

报复。个人过去曾经受过他人的侵犯,为了报复他人而发生侵犯行为。

第二节　侵犯理论

对于侵犯问题,不同的学派给以不同的分析。精神分析理论和动物行为学认为侵犯是一种本能行为,挫折—侵犯理论认为侵犯是一种反应,社会学习理论认为侵犯行为是由学习而来。

一、本能论

对侵犯持本能论观点者以精神分析理论和动物行为学为主要代表。

(一)精神分析理论

弗洛伊德认为人有两个主要的本能,一是维护个体生命以及繁衍种族生命的求生本能,一是追求回归极乐世界的求死本能。但是人们生存本能的力量要强于求死本能的力量,以自身为毁灭目标的求死本能可以转移而变成以他人为毁灭目标，这就是侵犯本能的由来。

弗氏认为，侵犯本能的能量来自身体新陈代谢体能的蕴生，因此侵犯力量就像源泉出水一样，不断地潺潺而生，应该不断地给以宣泄的机会。应付侵犯本能的方法有二，一是利用社会认可的剧烈活动，如球赛、游泳、打拳等加以宣泄；另一是依靠社会文明及道德的发展，增强个人的内在自制力。弗洛伊德的理论是通过治疗心理异常者的治疗实践而发展起来的，因而解释范围在于心理病患者，不能简单地扩展到正常人，但他提出的应付侵犯本能的方法有可取之处。

（二）动物行为学理论

动物行为学的代表人物洛伦茨持有本能生物学观点。他认为侵犯是动物（包括人在内）固有的生存本能，动物伤害他者的行为可分为掠食行为与斗争行为，前者常见于异种动物之间的弱肉强食行为，后者则常见于同种动物之间的权力阶级的分化行为。

动物的掠食行为包括有接近、攻击、杀害与撕啃被害者等反应动作，其目的是为了一饱饥腹，是一种本能行为，也是工具性的侵犯。洛伦茨认为动物的掠食行为不同于一般人所理解的侵犯，这种行为是为了求生存而行动并不带有情绪，近乎自动性反应。故从动物的掠食行为推论到人的侵犯行为是很不恰当的，但从动物的斗争行为比从动物的掠食行为或许较能帮助我们了解人类的侵犯。

就动物而言，领域行为具有多种生存的功能，如避免群居的个体太密集而过量消耗有限地区的食物来源。动物利用威吓和侵犯来划分势力范围，也靠固定的领域以减少同种动物之间的相互残杀。一般支配阶层高的动物占有较大的空间，而身处自己领域之内的动物，即使它的支配阶层低，也会反击任何侵入自己领域的其他动物。

洛伦茨观察像鸡、猴、猿等动物社会，发现它们也具有一种典型的社会结构与组织形态。共居于同一空间范围之内的动物，有明显的权力划分现象，一个个体的权力高低，反映在分配食物与选择交配对象时的优先顺序，以及占有的空间领域的大小与优劣。权力的划分是以彼此间争斗之后的结果来决定，从而使支配阶层出现了分化。

洛伦茨指出，人类社会中的支配阶层分化与动物不同，决定动物分化阶层的是生物因素，如体型、力量、性别等，而人类分化阶层的决定因素是社会因素，如财富、技能、年龄、家庭背景等。洛伦茨认为，人类的侵犯行为与动物不同，因为人除有侵犯本能外，还有天生固有的抑制本能，人本是较温驯的动物，其齿、牙、爪无一可为凶器，无奈随着科技文明的发展，人能够制造出各种凶狠的利器，结果其抑制本能被抑制，而侵犯本能却得到高明的装备，致使人类成为最具危险性的动物。

本能论指出了人类侵犯性的生物学原因，有一定的合理性，但试图用本能的观点解释人类所有的侵犯行为，忽视了人类社会本身的内在规律，因此他的观点是站不住脚的。

二、挫折—侵犯理论

（一）早期观点

1939 年多拉德等人提出了挫折—侵犯的假设，他们将个体本身的经验融入侵犯行为的表现中，认为侵犯是由于个体遭受挫折所引起，挫折是指个体指向目标的系列行为受阻挠的情况。这一早期的挫折—侵犯假说，包含了两个要点：一是侵犯的发生都有挫折为前提条件；另一是任何挫折事件都会引发侵犯，但也承认，个体对惩罚和报复的恐惧会压抑侵犯行为发生的可能。

关于侵犯行为的强度，制约于以下三个因素：

1. 侵犯的强度与目的受阻的强度成正比例关系。

2. 抑制侵犯的力量，与该侵犯可能受到的预期惩罚的强度成正比例的关系。

3. 挫折强度在不变的情况下，预期惩罚越大，侵犯发生的可能性越小。如果预期惩罚不变，则挫折越大，侵犯越可能发生。

挫折—侵犯理论在社会生活中得到了印证。19 世纪末 20 世纪初，在美国南方连续发生了白人私刑处死黑人的暴力事件。常有一群白人暴民涌向监狱，架走了事实上并没有犯罪证据的黑人嫌疑犯，施以拷打酷刑和吊刑。哈夫兰特检验了 1882 到 1930 年之间，美国南方经济状况与私刑处死黑人之间的关系，经济状况越差则私刑处死黑人的次数越多。当时棉花是南方最主要的经济作物，故以棉花的销售价格当作经济状况好坏的指标，他们发现，当棉花价格低时，私刑的次数就多，当棉花价格高时，私刑的次数就少。可见，经济上的挫折导致侵犯倾向的增强，在种族歧视严重的美国处于弱势的黑人成为白人遭受的挫折的替罪羊。

有些实验支持了多拉德等人的假说。凯利等人要受试者拖拉一个把柄以取得钱的酬赏，但是在拖拉过程中，如果听到声响,必须用手轻轻地按一个钮,或用很大力气敲击一个垫子,以停止声响。当受试者拖拉把柄可以获得钱时,他们都偏好选择不必用力的按钮动作中止声响。但当实验者取消钱的酬赏时,他们则用力敲击垫子中止声响。研究者认为,受试者预期得到酬赏却没有得到,就是一种挫折,而异乎平常的用力动作也可以作为侵犯行为的指标。

(二)挫折—侵犯行为的修正

多拉德等人的观点遭到了一些学者的批评,认为挫折只不过是引起侵犯的一个可能原因。例如,有的人为了权力、财物而加害于他人,他的侵犯行为是为了达到某一目标的工具性手段,并不是由于受到挫折后的报复行为。又如,有的人在群情激昂的团体中,往往会激发起侵犯的行为,士兵在服从权威命令的情况下去残杀无辜的人们。反过来看,侵犯也不过是相应于挫折的一种可能反应而已。当受挫折的人,发现伤害到他的人,是由于意外事件而不是故意的,或者是个精神病患者,他可能会抑制自己的侵犯行为。

两年之后这一学派的理论作了修正,认为"挫折产生之后可以引发多种不同反应的激动状态,其中一种反应是侵犯"。他们把认知因素纳入挫折侵犯的假说之内,认为挫折所引起的,乃是一种未分化的唤起状态,如果在一定的情境下,没有给予有关的认知因素,侵犯行为未必会发生。总而言之,他们修正之后的观点认为,挫折是引起侵犯的一个可能条件,但并不是唯一条件。一般来说,公开的侵犯行为不容于社会,因此人们往往会改变策略而抑制住自己的侵犯行为。

三、社会学习理论

社会学习理论的代表人物是班杜拉及其追随者。他们认为侵犯是习得的。

(一) 侵犯可以通过强化来培养

沃尔特斯做了一项经典实验研究，表明通过激励儿童的侵犯行为，可以明显增加儿童的侵犯倾向。实验把儿童分为四组。第一组儿童每次拳击玩具娃娃都能得到一个有色玻璃球作为奖励;第二组儿童则间接获得同样的奖励;第三组没有外加奖励，只有被拳击的玩具娃娃会闪闪发光;第四组儿童为无强化的控制组。

实验两天后，随后的处理是用巧妙的方式引起被试的挫折，然后安排被试同一个未参加实验的儿童玩一系列的游戏，看被试是如何解决游戏中出现的矛盾。结果发现，在对玩具娃娃的推、踢、撞、拳击、拽头发等侵犯性行为表现上，各个奖励组被试的侵犯行为明显多于其他组。

上述实验表明，侵犯可以通过强化来培养。

(二) 侵犯可以通过观察学习而获得

班杜拉指出，人们可以通过观察他人的行为表现而学习到这种行为，侵犯可以通过观察学习而获得。班杜拉进行了一系列的实验研究，证明通过观察榜样的侵犯行为，儿童就能学习到侵犯行为。

班杜拉的实验是这样的:他们让儿童与一个成人一起呆在一间屋子里，屋子里有一个高约 1.5 米的充气娃娃。与儿童在一起的成年人把注意力投向充气娃娃身上，对其实施长达 9 分钟时间的暴力侵犯,不仅拳打脚踢,而且还骑到娃娃身上,使劲用木棍抽打,侵犯的同时,嘴里还不停地叫喊:“打倒它”。与成人在一起的其他儿童一直看成人如何对玩具娃娃实施侵犯;实验者安排另一些儿童与一个成年人在一起呆在另一间屋子里,屋子里也有一个充气娃娃,还有一些其他玩具,成年人并不对充气娃娃实施侵犯,却静静地去装修其他玩具。这个研究的前部分儿童就是实验组,后部分儿童就是控制组。

然后让每个儿童单独留在游戏室 20 分钟,室内除其他玩具外,有三个充气娃娃。研究者观察这些儿童如何对待充气娃娃。

实验结果发现,实验组儿童模仿了成年人的许多侵犯行为,对充气娃娃的侵犯远远多于控制组,两组差异十分明显。下表为该研究的具体结果。

表 12-1　儿童观察不同榜样后的侵犯行为

组　　别	榜样行为	侵犯行为总量	
		身体的	语言的
实验组	侵犯的	12.73	8.18
控制组	中性的	1.05	0.35

进一步研究还表明,不仅直接的观察学习可以使儿童学习到侵犯行为,通过大众媒介(例如暴力电视)实现的间接学习,也可以使儿童接受到同样的影响。

(三) *再学习过程可以减少侵犯*

社会学习理论认为,侵犯行为既可习得,也可以通过新的学习过程予以消除。

班杜拉的一个实验是这样安排的。研究者让儿童看一部5分钟的电视片,内容是一个孩子命令塑料娃娃扫地,塑料娃娃当然没有反应,然后这个孩子用各种侵犯行为惩罚塑料娃娃,边打边喊。

看完电视后,研究者将儿童分成三组。第一组是奖励组,让这组儿童继续看一段电视,内容与前一段电视连贯,描述电视片中孩子侵犯塑料娃娃后,进来一个成年人,不仅口头赞赏孩子的侵犯行为,而且给予糖果作为实物奖励;第二组为惩罚组,也继续看电视片,内容换成进来的成年人对侵犯塑料娃娃的孩子加以批评,不给糖果;第三组为控制组,只看前一段电视片。

实验的最后一个阶段,让各组儿童分别单独地与其他儿童游戏,并设法造成挫折,看儿童如何解决自己同其他儿童的冲突。结果显示,奖励组儿童实施的侵犯行为最多,控制组其次,惩罚组最少。

上述实验表明,儿童通过再学习可以减少侵犯行为。社会学习理论对于侵犯行为的解释为较多的社会心理学者所接受并认同,在教育实践中有很大的指导意义。

第三节　影响侵犯行为的因素

影响侵犯行为的因素很多,既有外部因素,也有内部因素。

一、生理唤起因素

有些人心浮气躁的时候,往往容易发生侵犯行为,如性、酗酒与毒品的刺激，甚至运动也可能促使其发生侵犯行为。

（一）运动与侵犯

世界杯足球赛中发生球员互相殴斗的事件已是司空见惯。体能运动之后，由于肾上腺素的大量分泌而产生亢奋的生理唤起状态：心跳加快、呼吸加深、皮肤电反应升高、大量流汗等等，由于生理唤起而引发的情绪状态，往往导致其侵犯行为的发生。

实验研究表明，生气的人经过运动之后，其侵犯行为的强度显著增加。

（二）性与侵犯

性也是生理唤起引起的一个因素，所以性与侵犯有关。研究者把被试分为两组，一组男性被试观看一部色情片，另一组男性被试观看一部游记片；然后，研究者设法激怒两组被试；第三步是创设条件，让被试给实验者的同谋施以电击。结果发现，先前观看了色情片的被试比先前观看了游记片的被试，对实验者的同谋施以更多的电击。这一实验结果表明，色情片的刺激引发了生理唤起，从而导致其侵犯行为的发生。

（三）酒精

大量的酒精会消除人们对本有的冲动性的抑制力，使平常被压抑的冲动性发泄出来，从而发生侵犯性行为。酒精引发侵犯的事实与其量的多少有关。研究表明，少量酒精的吸入可以使人镇定平静，但大量的酒精会使人的情绪亢奋。

实验者把被试分成三组。一组喝低度的酒精饮料，一组喝高度的酒精饮料，另一组则喝不含酒精的普通饮料。然后给三组被试电击竞争者的机会。结果发现，侵犯程度最低的是给喝少量酒精饮料的被试，其次是喝普通饮料的被试，而喝高度酒精饮料的被试的侵犯程度最强。这一实验显示了酒精剂的镇定作用与侵犯行为的微妙关系。

二、环 境 因 素

高温、拥挤、噪音等环境因素容易引发侵犯行为。

（一）高温

有关这方面的研究很多。研究表明，和处于正常温度房间里回答问卷的学生相比，那些在超过 90℉氏温度房间里回答问卷的学生较易感到疲倦，且表现得更有侵犯性，对陌生人更怀有敌意。可见，热刺激也是报复性行为的起因。

现实生活中，不舒服的热确是提高侵犯性行为的一个原因，研究者举出一系列的事实对此加以证明。

1. 1967—1971 年，在美国的 79 座城市里，骚乱更多地发生在夏天而非冬天。同样的情况在印第安纳、得克萨斯等地都有发生。1980—1982 年间，得克萨斯、休斯顿的日间强暴、谋杀案当温度达到 90℉氏以上时就大幅度上升。

2. 在 1986—1988 年间，是主要的棒球联赛期间，接球手被击中的人数比 20 世纪 90 年代温度低于 80℉氏时，增加了 2/3。

梅耶指出，上述在生活中发现的事实是否说明不舒服的炎热直接引发了侵犯行为？虽然结论看来是肯定的，但温度与侵犯的相关并不能完全确定。虽然人们在炎热的不舒服的气候中容易发火，但还存在一些其他因素，或许在炎热的夏季，人们会走上街头，与街头上的其他群体或个人发生相互作用。因此可以认为，侵犯性行为是炎热与群体或个人共同作用的结果。

（二）拥挤

拥挤是一种没有足够空间的主观体验。例如被挤在公共汽车的车厢里，车子又被堵许多时间，几个人住在一间小屋里等，这一切都会使人感到太沉闷、太拥挤。问题在于这种体验是否会增强侵犯行为呢？有人把动物关在一个过分拥挤的空间里，确实看到了动物的侵犯行为。梅耶指出，关起来的动物如老鼠和生活在城市里的人是完全不能相提并论的，然而在人口高度密集的城市里，有着更高的犯罪率和更高的精神病发病率则是事实。即使这些城市未受到高犯罪率的困扰，但那里的居民可能也感到恐惧。

此外，还有噪音，它的确也是引发侵犯行为的环境因素之一。

三、社会性因素

社会性因素主要指大众媒介、去个人化的作用、受他人挑衅等。

（一）大众媒介

所谓大众媒介，乃是利用报纸、杂志、收音机、电影、电视等为媒介体，将含有各种思想内容的信息，传播给社会大众的过程。特别是集视听双重作用的电视已深入到每个家庭，对青少年儿童发生很大影响。20 世纪 80 年代中期，我国电视台公开播放美国引人入胜的电视连续剧《加里森敢死队》，结果青少年中间出现了许多“加里森敢死队”，他们模仿电视中的情节侵犯无辜者，致使电视台不得不在社会呼吁之下，中途停止播放这一节目。

实验室研究和社会生活事实都证明了暴力传播具有很大的潜在危险。许多社会心理学家都认为,暴力传播会增加社会大众尤其是儿童的侵犯性。但是,无论是国外还是国内,暴力都是大众传播的一个压倒优势的主题。美国在 1967 年作了一次暴力行为的调查,发现平均每 25 分钟就有一个人被袭击而死亡。同时也作了为期两周的电视节目分析,显示每 10 个节目中就有 8 个具有暴力的内容,而每个节目平均有 5 次暴力镜头。在调查的两星期电视黄金时间内,因暴力导致死亡与伤害事件达 800 件之多。据 1978 年估计,美国在 5—15 岁之间的儿童平均会看到 13000 次的暴力死亡事件。美国儿童每天平均花 5—6 小时接触大众媒体,儿童的注意力较容易被具有强烈情绪、激烈活动、兴奋及冲突的刺激所吸引,因此助长了儿童的侵犯性行为与侵犯性态度。

要直接研究暴力传播与视听者之侵犯行为之间的因果关系并不容易,一般采用相关研究:一方面测量视听者观看暴力节目的量与时间,另一方面测量视听者的侵犯行为与侵犯态度,再求出这两个变量的关系。许多研究都显示青少年儿童观看暴力电视节目越多,其侵犯行为也越多,侵犯态度也越强烈。沃特等人发现在小学三年级看较多暴力电视节目的儿童,到 19 岁时,比很少看暴力节目的儿童表现出更多的侵犯性行为。

(二) 去个人化的作用

去个人化是一种自我隐匿不显的状态。在这种状态之下,个人的自我意识减弱,不会顾虑他人的评价与指责,故敢于做出自己平时所不敢做的事,包括侵犯行为。去个人化的行为是匿名的行为,以逃避社会的责任。

社会心理学家最初用匿名的方法,使团体中的每一成员感觉不到自己与其他人的区别,使他们处于去个人化的状态。在团体中,一旦去个人化状态出现,个人的行为较少受自我意识支配,而倾向于盲目地跟随大伙儿。团体的规模越大,气氛越强烈,越容易引发个体的去个人化状态。

社会心理学家津巴多指出,去个人化状态使人最大限度地降低了自我观察和自我评价的意识,也降低了个人对社会评价自己的关注,因而大大削弱了通常的内疚、羞愧、恐惧和责任心等的控制力量,从而降低了侵犯行为的自我抑制力,以致侵犯行为增加。

(三)受他人挑衅

很多争执与进一步的侵犯往往是在他人出言不逊的挑衅下展开。该恩指出,人们受到语言侮辱比挨到拳头更容易发生侵犯行为,任何侵犯自尊的语言刺激都是强有力的伤害。人们有可能为了维护个人尊严而不惜付出惨重的代价去反击侮辱自己的人。若无力反击敢怒而不敢言,也会在幻想中作阿 Q 式的报复。街坊邻里之间就是为了一句话伤害了彼此的自尊而大动干戈,最终变得一发不可收拾。

四、个 人 因 素

在同一个社会环境中,面对同一种社会刺激,有人反应强烈,有人则反应平淡,在影响侵犯行为的诸因素中,个人特点也是一个重要因素。

关于侵犯行为的个人因素的研究较多的是在性别方面。实验研究表明,男性比女性更易进行身体侵犯,生活中确实可以发现,男性不论是成年人还是儿童都比女性更有侵犯性,这可能与女性的特点有关。一般说,渴望寻求社会承认的不大可能采取侵犯行为,女性较之男性更重视并追求社会对自己的评价,较能遵守社会规范,因此,女性在大庭广众之下很少作出侵犯行为。同时,女性相对男性而言,体力较弱,她们更能同情被侵犯者。人们曾认为男性侵犯性行为强于女性是由于性激素的原因,但此假说尚缺乏具体的证据。

个人的认知水平、道德品质也是影响侵犯的一个因素。当人们认识到侵犯行为将会给自己带来一定的消极后果时,则其侵犯行为可能会被抑制;个人的道德发展水平越高,越能考虑他人的利益,越能同情他人的痛苦,故其侵犯行为较少发生。

此外,一个人的个性品质如气质、情绪等的特点,也是影响侵犯行为的个人因素。

第四节　侵犯行为的控制

侵犯行为是可以通过各种措施加以控制的,只要社会各方面联合起来,齐心协力,共同对侵犯行为加以控制,侵犯行为是有可能减少的。社会侵犯行为的控制有以下几种措施。

一、社会公正可以减少人们的挫折感

在原始社会,由于生产力水平低下,生产资料是集体占有

的，生活资料是平均分配的。那时候大家都生存在最低水平，没有多余的私有财产，部落内部不会发生冲突，因为无财物可以争夺。一个家庭也是如此，虽然父母收入很少，仅可以使子女吃饱穿暖，一家人可以和平共处。但是当这个家庭发迹了，财产多了，存款多了，这时如果父母对子女分配不公正，使有的子女产生挫折感，于是子女之间的矛盾也随之而起，发生了冲突与争斗。孔子早就看到了这一点，说人们"不患寡而患不均"。由于分配不均而使内心忿忿不平，也就不平则鸣了。成人尚且如此，儿童也不例外。巴克做了一个实验证明，即使全体儿童都没有玩具可玩时，没有一个儿童会有挫折感，不会表现侵犯行为；而当一部分儿童得到有趣的玩具可以尽情玩耍，另一部分儿童却没有玩具可玩时，这些儿童产生了挫折感，情绪十分不满，即使后来让他们也去玩有趣的玩具时，却还是怒气冲冲并表现出摔打玩具等侵犯行为。原因就在于待遇不平等。

阿伦森指出，我们在无数实验中已经看到，暴力不能像自来水龙头那样随意打开或关闭。研究工作一次又一次地表明，减少暴力的唯一方法是不断地减少能给人们造成挫折而导致暴力攻击的不公正。可以认为，阿伦森的观点太绝对，公正固然是减少暴力的一种方法，但除此之外还有其他的方法。尽管这样，阿伦森的观点有可取之处。美国的一个委员会鉴于20世纪60年代美国黑人运动蓬勃发展，因而提出一套社会改革的建议，以改善黑人的社会待遇，其根据就是社会要公正，以减少他们的挫折感，从而控制黑人发生暴动的可能性。

二、惩罚侵犯行为

侵犯行为是在行为本身对个体有利益、有价值的情况下做出的，如果预期到侵犯行为将要使自己付出很高的代价，个体就会抑制侵犯行为。因此，社会增加对侵犯行为处罚的强度，可以控制人们的侵犯行为。

社会生活中惩罚是必要的。为维护社会秩序，任何国家都要制订法律、设置监狱、组织执法队伍，对人们的侵犯行为根据情节轻重采取法律手段予以惩罚。研究表明，惩罚的有效性必须注意以下几点：一般来说，惩罚要恰当，使侵犯者感到痛苦与压力，以便吸取教训，同时达到杀一儆百的目的；惩罚要及时，即发现侵犯之后尽早予以惩罚，进行及时的负强化，使惩罚留下深刻的印象。人们了解侵犯行为要付出沉重的代价之后，其侵犯行为就会得到一定的制止。1985 年秋，有关部门所做的研究表明，严重打击刑事犯罪之后的 26 个月中，北京的刑事犯罪下降了 46.6%。

三、说 服 教 育

说服教育是制止人们侵犯行为的一种常用方法，通过说服教育，能提高人们对侵犯行为严重的危害性认识。要使说服教育有效，必须注意以下几点：

（一）说服教育必须及早进行

说服教育对转变人们的态度是有效的，这在本书社会态度一章中已经讲过。对于防止侵犯行为的说服教育要及早进行，越早越好，也就是说，要让儿童从小就知道侵犯行为是不利于他人和自己的，让他们从小明辨是非。例如，“不应该打架、骂人”，“伤害他人是不道德的行为”，“侵犯他人必定会受到惩罚”等观念必须深深地扎根于儿童幼小的心灵里。说服教育如果能对儿童长期进行，必定能使观念转化为行动，收到实效。社会上许多品德优良的人，都是从小受到良好教育的结果。

（二）提供痛苦的线索以引起同情心

说服教育时要提供受害者痛苦的线索。实验表明，受害者的痛苦迹象能引起人们的同情心，把自己置身于受害者的地位，设身处地体会受害者的痛苦，从而抑制侵犯行为，心理学上称之为移情，移情就是对他人情感的移入。恻隐之心人皆有之，一个人对他人的感情移入越多，他就越能把自己作为受害者，从而体验他人痛苦的情绪，这样，就会同情他人，从而抑制自己的侵犯行为。

如果说服教育的对象是已经作出伤害他人行为的人，必须激发侵犯者的内疚感。内疚感就是侵犯他人以后内心所体验到的一种紧张、不安、忧虑、自我谴责的情感。现实生活实践表明，屡有侵犯行为的人，正是缺乏内疚感的人，严重的也就是人们所说的“丧尽天良”的人，而激发其内疚感则是让其“天良发现”。米尔格拉姆的服从实验中，有些被试最后断然拒绝用电击来惩罚他人，就是出于其内疚感。侵犯行为的内疚感是一种内在的抑制侵犯行为的力量，必须善于启发。

（三）学会自我控制

说服教育时，要强调用意志来克服自己的侵犯性冲动，即自我控制。侵犯行为来自于侵犯性冲动，侵犯性冲动强烈的人，其自我控制的能力很差，往往不能三思而后行，只要一时性起就不顾任何后果，拿刀就砍，取枪就射，往往不择手段，以致酿成悲剧，最后锒铛入狱后悔莫及。自我控制能力的培养是社会化的过程，是长期教育的结果。

挫折的正确归因可抑制人们的自我冲动。有人遇到挫折就怒火万丈，而且总是把自己的不幸归咎于他人。如果每次挫折都作这种归因，其报复心理极为强烈，根本无法遏制自己的侵犯冲动；如果实事求是地分析所遇挫折的主客观原因，就有利于理智地克制自己的侵犯性冲动行为。

四、恰当的宣泄

本能论认为，侵犯行为是先天的一种破坏性本能，不可能消除，但可以加以疏导。弗洛伊德认为，除非允许人们发泄自己的攻击性，否则攻击的能量会受到抑制而产生压力。为此，要寻找一条输出通道予以释放，否则就可能迸发出暴力行为，或显现出精神病症状。弗洛伊德指出，社会的作用是去控制这种侵犯性冲动，使它们转化为社会能接受的行为，称为宣泄。洛伦茨也认为先天遗传的侵犯行为可以引导到社会可接受的方向。侵犯行为的挫折论把宣泄作为控制侵犯行为的一种手段。那么，宣泄能不能发泄侵犯性冲动呢？人们认为它是有效的。许多人受到挫折时，往往大喊大叫以解“心头之气”，从而使心理压力得以减轻。

阿伦森在其所著的《社会心理学入门》一书中提出，释放侵犯性冲动方法有三种：一是用体育活动来消耗侵犯性能量，如球类比赛、跑步、跳高、拳击等等；二是进行一些没有破坏性的、幻想的侵犯行为，如想象中打某一个人，在心里骂某个人或读某个暴力故事等等;三是做一些直接的侵犯行为,如痛斥他人、伤害他人,以及刁难诽谤等恶劣行为。

人们普遍认为上述第一种方法是有效的,有积极意义的,因此受到许多社会心理学家的极大支持,他们认为竞争性的游戏为侵犯内驱力提供了一条满意的出路,因此引导人们参加体育竞争运动,具有宣泄作用。

释放侵犯性的第二种方法是在幻想中侵犯他人。在头脑中幻想的侵犯行为实际上是不伤害他人的,通过幻想而缓和了侵犯性的紧张状态,这是一种有益的、也是为社会所能接受的方法。有证据表明,进行这种侵犯性的幻想可以使人感到舒服一点,以暂时减少侵犯行为。支持宣泄理论的学者费斯巴哈在实验中先有意激怒学生,使其产生挫折感,然后让其中一部分学生编写侵犯性故事,而另一部分学生则不给编写侵犯性故事,最后给全体学生包括未被激怒的学生,提供一次侵犯行为的机会。结果发现,那些受到激怒而产生挫折感、但曾经编写侵犯性故事的学生其侵犯行为量较少;但是,两组被激怒学生的侵犯行为明显大于那些根本未被激怒的学生。可见,幻想侵犯的作用是十分有限的。见下表:

表 12-2 编写侵犯性故事对侵犯行为的影响

条件		侵犯行为
被激怒的学生	编写侵犯性故事的	21.17
	未编写侵犯性故事的	23.09
未被激怒的学生		14.92

释放侵犯性的第三种方法是直接施于他人的侵犯行为,

得到社会心理学家的一致反对与谴责。因为直接施于他人的侵犯必然引起他人的反击，这样你来我往，矛盾益发加重，因此这种方法非但未减少侵犯性，反而增加了侵犯的倾向，从而破坏人际关系、扰乱社会安定秩序。常言道，冤家宜解不宜结，按照上述方法做的话，必然会加深双方的冤仇，于人于己于社会都极为不利。

根据平时的观察，可以认为，第一、二两种方法有合理之处，它们与第三种方法的主要区别在于，前者是无害的，后者是有害的，一个人受到挫折之后，采用无害于他人的方法来散发其内心的烦恼，没有什么坏处。当然，作为控制侵犯行为方法的宣泄，其作用是十分有限的，而且必须使用恰当。

五、控制暴力电视

电视等大众传播媒介给现代儿童提供了观察学习的重要途径，而电视播放暴力节目具有很大的潜在危险，它会被人们尤其是儿童当作行为的一个榜样，这在前面已经分析过了。为此，许多学者呼吁，为了下一代的教育，为了净化社会环境，应该尽快扫除这些暴力电视，给儿童创造一个文明的成长环境。然而呼吁归呼吁，事实上暴力电视仍未绝迹。虽然在大多数包含暴力内容的电视片中，暴力或侵犯行为的实施者总会遭到惩罚，要人们引以为鉴，可以认为这样的安排总有些积极意义，但暴力电视的消极作用不可低估，尤其是儿童，他们年纪小、经验少、模仿性很强，因此更容易受到坏影响。有些研究者把美国少年儿童侵犯性行为的增多以及青少年犯罪率的增多，归结为是观看了过多的暴力画面的结果，这似乎也是有道理的。

针对这种情况,有些研究者提出了一些方法来避免暴力电视对儿童可能产生的不良影响。其中涉及到父母作用的方法主要有两种:一是父母限制儿童观看电视的时间和所观看的节目。也就是说,在一周内规定儿童什么时候可以看节目,可以看哪些节目,不可以看哪些节目,目的是减少儿童接触暴力电视的机会;另一是父母和儿童一起看节目。在与儿童一起观看电视时,父母可以直接就节目内容进行解释、评价,以帮助儿童理解电视中所表现的价值观念。同时帮助儿童了解节目中哪些事件是真实的,哪些事件是虚构的。采用这些方法的目的是帮助儿童理解所看的内容,从电视中学到有益的东西,减少或避免电视中的不良内容可能对儿童产生的影响。

六、培养成熟的个性

研究人的侵犯行为方式的犯罪心理学家强调,个性成熟者的自我意识和控制水平较高,对他人采取侵犯性行为的可能性也较小。犯罪心理学家强调的成熟个性特征主要有以下几个方面:

1. 有道德责任意识和成熟的敏感性;
2. 关心他人的福利和得失;
3. 不保留敌意和怨恨;
4. 不歪曲现实;
5. 自我认识客观;
6. 对自己的行为负责;
7. 懂得自己的角色是权利和责任的统一。

与个性成熟者相反，个性不成熟者的自我意识水平较低，倾向于运用侵犯性的手段来达到目的。犯罪心理学家强调不成熟个性特征主要有以下几个方面：

1. 社会退缩，不善于建立正常的良好人际关系；
2. 留恋家庭，行为目的以自我为中心；
3. 缺乏独立性与主动性；
4. 情绪不稳定，行为方式倾向于侵犯性和逃避性；
5. 自我行为缺乏责任感，缺乏耐受力；
6. 对于外部世界和主观世界缺乏正确的认识。

研究表明，个性不成熟者不善于运用社会许可的行为方式来满足自己的需要，缺乏自我控制能力，因而常常运用突发性、破坏性的侵犯行为来满足自己的需要。

培养成熟的个性是一个长期的过程。心理学家认为，成熟的个性实际上必须从小就开始培养。消除从小养成的不良个性是个艰苦的过程。尽管这样，大量的研究表明，各种引导个人自我正确认识和矫正自己不良行为的方法，如角色训练、角色期待等，确实有助于改善人们不良个性特征。

第十三章 人际关系

人际关系是人们社会关系的一种。马克思主义认为:人类在社会生活中从事共同活动,彼此之间建立了各种复杂的社会关系。

社会关系一般可以分为两类,一类是人与人之间的生产关系;另一类是人们在社会活动过程中的直接的、接触到的人与人之间的心理关系,即社会心理学所研究的人际关系。如家庭中的亲属关系,工作单位的同事关系、上下级关系,市场上的卖方与买方关系,学校中的师生关系,等等。这种直接的人际关系制约着人们的直接的心理关系,制约着人与人之间心理上的距离的远近以及相互之间的合作或竞赛关系。

人与人之间心理上的直接关系是人们社会交往的基础,人际关系对于人们的日常生活、各种社会活动都是不可缺少的,而生产关系、政治关系等深刻的社会关系正是透过人们之间的直接的心理关系这一中介因素,才能对每个人发生作用。

人际关系是社会生活的中心课题,也是人与人之间相互作用的结果。由于人与人之间的相互作用,从而形成了极其复杂的关系网。

第一节　人际关系概述

一、什么是人际关系

(一) 人际关系的定义

人际关系,是人与人之间心理上的关系,心理上的距离。人际关系反映了个人或团体寻求满足其社会需要的心理状态,因此,人际关系的变化与发展决定于双方社会需要满足的程度。如果双方在相互交往中都获得了各自的社会需要的满足,相互之间才能发生并保持接近的心理关系,表示为友好的情感。

例如,甲想去市中心买棉衣,乙也正想去那儿买鞋子,他们都想找一个伴作参谋,于是甲乙两人结伴而行,都买到了满意的东西,两人之间关系十分融洽,彼此对对方感到满意。这说明甲乙两人的相处都能满足双方的需要,他们两人的关系是肯定的、积极的关系。相反,如果其中一方对另一方表示不友好、不真诚或发生不利于另一方的行为,就会引起另一方不安,这时,双方的友好关系就中止,或发生疏远关系,或发生敌对的关系。不论是亲密关系、疏远关系,还是敌对关系,都是心理上的距离,统称为人际关系。

(二) 人际关系的情绪体验

不同的人际关系会引起不同的情绪体验。人与人之间心理上的距离越近,则双方都会感到心情舒畅,无所不谈。在一个和睦的家庭里,每个成员之间相互关心,相互体贴,彼此在情感上十分融洽。生活在这样的家庭里，由于人与人心理上距离很小，都能体会到家庭的温暖。

若人与人之间发生了矛盾与冲突，心理上的距离很大，彼此都会产生不愉快的情绪体验，心情抑郁，孤立，忧伤，从而影响个人的身心健康，严重的还会导致心理失常。有少数家庭里婆媳关系紧张，婆媳双方都会产生不良情绪，如老人受到媳妇虐待，生活不安宁，身心遭到极大的挫折，就有可能抑郁而死，或走上绝路。

二、人际关系的行为模式

一定的人际关系表现出一定的人际行为模式，即一方的行为会引起另一方相应的行为。例如，工厂里的班组长和一位组员谈心，既分析他的优缺点，又诚恳地指出了他今后的努力方向，这个组员对班组长十分信服与尊敬。如果班组长不问青红皂白，用简单粗暴的态度对待组员，就会引起组员严重不满，甚至发生公开反抗行为。一般说，一方表示的积极行为会引起另一方相应的积极行为；一方表示的消极行为会引起另一方相应的消极行为，这是人际关系行为模式的规律之一。

美国社会心理学家李雷从几千份人际关系的研究报告中，归纳出以下八类模式：

1. 由一方发出的管理、指挥、指导、劝告、教育等行为，导致另一方的尊敬、服从等反应。

2. 由一方发出的帮助、支持、同情等行为，导致另一方的信任、接受等反应。

3. 由一方发出的同意、合作、友好等行为，导致另一方的协助、温和等反应。

4. 由一方发出的尊敬、信任、赞扬、求援等行为，导致另一方的劝导、帮助等反应。

5. 由一方发出的害羞、礼貌、服从等行为，导致另一方的骄傲、控制等反应。

6. 由一方发出的反抗、怀疑等行为，导致另一方的惩罚或拒绝等反应。

7. 由一方发出的攻击、惩罚、不友好等行为，导致另一方的敌对、反抗等反应。

8. 由一方发出的激烈、拒绝、夸大、炫耀等行为，导致另一方不信任或自卑等反应。

人际关系受许多社会因素的制约，单纯的人际关系行为模式很少发生。它总是渗透了许多其他因素，如行为发动者和行为反应者的个人心理特点、角色与地位、价值与权力，尤其是当时的情境对人际行为发生重要影响。人际关系的各种行为也有共同性。这种共同性只能理解为形式上的共同，透过各种行为形式上的共同性，可以看到意义及性质上截然不同的内容。

三、人际关系的结构

在社会团体内，人与人之间建立了不同形式和不同规模的联系，这种形式和规模的联系也就是人际结构。社会心理学家纽卡姆研究了人际关系的结构，他观察了一群人，这些人来自不同地方，组织成一个团体，他用了 15 周的时间，观察这些人从开始一直到最后的人际关系结构，发现以下几点：

1. 在团体中的人际关系不是始终不变的，而是不断地随着情境的变化而发生改变，从头至尾维持良好关系的人们只是极少数。

2. 在团体形成初期，富有吸引力的成员并不能一直保持其优势，到了后期，其吸引力将会减少，优势将会被其他人取而代之。

3. 这一群人在集合的初期，建立了不少四人以上的小群体，待到大群体稳定后则以三人小群体的结合居多。

4. 随着时间的消逝，由于人与人之间相互日益了解，因此人际结构变得越来越复杂。最初的结合群可容纳各种特征的人，结合群内人们的个性呈多样性，最后的结合群往往排除了多样性而变得单一化。

5. 团体内有少数孤立者，他们既不主动参加其他结合群，一些结合群也不主动联系和容纳孤立者。

可以认为，纽卡姆的观察有可取之处。他把被研究者置于真实的生活情境中，观察结果比较可信，符合生活实际情况。但观察时间一共才 15 周，时间比较短促。随着时间的推移，这一群体的人际关系结构可能还会发生某些重大变化。

四、人际吸引的心理分析

人际关系的结构受许多心理因素所制约，人际关系的心理因素是复杂的，它既有认知成分，也有情绪和行为的成分，其中情绪的成分即对人的喜爱或不喜爱。相互间的吸引力程度是人际关系的主要特征。

人和人之间在情感上的亲疏和远近的关系不是等同的，

它有不同的层次。例如，有些人虽然在同一社会团体中相处，虽相互认识但并不直接打交道，有的只是点头之交，有的甚至势不两立，有的来往密切非常友好，也有的成为心腹之交，这就是人和人之间的心理距离。不同层次的人际关系反映了人和人之间相互吸引的程度，心理上的距离越近，反映人们相互之间越吸引；心理上距离越疏远，则反映双方越缺乏吸引力。

（一）增进人际吸引的因素

1. 空间因素。空间上的距离越小双方越接近，则往往容易引为知己，尤其在交往的早期阶段更是如此。因为地理上的接近使相互接触的机会更多，相互之间更容易熟悉对方。在中小学生排定座位后，同座的学生多半能相互吸引，街坊邻居也是如此。研究表明，这一因素随着时间的推移，其发挥的作用将越来越少。

2. 类似性因素。在个人特性方面，双方若能意识到彼此的相似性，则容易相互吸引，两者越相似则越能相互吸引，产生亲密感。个人特性指年龄与性别、个人社会背景、态度等。在其他信息缺乏的情况下，同年龄、同性别的人比较容易相互吸引，如老年人喜欢和老年人一起，青年人喜欢和青年人在一起。在教育水平、经济收入、籍贯、职业、社会地位、社会价值、资历等方面相似的人们容易相互吸引。社会心理学家柯尔等人研究最好朋友时指出，个人所指出的最好朋友都是同等地位的人，一般说他们在教育水平、经济条件、社会价值等方面都很相似，即所谓门当户对。态度是最主要的类似因素。例如政治主张、宗教信仰、对社会上发生重大事件的看法都比较一致的人，在感情上更为融洽，即所谓志同道合。

纽卡姆曾作一实验。实验对象是公开征求住宿志愿者，共17人，都是大学生。实验者提供他们免费住宿四个月，交换条件是定期接受谈话和测验。实验步骤是这样的：进入宿舍以前测定他们关于经济、政治、审美、社会福利等方面的态度和价值观以及他们的人格特征。然后将对于上述问题的态度、价值观和人格特征相似和不相似的大学生混合安排在几个寝室里，一起生活四个月。四个月内定期测定他们对上述问题的看法和态度，让这些大学生相互评定室内人员，喜欢谁，不喜欢谁。实验结果表明，在相处的初期，空间距离决定了人们之间的吸引，到了后期其相互吸引发生了变化，彼此间的态度和价值观越是相似的人，相互之间的吸引力越大。

3. 需要的互补。当双方的需要以及对对方的期望正好成为互补关系时，就会产生强烈的吸引力。例如，独立性较强的人，往往喜欢和依赖性较强的人在一起；脾气急躁的人，往往喜欢和耐心较好的人相处，从而使双方的关系更为协调，各人的特点正好适合对方的需要，各得其所。

4. 能力与特长。个人在能力与特长方面如果比较突出，就有一种吸引力，使他人对之发生钦佩感并欣赏其才能，愿意与他接近。阿朗逊等人研究表明，一个看起来很有才华的人，如果表现出一点小小的过错，或暴露出一些个人的弱点，反而会使一般人们喜欢接近他。如果一个表现得完美无缺、十全十美的人，倒会使人感到高不可攀，望而却步，自已认为自身太差而不敢与他交往。

研究还表明，有些小缺点而才能卓越的人对两种人缺乏吸引力。一种是能力差而自尊心低的人，他们对能力高超者有崇拜心理，并可能产生晕轮效应，即认为理想人物总是十全十美、白玉无瑕的，不应该有那种可以克服的缺点；另一种是能力强而自尊心也高的人，他们对于才能出众而连一点小缺点也不能克服的人感到失望，认为这种人不值得自己崇拜。

5. 仪表。个人的长相、穿着、仪态、风度等，都会影响人们彼此间的吸引，尤其在第一次见面时，由于第一印象的作用，仪表这因素占重要地位。但是社会交往的时间越长，仪表因素的作用越小，吸引力将会从外在的仪表逐渐转入人们内在的道德品质。

此外，开朗的性格也是人际吸引的一个因素，一个待人热情的人，总比冷淡的人有吸引力。个人如果能对别人表示出的热情作出同样反应的话，也会具有吸引力。

G·奥尔波特研究了一群陌生人首次集会时的人际吸引力。发现个人的内在属性如幽默、涵养、礼貌等因素是主要的吸引力因素；其次是外表的特点如体形、服装等也是吸引力的依据；第三是个人所表现出的特殊行为，如新奇的令人喜爱的动作等，亦能增加吸引力；最后是地位和角色也能引起他人的爱慕与尊敬，从而发生吸引力。

（二）阻碍人际吸引的个人特征

社会心理学家指出，有些个人的性格特征会阻碍人与人之间的吸引，不利于促进人们的团结与协作。

1. 不尊重别人的人格，对他人缺乏感情，不关心他人的悲欢情绪，甚至把别人作为自己使唤的工具，这种人会阻碍人际吸引。

2. 自我中心主义强的人，只关心自己的利益和兴趣，忽视他人的处境和利益，这种人只能与人建立一般的人际关系，缺乏吸引力。

3. 对人不真诚，只关心自己，不顾别人的利益和需要，采取一切手段处处想获得自己的利益和好处，并以此为前提和他人交往，这就会破坏人际关系，缺乏吸引力。

4. 过分服从并取悦别人的人，过分惧怕权威而又不关心他的部下的人，都会破坏人际关系，也毫无吸引力可言。

5. 过分依赖他人而又丧失自尊心的人，缺少吸引力。

6. 妒忌心强的人，缺少吸引力。

7. 怀有敌对的情绪与猜疑性格的人，怀有偏激情绪的人，往往容易与他人的关系陷入僵局，缺乏吸引力。

8. 过分自卑、缺乏自信心的人，对人际关系过于敏感的人，对他人批评过分的人以及完成工作任务后过分自夸的人等，都缺乏吸引力。

9. 情绪孤立，不喜欢与人交往的人，缺乏吸引力。

10. 怀有偏见、固执，不愿接受他人规劝的人，过分使用防御机能的人，报复性强的人等，都缺乏吸引力。

11. 好高骛远地提出过高要求、过高目标、苛求他人的人，都缺乏吸引力。

我国社会心理学工作者作了一些关于人际吸引的研究。黄希庭采用社会测量、访问与观察等方法，以大学生为对象(共 21 个班集体)，研究了人际吸引问题，得出以下几个结论：

1. 形成小群体的主要吸引力可分三类：第一，相似性吸引。指在态度、信念、价值观和追求目标上相似，因而互相吸引形成小群体。有的说："我们性格、志趣相投，谈得拢"；有的说:“他有钻劲、有正义感、生活不庸俗,我们有共同语言”等等。第二,接近性吸引。由于是同时入学、年龄相当、同住一个寝室、同乡等原因而经常接触,互相了解。第三,补偿性吸引。如在思想上、学习上、生活上从对方得到帮助,有的说:“他成绩好,知识面广,可以帮助我”;“我们在一起,经常在思想上、学习上相互帮助”等等。

2. 各个班级中都有极少数的嫌弃型学生及人缘型学生。从班集体其他成员对本班人缘型及嫌弃型成员的评价,反映两类人物各具类似的个性特征。下面举出两个班集体对两类人物个性特征的评价:

人缘型的个性特征

次序	个性特征	人数	%
1	尊重他人,关心他人,对人一视同仁,富于同情心。	39	100
2	热心班集体活动,对工作非常可靠和负责。	37	94
3	持重,耐心,忠厚老实。	37	94
4	热情,开朗,喜爱交往,待人真诚。	36	92
5	聪颖,爱独立思考,成绩优良,乐于助人。	35	89
6	重视自己的独立性和自治,并且有谦逊的品质。	35	89
7	有多方面的兴趣和爱好。	20	51
8	有审美的眼光和幽默感,但不尖酸、刻薄。	15	38
9	温文尔雅,端庄,仪表美。	12	31

嫌弃型的个性特征

次序	个 性 特 征	人数	%
1	自我中心,只关心自已,不为他人的处境和利益着想,有极强的妒嫉心。	55	100
2	对班集体的工作缺乏责任感,敷衍了事或浮夸不诚实,或完全置身于集体之外。	55	100
3	虚伪,固执,爱吹毛求疵。	50	90
4	不尊重他人,操纵欲、支配欲强。	45	81
5	对人淡漠,孤僻、不合群。	45	81
6	有敌对、猜疑和报复的性格。	43	78
7	行为古怪,喜怒无常,粗暴、粗鲁、神经质。	39	70
8	狂妄自大,自命不凡。	38	69
9	学习成绩好,但不肯帮助他人,甚至小视他人。	35	63
10	自我期望很高,气量狭小,对人际关系过分敏感。	30	54
11	势利眼,想方设法巴结领导而不听取群众意见。	30	54
12	学习不努力,无组织,无纪律,不求上进。	24	43
13	兴趣贫乏。	18	32
14	生活无约束。	8	14

3. 大学生选择朋友时,有不少共同的心理因素。他们总是优先从品德上加以考虑,同时对心理上的相似性也提出了要求。但是对于不同的活动,除了品德上有共同要求外,择友

的要求又有所差异。例如,组成学习小组时,要求成员有知识及能力;毕业分配时,他们希望和心理上相似性大的同学在一起工作。

4. 大学生自我意识的性质和人际关系好坏有一定的关联。例如,把自我和集体统一起来,严于剖析自我的人,多数是人际关系融洽的;抱负水平中等或偏低的人,多数是人际关系融洽的;过分压抑自我的人,他们的人际关系也是融洽的。相反,过分地自满、自负的人,具有孤独感的人,高抱负水平的人,多数是人际关系不融洽的。

华东师大教育系四年级学生曾作过关于高年级小学生人际吸引的研究,获得以下几点结果:

1. 高年级小学生对好朋友和班长的要求不同。做好朋友的吸引力偏重于道德品质和脾气性格等条件,做班长的吸引力似乎更加注重学习成绩和工作能力等条件。例如学生张××,其学习成绩属中上水平,但“人缘”极好,因此有许多人都愿意和他做好朋友,而认为他能当班长的只两三人。同班的周××正好相反,其学习成绩在班上名列前茅,但待人不很和气并欠礼貌,所以愿意与之做好朋友的仅两三人,但却有许多人认为他应当做班长。

2. 女生比男生更受人欢迎。无论是被提名为愿意做好朋友的,或被提名为应当做班长的,女生占了绝对的多数。但是他们提出的择友和选举班长的标准方面,男女生基本无差别。

3. 差生与好生在择友的标准上有明显差别。差生择友都是以“喜欢”、“合得来”为前提;好生往往以品学兼优为前提。两类学生在选择班长方面,标准基本上一致。

4. 发现有个别学生是孤独者。被试××认为自己“喜欢孤独”,他不愿意和任何人交朋友,同时他比较能够思考问题,但又要求过高,认为当班长必须是“有威信、脑子灵活、知识丰富、学习成绩好的人”,但又认为“这样的人,我们班上没有”。

人际吸引是人与人之间在情绪上的表现。人际吸引的研究有助于个人的自我修养,对于建立良好的干群关系也有一定的参考意义。当然,增强人际吸引的因素是否正确,最终还必须看它是否符合社会生活的原则与方向,如果这些因素违背了社会生活的原则与方向,则只能对人际吸引发生消极作用。

第二节 人际沟通

一、什么是人际沟通

(一)人际沟通的定义

人们为了彼此传达思想,交换意见,表达情感、需要等目的,运用语言符号而实现的交流称为人际沟通。

在社会生活中,语言信息的交流与沟通是人们相互联系的重要形式。有人估计,人们除了 8 小时的睡眠以外,其余的 16 小时中约有 70%(10—11 小时)的时间,都在进行相互交往,沟通信息,如读、听、写等,以达到思想交流,互通情报的目的。

（二）人际沟通的功能

1. 协调作用

在社会生活中为了协调人们的行为,使之保持平衡,避免发生相互干扰及矛盾冲突,就会产生社会公约与团体规范。这些公约与规范之所以发生作用,乃是通过人际沟通将社会信息传递给每个社会成员,从而促使人们的行为相互协调,保持一致。

任何一个企业单位,其产品之畅销、成本之降低、获利之增多、技术之革新等等,都必须从社会上得到信息,如市场的需要,最新的技术资料,同行企业的动态等。企业的领导人还必须把上述信息在企业内部进行上下左右的沟通,通过上情下达或下情上传,才能引导大家集中力量、统一步调、分工协作地实现其团体目标。如果沟通阻塞,相互之间会发生隔阂、误会、矛盾与纠纷,形成不良的团体气氛,难以实现团体的目标。所以说,人际沟通有利于提供信息,增进了解,调节情绪,增强团结。

2. 保健作用

人际沟通对个人身心健康是十分重要的,因为人有合群的需要,通过彼此间相互交往,诉说各人的喜怒哀乐,这样就增进了成员之间思想情感的交流,产生一种亲密感,发生相互间的依恋之情,从中吸取力量。社会交往对老年人来说,更是不可忽视的动力源泉之一。如果老人缺乏信息的传递,个人就会感到空虚、抑郁,还会促使脑细胞萎缩。美国心理学家摩根对纽约州拿退休工资的老人作调查,发现凡是在人际关系方面保持较多往来并取得较为协调关系的老人,比那种很少与人往来的老人,有更多的幸福感。后一种老人更多地体验到的是悲伤感与孤独感。为此,许多国家设立了各种老年中心、老人俱乐部等机构,以增进老年人之间的信息传递。上海近年来也纷纷开办老年大学、社区活动中心等,为老年人交往提供活动场所,深受老人们的欢迎。许多老年人在那儿获得许多信息,对生活产生了新鲜感,消除了寂寞感。

社会心理学界曾有一种假说,认为人们要求交往是出于和睦需要,解除恐惧感。美国社会心理学家沙赫特设计了一个简单的实验来加以验证。他选择了两组人,告诉一组说,他们要遭到一次强烈的电击;告诉另一组说,他们要受到一次轻微的电击,不会造成伤害。同时又告诉两组人,他们还要等几分钟才会受到电击,他们可以自己单独等候,也可以和别人在一起等候。第一组有63%的人表示他们要和别人在一起等候,第二组人中要求这样做的人却只有33%。一俟他们作出选择,实验便告结束,谁也没有受到电击。这就表明,非常害怕要受到强烈电击的人选择要和他人在一起,而对电击不那么害怕的人乐于自己单独等待,不与他人进行交往。

这一实验的设计能掩盖实验的真实目的,诱使被实验者作出真实反应,在研究方法上对我们有启发。但实验程序本身不利于被实验者的心理健康,应该反对。

二、人际沟通的条件

(一)人际沟通得以实现的基本条件

交往过程中所使用的语言或符号必须是双方共同理解

的。人际交往的媒介物是语言或符号,因此双方必须对此有统一的认识与理解,缺乏这个条件,双方就不可能发生交往活动。

传出的信息尽量少受外界的干扰。如果声音太轻,有噪音等,都会对交往活动发生干扰作用,影响信息的传递。

信息的接受者要有心理上的准备。信息的接受者如果心理上无接受信息的准备,或心理上的准备性不同,即使是同样的信息,接受者也会将信息内容打折扣或歪曲。

(二)阻碍人际沟通的主客观因素

一个团体发展得越复杂,人数越多,则越需要进行信息的交流。但团体内信息交流会受到各种因素的阻碍。

1. 文化因素的阻碍

这主要是指语意、种族偏见、教育程度等的阻碍,这是由社会文化背景所决定的。

语意上的阻碍指对语言、文字、符号的误解、曲解、断章取义等。

2. 社会团体因素的阻碍

这主要是指地位、组织结构上的阻碍。一个团体内各个人的地位是不完全相同的,在人际交往中由此可能发生一些阻碍。地位不同主要指角色、职务、年龄、待遇、工资等的不同,这些因素可能会影响交往。

如果一个团体的组织层次过于庞大,信息通过层层传递,必然会失真或歪曲;若采取间接沟通形式,往往也会阻碍信息的交流与传递。

3. 人格因素的阻碍

个人人格系统也会阻碍信息的交流。因为人类行为的个别差异很大，心理品质各异，因此对于同一信息的反应不同。

一个自我中心强烈的人，优越感很强，则较少主动与人交流思想。如果一个工厂厂长具有此种特征，对职工就不会很热情，不能主动与职工交换思想，融洽感情。

由于个人的智力、学习能力不同，接受他人的意见、劝告等也有差异。所以管理者要说服别人，必须了解这个人的具体特点，对症下药，才有效果。

一个人的思想品质好坏亦会影响人际沟通。一个品质高尚的人进行沟通时，能从大局着想，明辨是非；一个品质不好的人，则处处从个人利益出发，听信各种流言。对前者，人们都会相信他的话；对后者的一言一语人们都不会轻信和接受。

三、人际沟通的方式

（一）个人、团体各层次沟通方式

从组织层次的观点看，第一层次是个人内省，第二层次是个人与个人之间的沟通，第三层次是团体与个人之间的沟通，第四层次是多人与一人之间的沟通，第五层次是团体与团体之间的沟通。

个人内省。为了自己更好地与他人进行沟通活动，在思想上主观的我与客观的我双方进行"沟通"。如自己约束自己的言行，自己要求自己等。

个人与个人的沟通。即人们彼此之间发生的沟通活动。

团体与个人的沟通。团体决议由团体领导人向某一成员传达，或个人向组织汇报思想。

多人与一人之间的沟通。小组学习中讨论问题时，经常可以看到几个人对一个人的争论。

团体与团体之间的沟通。团体与团体之间的文件往来、联谊活动、各种竞赛评比等等。

（二）单向、双向的沟通方式

从沟通的通道来看，有两种方式。信息的传递是单向的称为单向沟通方式，信息的传递是相互的称为双向沟通方式。两者各有利弊。如：单向沟通比双向沟通速度快；双向沟通比单向沟通消息正确；双向沟通可以增强信息接受者的自信心。双向沟通对发送信息的人有一种心理压力感，因为信息接受者可以向他提出不同意见。双向沟通容易受到干扰而欠条理。

总起来看，双向沟通优于单向沟通。汉纳雷研究了18个团体，发现有90%的成员在单向沟通中工作效率低，对于操作要求缺乏信心。而在双向沟通中工作效率高，自信心强。单向沟通的优点是速度快，在有些场合下是需要的。如：凡是工作急需完成，一道命令就可以完成任务时；凡是工作性质简单、机械，不需复杂的技术时；送话人为保持其尊严而自圆其说时，亦可采用单向沟通的方式。

（三）下行、平行、上行的沟通方式

从组织结构的沟通方式看，有下行沟通、平行沟通、上行沟通三种方式。

下行沟通。组织内高级管理人员向低一级人员的沟通，称下行沟通。目的是指示工作方针和目标、指定工作项目和程序、转达工作情况或成果。

平行沟通。同级组织与团体之间的沟通活动，目的是为了更好地彼此协调，相互支持。

上行沟通。由基层团体通过组织系统，直接与上一级团体发生沟通活动。

（四）团体结构的沟通方式

关于沟通形态的研究是20世纪50年代开始的。首先是由巴维拉提出的小群体中的沟通网络，引起了学术界的兴趣和关心。后来李维特以五人小组为实验对象，提出了三种沟通形态，即圆型、连锁型、轴型。参看下图。

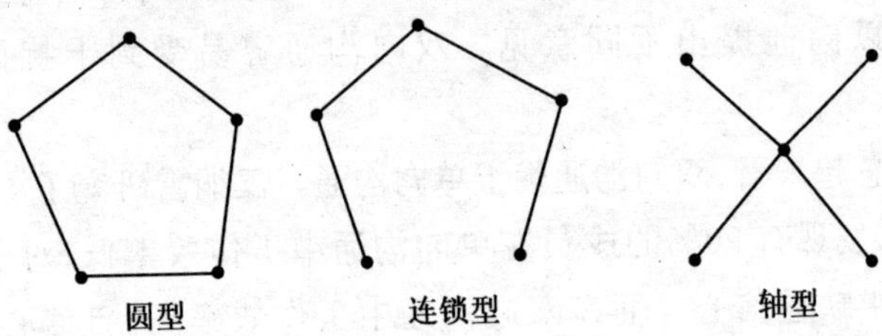

沟通形态	圆型	连锁型	轴型
作业速度	慢	快	快
正确性	低	高	高
领导	无	明显	非常确定
士气	很高	低	很低
适应工作变化	很快	慢	慢

（五）学校师生间的沟通形式

美国教育心理学家林格伦提出了学校领域内师生之间沟通的四种形式。

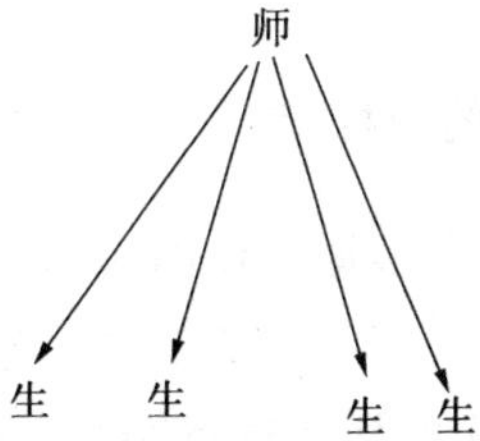

1. 教师在课堂上与学生保持单向沟通，效果较差。

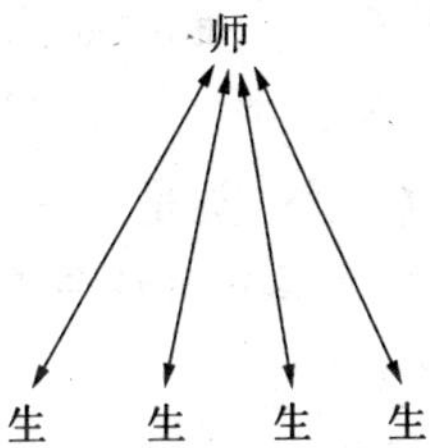

2. 教师在课堂里与学生保持双向沟通，效果较好。

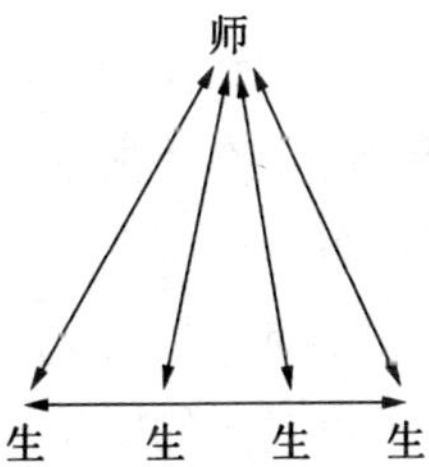

3. 教师和学生保持双向交往，但也允许学生之间的沟通，效果较好。

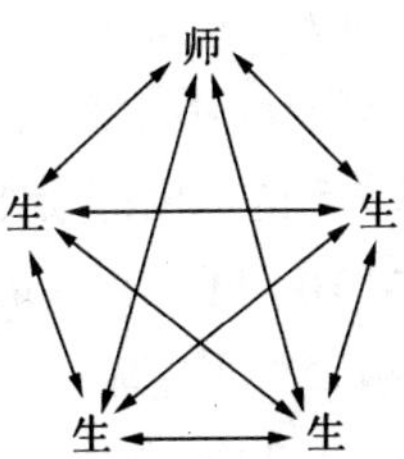

4. 教师成为相互沟通的中心，并且促使所有成员双向沟通，效果最佳。

以上提出的几种沟通形式只是理论模式，事实上，人们在进行沟通活动时，各种方式的沟通都不是单纯地分离开来的，而往往是错综复杂地交织在一起进行的。

四、人际沟通过程的分析

美国社会心理学家贝尔认为，只有根据团体内成员之间相互作用的全过程，才能了解团体的人际关系的实质。他通过在实验室条件下对一个由五人构成的团体进行观察，研究这个团体在讨论问题过程中人与人之间相互沟通的动作。发现团体内各成员间的沟通动作可以分为两大类。一类是以满足对方的沟通需要和情感需要为目标的；另一类是以提供信息、方向或指示为目标的。前者有助于人们增进友好气氛，融洽感情，后者有助于人们协调一致以实现目标。

贝尔把人们相互沟通的动作分为 12 种：1. 表示团结，提高对方发言者的地位，或表示支持，或赞扬对方的意见；2. 解除紧张，表示满意；3. 表示同意，接受意见，和解；4. 给予指示，默认他人意见；5. 给予意见，评价并分析意见，表示愿望和情感；6. 给予信息，介绍情况，给以确认；7. 要求信息，询问情况，求得确认；8. 要求意见，要求得到评价与分析，求得对方的明确表示；9. 要求指示，寻求可能的行动方法；10. 消极地拒绝意见，不予帮助，表示不同意；11. 表示出紧张与不满情绪，不予沟通，拒绝表示意见；12. 表示坚决反对，贬低对方发言者的地位，肯定自己。

贝尔认为，其中第 1、2、3 三项和第 10、11、12 三项具有相同的情感交流因素，但方向不同。第 1、2、3 三项是起协调作用，第 10、11、12 三项起分离作用，而越是处于两个极端则其强度越大。所以第 1 项动作的团结性最大，第 12 项动作的分离力最大。第 4、5、6 三项和第 7、8、9 三项都是发挥不同程度的协调作用的动作，前三项是表示给予什么的动作，后三项是表示询问什么的动作。

贝尔的十二种动作只是一种分类，不能理解为沟通的程序，而是指沟通过程中有十二种动作。

贝尔还记录了团体内各个成员在谈话、讨论或辩论过程中的动作次数，发现团体内每一次沟通过程中大都包含有上述十二种动作；还发现在不同性质的团体中十二种动作的分布有不同的特点。例如，在企业组织内协调性的动作较多，而在家庭生活中则沟通情感的动作较多。一般家庭内讨论问题总是经历着以下过程：第一阶段是提出问题，多半是第 7、8、9 三项动作；第二阶段是展开讨论或辩论，大多是属于第 10、11、12 三项动作，这一阶段最为紧张；第三阶段是解决问题，第 4、5、6 三项动作居多；第四阶段是最后结束的阶段，以第 1、2、3 项动作居多。

其实，团体沟通中不一定都要有上述十二种动作。由于团体的性质不同，讨论问题的内容不同，十二种动作的分布是不均匀的。一个团体中各个成员关系亲密的话，在讨论问题时第 1、2、3 三项的动作多些；相反，如果团体的团结性差，则第 10、11、12 三项的动作多些。此外，团体内每一次沟通不一定都包含这十二项动作。由于贝尔的研究是在实验室内进行的，带有很大的人为性，因此得出的结论比较机械。可以认为，在特定的社会情境内，既可能缺乏第 1、2、3 项动作，也可能缺乏第 10、11、12 三项动作。但是，贝尔通过研究，指出人们沟通过程中的诸种动作确是客观存在的，分析也比较细致。

第三节　人际关系的测量

人们只要仔细观察，都可以发现任何一个团体里总有许多小的组合形态以及特殊的活动网，团体中每一个成员都会有选择地与其他成员沟通，达到思想感情交流的目的，而不是平均主义地和每个成员沟通。由于各个成员的兴趣与爱好各不相同，沟通选择的对象也不同。例如，人们在学习文化知识时所选择的沟通对象，和旅游时所选择的沟通对象是不同的。人们选择沟通对象的条件是多方面的，其中如年龄、性别、当时的需要等都是不能不考虑的，但本人对对方的“喜欢”则是一个重要前提。团体中各成员之间的沟通多半在“喜欢”的前提之下，结成一些小的团体或非正式团体，在这些团体中发生亲密的沟通。

一、人际关系测量的必要性与可能性

社会心理学家经过研究发现，一个团体的力量大小并非决定于该团体成员数量之多少或财物之多寡，团体力量的大小乃是决定于团体内人与人心理上的关系如何。团体内部的人际关系以及下属团体的组织与活动对于其总体本身有很大作用，要么是增强作用，要么是破坏作用。如果团体内人与人之间心理上十分融洽、亲密，各个下属团体组织严密，活动开展得好，这样就能支持与帮助它的总体发挥其力量，增强威信，否则就会使它的总体处于四分五裂的状态之中。

由此可见，了解团体内部的心理结构并揭示其内部存在的

问题，搞好人际关系的测量，有助于更好地发挥团体的力量。

人际关系的测量是可能的。人们在团体内部进行沟通和相互影响时，表现出两种关系：一种是直接关系，一种是间接关系。直接关系，表现为双方发生好感或厌恶，对别人的行为容易接受或无动于衷，积极的沟通或闭关自守、与世隔绝，心理上与他人相容或不相容等。在一些松散的团体里，如果人们对团体目标、任务和价值(思想信念、评价)不明确或认识较差，那么这种直接关系在沟通中就占主导地位。间接关系，是团体内各成员的关系通过对团体价值的评价，通过共同活动的完成而间接地表现出来的。

社会心理学研究表明，在任何团体里都有可能对人和人之间的关系进行十分精确的研究和测量。尤其在一些松散的团体里，最有可能获得对这些关系的研究和测量，并可以通过不同的方法把人际关系揭示出来。

二、社会测量法

美国心埋学家莫里诺是第一个采用社会测量法以查明团体内部心理结构与心理距离的社会心理学家。莫里诺社会测量法的根本目的，在于了解团体内人与人之间的心理上的关系。

社会测量法的具体做法，主要是向团体成员提出问题，让其回答。例如，“这个组织里请你提出三个最喜欢的人，按喜欢的程序依次排列”，“你愿意和谁排在一起，首先是谁，其次是谁，第三是谁”，还可以按照这种方式提出愿意和谁在一起参加学习、旅游、搞清洁卫生工作等。提出的人数可以一个人、两个人或三个人，最好能限制在三个人以内，无限制的话，整理结果的工作量太大。也可以提出最不喜欢的人，方法同上，但这样做有副作用，在团体内可能由此引起隔阂与矛盾，不提倡，要慎用。

通过社会测量获得具体资料后，要加以整理，并进行统计分析。资料整理有两种方式：

(一) 人际关系矩阵

这是根据团体总人数(n)而制成的 n × n 的行列表，表内记入各成员的选择关系，也可以记入排斥关系。最喜欢的给三分，其次的给二分，第三的给一分；同样，最不喜欢的依次给以负三分、负二分、负一分。一一填入表内之后，就可以从表上数字一目了然地知道该团体内的人际结构与人际关系：谁选谁，谁被他人选上的最多，选择是单向的还是双向的，从中可以看出这一团体的心理气氛如何。也就是说，统计各人的得分，若某人正的分数越多则反映他在团体内最受人欢迎，若某人负的分数越多则说明他最不受人欢迎。参看下表。

被选者 选　者	A	B	C	D	E	F	……
A		3	2	1	−1	−2	
B	3		2	1		−2	
C	2	1		−2	3	−1	
D	2	−1	1		3	−2	
E	3	2	−1	1		−3	
F	1	−1	2	−2	−3		
分类合计	+11	+6 −2	+7 −1	+3 −4	+6 −4	−10	
总　计	11	4	6	−1	2	−10	

上述行列表内数字表明，A 被人喜欢的人数最多，F 最不受人欢迎。这种矩阵可以根据不同的项目一一列表，最后还可以把各表加以综合，以反映每个人的总的好恶关系。

（二）人际关系图

把彼此之间喜欢和不喜欢的关系用图来表示，称为人际关系图。图中小圆圈内的字母是团体内每一成员的代号；实线与虚线表示相互关系，实线表示友好关系，虚线则相反，箭头表示方向。参看下图。

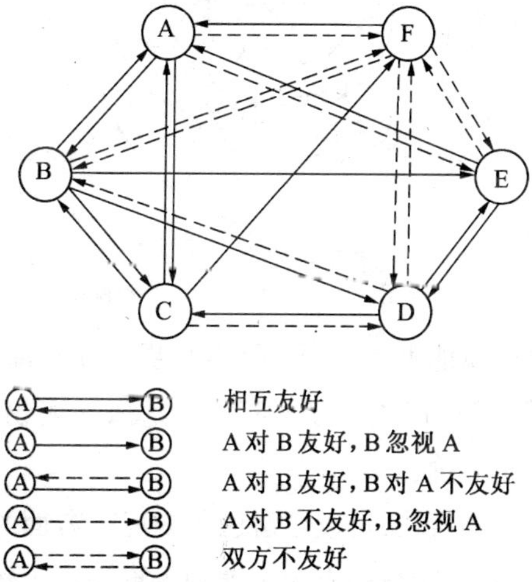

人际关系图把团体内的人际关系反映得一清二楚，每个成员在团体内占有何等地位也十分明显。即被实线的箭头指向最多的人，就是处于团体中心位置的人。从图中可以看出，A 是最受欢迎的人，F 则最不被人喜欢。

如果团体的人数很多，可以画靶形图。绘制靶形图的方法是:把团体内各个成员编上号码,男女性别作好标记;绘制靶形图一张;根据矩阵表,把被其他成员选中人数最多的人置于靶的中心,并依次把其他成员置于靶中心的外围部分,最少被人选中的人置于靶的最外层。可参看下图。

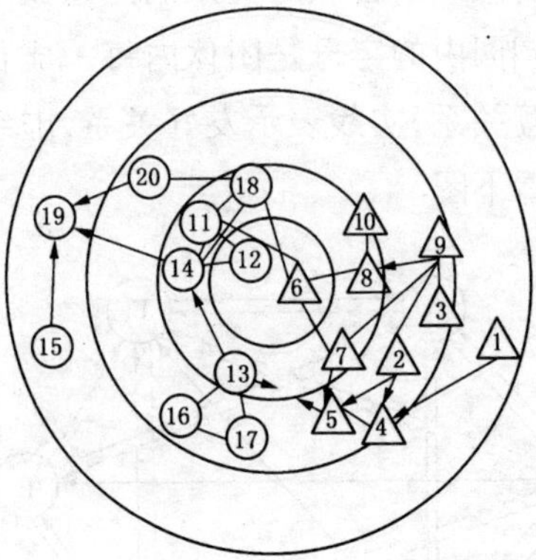

○女子　　——相互选择
△男子　　→排斥

靶形图直观地表示,女子 12 号与男子 6 号都是团体中的中心人物,而女子 15 号、男子 1 号都是孤立人物,而女子 19 号是被排斥的人物。

运用社会测量法,可以了解团体内三个方面的问题:团体中最受欢迎的人;团体中有无下属的无形的小团体,借此可以找出小团体中有影响的人物;了解团体内的人际关系,谁的人缘最好,谁最孤立,谁最受排斥。

社会测量法具有广泛的适用性与普遍性,可以用于工厂、企业、机关、学校等团体,以查明团体内人与人之间心理上的距离。团体领导人在组织与调整人事关系、推荐与选拔人才时，可以参照社会测量结果。当然，测量结果不必公布于众，以免引起不必要的人际纠纷。

社会测量法的优点是：可以把团体成员心理上的结合加以数量化，而且通过测量所揭示出的团体内部人与人之间的好感或厌恶感未被本人所意识到。社会测量法了解人际关系的问题在时间上十分经济，如果根据平时的观察，虽然也可以弄清楚人们之间的关系，但会花费许多时间。社会测量法对于松散的团体最为有效，因为松散团体除了情绪联系以外，没有其他任何内部结构，或者它的内部结构缺乏共同的思想基础。这种方法施之于组织严密的团体，也有一定的参考价值。

当然，社会测量法所揭示的人际关系只是在人们的情绪倾向方面，但尚不能揭示其选择动机。而社会心理学最重要的任务恰恰要查明人与人之间关系选择的动机，即个人选谁或不选谁是出之于何目的，因为选择的动机才是个人对他人好恶的基础。这对社会测量法来讲，是无法弄清楚的。

二、参照测量法

苏联心理学家彼得罗夫斯基认为，人际关系中最重要的是了解个人选择的动机，动机才是人际关系中进行选择的心理机制。但如果直接询问人们，则难以获得真实可靠的答案。他还认为，团体中最被人们喜欢的人并不一定就是在团体中最能发挥作用的人，于是提出了参照测量法，认为通过参照测量可以了解团体中的一些有一定影响的权威人物，这些权威在团体结构中发挥着相当作用。

参照测量法步骤如下：

1. 研究者要求团体成员进行相互评价。

2. 为每一成员准备一个大信封,将其他成员对该人所作的全部评价集中放入大信封内。

3. 让各成员知道别人是如何对自己作评价的,但又不允许本人看到信封内的全部评价,只让看其中一小部分人对他的评价。如果是一个30—40人的团体,就允许看3—4人对他的评价,可由每个成员自由选择看哪几个人的材料,于是各个成员将会提出他心目中最有威望的人或认为是最有见解的人。

4. 研究者通过各成员的提名,可以从中发现团体中哪些人最博得大家的信赖与尊重,这些被集中提名的人可能是团体中实际上起作用并处于团体中心位置的人。

研究表明,社会测量法和参照测量法所揭示出来的被人们集中选择的对象是不一致的。有些材料发现,用社会测量法所反映出来的被排斥的人,有时恰是用参照测量法揭示出的人们心目中的权威人物,这些人虽然不被人喜爱,但有独立性、有见解,许多人都想听听他们对自己的意见和评价,认为他们比较客观。

参照测量法的巧妙之处在于隐去了真实目的,人们在不知不觉中反映了自己的真正动机,从而获得可靠的结果。但是如果人数很多,要求个人对每个成员作评价,费时太多,改进的方法是可以采用多重选择法进行评价。

四、人物推定法

这种方法首先是向成员们提出各种各样的人物类型和行

为方式类型,然后请成员写上自己认为最符合研究者所提供的形象的姓名。提出的项目可以根据研究的需要,如“团体中最大公无私的、热情的、积极工作的人是谁?”“团体中最自私自利、最冷淡、懒惰的人是谁?”前者被选上的人可以得正的分数,后者被选上的人可得负的分数。最后加以统计,可以知道团体中每个成员的位置。

还有一种与此相类似的方法叫社会距离尺度法,请各个成员给团体中每个人评分。例如,对自己最喜欢的人给 5 分,较喜欢的人为 4 分,既不喜欢又不讨厌的人为 3 分,不太喜欢的人为 2 分,最不喜欢的人为 1 分。最后统计每个人所得分数,这分数表示了社会距离,得分越多表示与别人的距离越近,否则就越远。这种方法用在人数很多的团体里,由于统计方面的工作量很大,实施起来比较困难。

第十四章　团体心理

由于人们在社会生活中彼此进行社会交往，从而产生了各种规模的群体，如民族、国家、阶级、党派、家庭、学校以及其他各种各样的群体。团体乃是群体的一种组织形式。

第一节　团体概述

一、团体的特征

团体，是指一群人在其同一规范与目标的指引下协同活动的一个组合。

组成团体的各个成员意识到其他成员的存在，与他们发生相互影响，建立起相互依存的关系与情感，意识到自己是某个团体的一员，意识到团体内还有其他的成员。团体不等于几个人聚集在一起。团体的一个显著特点是团体内成员在心理上有一定的联系，并发生相互影响。如果几个人集合在一起，彼此间在心理上并无多大联系，那么这几个人就不成为团体，只能说这几个人，这一堆人或这一群人。例如，汽车停车站候车的乘客，看电影的观众，排队买东西的顾客等，都称不上是团体，而是个人集合体，都是萍水相逢或偶然的会合，他们的会合虽然在时间上与空间上有某些共同点，但谈不上有什么相互作用。当然，这并不是意味着一点作用也没有，但作用是偶然性的，如踩了他人的脚，撞了他人的身体，因而也会发生一些纠纷，或发生一些暗示影响。

团体内每一成员都在团体内占有一定的地位，扮演一定的角色，执行一定的任务。作为一个团体，总有团体的带头人，能带领大伙去实现团体的目的，以满足成员们的共同需要。例如，某个学术团体，有会长、有会员，会长组织会员探讨学术问题，以达到提高学术水平的目的。团体内其他成员都有一定的分工，扮演一定的角色，在带头人的领导下，完成一定的任务。

团体内各成员之间必须具有一定的结构，有共同的目的。团体本身是一个有组织的结构，有团体的规范，其规范是团体成员共同制定，要求每一成员必须遵守。团体内每一个成员都怀有共同的兴趣与共同的目标。

几个人的集合体在一定的条件下，也可以成为一个临时性的团体。例如，排队购买市场上紧俏物资的顾客们，自动组织起来维持秩序，进行编号，防止插档，或从顾客中推选代表向商店交涉，提出要求(延长营业时间或扩大供应品种)。待购物任务完成，临时团体就马上解散。从组织起来到解散，经历的时间虽短，但具备了团体的条件，即有组织结构，有共同目的，有带头人为大家办事，所以应该承认它是一个临时团体。

二、团体的分类

团体是多种多样的,它们可以按照某些依据来分类:根据形成相互关系的密切程度和深度,根据构成团体的原则和方式,根据个人对团体准则的态度等等。

(一)小团体和小小团体

凡相对稳定、人数不多,为共同目的而结合的成员直接接触的联合体,称为小团体。它有共同目的,全体成员为此目的作共同努力。小团体中每个人都相互熟悉,在解决小团体遇到的问题的过程中相互交往。小团体的规模不能少于两个人,但最好不超过30—40人。

家庭、工作小组、班级等都可以看作是小团体。一个人可以同时参加几个小团体。在小团体里,每个人可以根据自己的愿望与需要与他人交往,而不作硬性规定。

在人数较多的小团体中,某些人的交往活动比较频繁,交往更加带有密切的性质,有些社会心理学家称之为小小团体。小小团体人数不多,一般有2—7人。小小团体可能是一个独立的共同体,同时还属于某个小团体。

(二)假设团体和现实团体

名义上存在的人们的共同体,称为假设团体。例如,体育新闻的撰稿人打算编一队世界上最优秀的足球运动员。他们挑选最佳足球运动员,编成一个名单,这些运动员从未集合在一起,但这个队是编好了的,是假设中存在的。

假设团体可以划分为各个年龄阶段,如少年、青年、老年;也可以划分为不同性别,如男性、女性;还可以分为不同职业,如农民、工人、教师等。

现实团体，是实际存在的联合体，成员间有着实在的联系和相互关系，是有目的、有任务的联合体。现实团体可以短期存在或长期存在，人数可多可少。它们都可以作为共同体而存在并发挥其作用。

（三）正式团体和非正式团体

正式团体根据定员编制、章程或其他正式文件而建立。团体成员之间有公事往来，这也是由文件明文规定的，他们之间有从属关系或平行关系，执行任务中的责任有大有小。

正式团体中人们的相互关系，即使在同一个工作细则的指导下也不可能完全相同，因为人们交往时带有各自的性格、气质、能力及风格的特点。公务关系必然会受到私人关系的补充，心理上的接近(同情、友谊、尊敬)使正式团体结为一体，帮助解决提出的问题。在正式团体和公务来往的范围内，也可能存在着否定的情绪态度，如反感、不尊重、蔑视和仇视等。

非正式团体，是在心理动机上的方向一致——同情、观点接近、信念一致、承认权威、个别人威望的基础上产生的。这种团体没有定员编制，没有条文规定，因此，不必有固定的形式，例如，钓鱼、打猎的爱好者等，彼此由于交流体会或志同道合就形成非正式团体，活动一结束，人们一分散，团体势必瓦解。

三、团体的心理效果

个人在团体中接受团体的影响，可以产生三个方面的心理效果：即团体的归属感、认同感和团体的支持力量。

（一）团体的归属感

团体内各个成员发生相互作用时，行为上表现得很协调，同一团体成员能一致对外，不会发生矛盾与摩擦，彼此都体会到大家同属某一团体，这就是一种归属感。

归属感在一定的情境下会表现得更加强烈。当团体取得荣誉时，团体成员进一步增强归属感，进而激发了自豪感，先进集体成员的归属感与自豪感普遍很强烈。当团体受到外界压力时会增强归属感，团体成员团结得更紧。一个国家就是一个大团体，当它受到敌人的威胁与侵略时，国内各个阶级就会联合起来一致对敌。从社会心理学角度看，我国在抗日战争时期，民族矛盾激化而阶级矛盾缓和，这是因为每个人都意识到自己是一个中国人，不愿当亡国奴，这就是一种归属感的表现。

国际上召开奥林匹克运动会，作为中国人都希望中国获胜；我们国家召开全运会，上海人都希望上海人获取好成绩；一个省市召开所辖区域的运动会，各区县群众也都怀有同样心情，这些团体的荣誉感实质上是归属感的具体表现。

通常，一个人同时会属于许多不同的团体——共青团、班级集体、兴趣小组、篮球队、广播台以及某个学术团体等。一般说，各个团体之间并无利害冲突，但每一个人都对自己某一个最主要的团体的归属感最为强烈。

（二）团体的认同感

团体内各个成员对一些重大的事件与原则问题，都保持共同的认识与评价，这就是团体的认同感。

团体的认同感往往会相互影响，这种影响是潜移默化的，尤其是当个人对外界情况不明,个人情绪焦虑不安时,团体其他成员对其影响更大。

谢里夫做的实验表明,个人对外界事物的认识模糊不清,缺乏其他信息与线索时,团体内其他成员的一致看法会影响他的认识。实验是在暗室里进行的,向被试发出一个小光点,实验者企图使被试感到似乎这小光点在移动,其实这小光点是固定不动的,但当被试凝视它时,将会发生错觉,似乎它正在移动。实验者把被试分成两组,一组被试先做个别实验,判断小光点是否在移动,每人重复作一百次,然后和组内其他成员一起作判断,也是每人重复一百次;另一组被试先是小组集体判断,每人重复一百次,然后每人个别判断,重复一百次。实验结果是:

1. 先由每个人单独判断的条件下,各成员之间的个别差异很大,后来当小组各成员一起判断时,各成员判断的水平大致相同。

2. 先是小组集体判断的情况下,各个被试的判断都很接近。

这一实验证明,团体内其他成员的认识会影响个人的认识。

(三) 团体的支持力量

当一个人表现出符合团体规范,符合团体期待的行为时,团体就会给予他赞许与鼓励,以支持其行为,从而进一步强化他的行为。社会心理学的研究与教育实践证明,一个一向沉默寡言而缺乏自信心的成员,一旦能主动回答问题,就会受到团体内其他成员(领导、组员或老师、同学)的肯定与鼓励,他就获得了团体对他的支持,从而影响到他以后发言的积极性。这方面也有反面的事例,流氓团伙作案,其中一个成员被公安部门抓获后仍顽抗到底，拒不交待罪行，这是因为流氓集团在背后支持他，使他有恃无恐，当然他是没有好下场的。

并不是任何团体都能对其成员的行为发生支持作用。一个团体对其成员的行为能否发生支持作用，必须有两个先决条件，一是成员本人对自己所属团体的态度是肯定的，即热爱自己的团体，团体对成员有一定的吸引力。一是个人认为自己所属团体在社会中有一定的影响、地位与威信，因此，个人希望团体来支持自己与表扬自己。缺乏这两个先决条件，即使团体要去支持成员的行为，也起不了多大的强化作用。

总起来说，团体的心理效果有知、情、意三方面。团体的归属感是给个人情感上的依据；团体的认同感则对个人的认知给以知识与信息；团体的支持则给个人以力量，使个人的活动能坚持不懈。

四、良好团体的心理学原则

一个良好团体必须具备以下几项心理学原则：

（一）目标整合原则

团体是由不同的个体组成的一个整体，整体有整体的目标，个体也有个体的目标，两者的目标如能够统一起来，保持一致，这称为目标整合。

目标整合原则指两方面：对团体来说，总目标应该包括和满足个体的需要和愿望，使个体目标在团体内得以实现；对团体成员来说，各个个体目标必须与整体目标一致，或趋向于统一，当整体目标和个体目标发生矛盾时，应以整体利益为重，修正个人目标，甚至牺牲个人目标以大局为重。

在生活中,个人目标和整体目标的关系往往有四种类型:

1. 各成员之间无统一目标。

2. 各成员之间有基本一致的目标,但与整体目标相违反,或很不一致。

3. 各成员的个人目标完全一致,与整体目标也完全重合。

4. 各成员的个人目标与整体目标基本一致,但不完全重合。

(二) 志趣相投原则

在一个团体里,各成员的志趣应该相投。志趣相投是指成员在动机、理想、志向、信念、兴趣、爱好等方面基本一致。因为上述心理品质是个性心理结构中的重要组成部分和最活跃的因素,是个人行为的内在动力和个人积极性的源泉。

志趣相投有以下两方面的作用:

1. 共同的志趣可以保证成员们有相似的态度,步调一致,协作互助。

2. 共同的志趣可以保证成员们获得最大的心理满足。因为理想、信念、兴趣等心理品质是同奋斗目标相联系着的。在一个志趣相投的团体中,人们从事自己喜爱的工作,能激发并促进其工作热情,克服困难,增强信心与力量,提高工作效率;可以有利于成员间的信息沟通,使成员有较多的共同语言,相同的价值观;可以使成员间的思想观点、意图和活动方式易于理解,因此可以弥补因沟通不良所造成的障碍,如果双方发生不一致或冲突时也容易得到沟通。

(三) 心理相容原则

团体中成员之间心理上的相容与否,直接影响着心理效能。心理相容是指团体中成员与成员、成员和团体、领导和群众、领导人之间的相互吸引,和睦相处,相互尊重,相互信任,相互支持。若是不相容,则表现为相互排斥,相互猜疑,相互攻击,相互歧视。

心理相容有以下两方面的作用:

1. 心理相容是团体团结的心理基础,也是实现团体目标的重要保证。苏联生理学家巴甫洛夫谈到他所领导的研究团体时指出:“在我领导的这个集体内,是互助气氛解决一切。我们大家都被联系到一件共同的事业上,每个人都按照他自己的力量和可能性来推进这件共同事业。我们往往是不分什么是‘我的’、什么是‘你的’,然而正因为这样,我们的共同事业才能赢得胜利。”

2. 心理相容可以为创造性活动提供积极乐观的心理气氛,使成员保持良好的心境,有利于发挥人们的主观能动作用。在心理相容的气氛下人际关系融洽,大家可以充分发表自己的意见,而不必有任何顾虑;人人心情舒畅,从而能全力投入工作,不会受到心理上的干扰。否则,成员之间将会相互设防,关系紧张,矛盾重重,貌合神离,把时间与精力消耗在无原则的纠纷之中。

团体心理气氛相容与许多心理因素有关:

1. 成员们在理想、信念、目标等方面的一致性。

2. 成员们的政治修养、道德品质也影响着人们之间心理上的相容。如果有人自高自大,妒贤嫉能,私心严重,损人利己,搬弄是非,挑拨离间等,就会破坏相容气氛。

3. 成员的性格、气质等对心理相容也有影响。往往有相同性格与气质的人反而合作得不好,而不同性格与气质的人,因需要互补而能心理气氛和谐。

（四）智能互补原则

一个团体内，每一个成员所扮演的角色不同，完成的工作任务不同，既需要具有不同智力水平的人们，也需要具有不同智力结构的人们共同协作，取长补短，才能出色地完成工作任务。

就智力水平而言，有的人聪明些，有的人迟钝些，前者适合担任较复杂而难度高的工作，后者可以担任那些机械而简单的工作，一个团体内这两类性质的工作都有，需要有不同智力水平的人去担当。

就智力结构而言，有人在听觉方面见长，有人在视觉方面突出；有人擅长于美术，有人则善于辞令；有人想象力丰富，有人则逻辑推理严密；有人能当机立断，有人则深思熟虑等等。团体内如果有各方面的人才，他们都能在适当的工作岗位上充分发挥作用。

此外，性别和年龄也需要互补。一个团体内领导班子全由清一色的性别的人来组成，不能说是很理想的。年龄上也是如此。一个团体领导班子内应有老、中、青三者的结合。

第二节　团体对成员行为的影响

一、团体对个人活动效率的影响

在社会心理学史中，曾有人把个人在单独情况下的活动和在团体中的活动相比较，其效果是不同的。在一种情况下，团体对个人的作业起促进作用，在另一种情况下则起促退作用。有些人在团体条件下的工作不如个人单独时搞得好，有些人越是在人多的情况下其工作效果越好。一位新教师在课前作了许多准备工作，一遍遍地对着镜子试讲，自己感到很满意，语言流畅，表情自如，可是一上讲台，面对全班几十双眼睛，马上感到紧张心慌，手足无措，汗流浃背；老教师上讲台却不然。有不少运动员、演员在许多观众面前的表演非常成功，而且观众越多，情绪越热烈，其效果越好，这称之为“观众效果”。

如果大家一起进行活动或一起比赛，那就比单独活动要好得多，如赛跑、歌咏比赛比个人跑步和歌唱会更好些，这称之为“共同行为者效果”。团体对个人活动起促进作用的可以称为助长作用，起促退作用的可以称为致弱作用。

团体对个人活动发生积极或消极作用决定于以下四个因素：

（一）活动的性质

社会心理学家赞乔恩斯研究发现，由于团体内其他成员的在场而发生促进或促退作用，决定于活动的性质——活动的机械性与复杂性，如果所从事的活动是简单的机械操作或手工操作，则有其他成员在场时，会使活动者工作得更加出色；如果所从事的活动是学习并需要进行一系列复杂的判断推理的思维活动，则其他成员的在场将会发生干扰作用。

科特雷尔等人做一实验，让被试在两种不同情况下进行活动，一是单独的一个人，另一是和团体其他成员们一起，内容是学习单字配对表。配对的单字有两类，一类是由同义的单字组成，学习起来很容易，一类是由无任何联系的单字组成，学习起来非常困难。让被试在上述两种情况下都学习这两类配对的单字。研究的结果表明，被试在学习简单的单字配对时，有其他人在场比没有人在场的效果更好；但当学习困难的单字配对时，效果则相反，独自一个学习的成绩优于其他人在场的成绩。

实验者还采用其他内容的活动——走迷津，有简单的迷津与复杂的迷津，让被试在两种不同情况下走简单的与复杂的两种迷津，也获同样结果。

（二）激发起竞赛的动机

动机是激励人们活动的一种内在动力。人们都有一种求成动机，希望把自己的才能与潜力发挥出来，这种动机对一个人的活动将会发生巨大的推动作用，求成动机越强烈，其推动的力量也就越大。求成动机在团体情况下作用尤为明显，个人与团体内各成员共同作业时，求成动机表现为竞赛动机，希望自己的作业比其他成员做得更好，这种动力可以激励自己全力以赴，以获取成绩。即使只有两个人在一起工作，不作为竞赛，个人成绩也比在单独情况下要好，因为双方都不甘心示弱，都在暗使劲，而在单独条件下，缺乏较量的对手，劲头自然不足。

（三）产生被他人评价的意识

个人在团体情况下进行活动时，不可避免地会产生被他人评价的意识，这种意识一旦产生，实质上也就起了动机作用。这种动机作用对个人也有很大的推动力量。可以认为，个人只要和其他成员在一起，总认为对方有评价自己的可能性。事实上并非如此，在场的其他人可能正在注意他的行为与活动的成绩，也可能只注意他的外表，还可能根本不在注意他。可是不管怎样，个人总是认为他人会注意自己并对自己作出评价，因此产生了一种希望被他人评价为“好”、“不错”、“有水平”的动机，从而产生助长作用。

当然，这一因素还须和活动的性质结合起来。如果活动性质难度大而复杂，自己虽然怀有被他人评价为“好”的动机，但这种动机越强烈，焦虑情绪也越大，心理上的干扰作用也越大，从而发生了致弱作用。

科特雷尔又做了一个实验，让被试分别在三种不同条件下做一项同样的简单工作：单独个人；与团体内其他人一起；与团体内被蒙着双眼的其他人一起。实验结果发现：

1. 被试与团体内其他人一起活动时，比他单独个人效果好。

2. 被试和团体内被蒙着双眼的其他人一起活动时，其工作效果和他单独个人一样。

这一实验结果表明，被团体内其他人评价的意识，是对他活动效果产生助长作用的重要因素。而被试与蒙住眼睛的其他人在一起时，因为被试意识到这些成员都无法看到自己的活动情况，等于自己单独工作，缺乏被人评价的意识，故而对其成绩无推动作用。

有人通过研究认为，被他人评价的意识也可能对其活动效率发生消极作用，因为有人在场观察时，被观察者的汗腺分泌多，呼吸快，肌肉紧张度高，血压升高，心跳加快，从而影响了活动的效率。

有时候,在团体活动时,还会发生注意的干扰作用。一般来说,他人的在场对个人活动也有不利的一面,即干扰活动者的注意。被试的注意由于受到外来刺激的影响而发生了分心,因此对其活动成绩起到促退作用,尤其是活动的性质越复杂,他人出现的干扰作用越大。

当然,个人的注意力受不受干扰,还视当时情境而定。在一些重大场合,如参加考试,他人在场并不会发生很大消极作用;如果在准备功课的场合,他人在场则容易受到影响。另外,注意干扰作用的大小还有个别差异,有些人求胜的情绪特别强,这种情绪本身对自己的注意也会发生强烈的干扰作用,从而影响了活动成绩。这种情况在考场上、在智力比赛时也是屡见不鲜的,有些人平时的水平较高,一旦参加关键性的考试或重大比赛,看到对手很多,就益发增添了自己的焦虑情绪,从而转移了注意力,影响了自己的成绩。

可以认为,上述几个因素对团体成员活动发生的积极作用或消极作用不是绝对的,只能说是一种大体的倾向而已。事实上,这些因素总是在一定的社会情境中共同发生作用的。

二、团体人数对团体活动效率的影响

照理说,团体人数与团体作业的效果应该成正比例,即团体人数越多则团体效果越好。平时讲的“人多力量大”这句话当然是对的,但团体人数越多,要办的事情就越需要组织得好,否则效果适得其反。俗语说的“一个和尚挑水吃,两个和尚抬水吃,三个和尚无水吃”,就是这个道理,这种情况在现实生活中确实是存在的。这就是说,团体的某一固定作业,其效率不是参加人数越多越好，参加的人数所产生的工作效率是有一定的限度的，不是无限制的。

团体人数对团体活动效率的影响，有各方面的原因：

客观原因。团体活动的参加者越多，若组织得不好，反而会浪费人力与时间，因为组织工作是人数越多越困难，组织工作的困难度随参加者人数增多而按比例增加。一个团体如果人浮于事，粥少僧多，非但办事效率不高，还会形成拖拉作风，因此，我国政府一贯提倡精兵简政，精简机构，这是十分英明的。

心理原因。对于团体内各个成员来说，还有其心理原因。团体内人数过多，可能会降低各成员的动机。威斯克尔认为，在人数较少的团体中，每个成员的工作表现有高度的可观察性，因而既容易受到他人的督促与批评，又比较能够得到他人的肯定与表扬。

有人做一"拔河"实验，实验结果表明，一个人单独拔河时出力最大，几个人同时拔河时出力就少些。这个实验证实团体活动时，如果人数过多，会降低人们参加活动的主动性，影响活动效率。这被解释为人有一种惰性与依赖性，如果他无所依赖时，就会迫使自己努力去干。其实，这只是具有相对意义的看法，不是绝对的。一个人有无惰性与依赖性，其惰性与依赖性的大小最终还是决定于该人的责任感及道德品质。

三、团体讨论与决议中个人有冒险倾向

有时候，个人在团体决定中所提出的建议比在单独情境下所提出的建议有更大的冒险性。

生活中可以看到，有的学习水平中上等的高中毕业生要报考大学，考哪类学校呢？自己把握不住，带着这一问题去征求别人意见，往往是当他单独征求个别人意见时，人们的建议可能保守些；当他在小组内征求别人意见时，人们的建议可能会冒险些。前者建议他考普通大学，后者建议他考名牌大学。

美国社会心理学家斯托纳通过“选择困境问卷”，提出 15 种假设的情境，比较被试在团体条件下和单独条件下所提的建议。

现在举出一种情境的问卷，加以分析。具体情境是这样的：“某人是一位电子工程师，已婚，有一孩子，五年前大学毕业后一直在一个大型电子公司任职，工作很固定，收入中等，将来退休之后有一大笔退休金，但在退休之前工资不可能大幅度地增加。后来他知道有一家小型电子公司需要人，工资很高，但工作不稳定。”研究者提出小公司有以下六种赚钱的可能性，请被试作参谋，这位工程师在小公司有哪一种赚钱的可能性时去任职。六种赚钱的可能性是：

1. 小公司确能赚钱的概率是 1/10；
2. 小公司确能赚钱的概率是 3/10；
3. 小公司确能赚钱的概率是 5/10；
4. 小公司确能赚钱的概率是 7/10；
5. 小公司确能赚钱的概率是 9/10；
6. 不管赚钱的概率多大，都不应该去小公司任职。

要求被试先作单独的建议，然后把被试组成小组，集体讨论，共同提出建议，最后由研究者把被试在两种情况下提出的建议进行比较，发现被试在团体条件下所提的建议比单独建议更富有冒险性。

从理论上讲,团体决定中个人的冒险倾向有如下理由:

1. 减少责任。认为团体作出决定,大家都有责任,每个成员个人的责任相应都会减少,从而也减少恐惧心理,因此,成员在讨论时敢于提出冒险性的建议。

2. 熟悉情况。自己单独提出建议时,由于不熟悉情况而心中无数,因此,只能小心谨慎地提出建议,经过团体讨论之后,个人对情况熟悉了,就敢于提出冒险性的建议。

3. 领导人的影响。如果讨论过程中领导人本身有冒险精神,就会影响其他人也提出冒险性建议。

4. 被他人评价的意识。在团体决定中,个人在提出建议时会估计他人对自己作的评价,如果在竞争强烈、强调发挥个人潜力的企业环境中,提出冒险的建议比小心谨慎的建议,更能被他人作出高度评价。

第三节 团体的领导人

一、领导人的领导功能

团体的领导人,是指在团体中对其他成员最有影响的一员,他在团体内起着关键性的作用,是团体内举足轻重的人物。

领导人要发挥领导功能,必须有两个先决条件。

1. 领导人要有决定权,对团体的组织结构以及为实现团体目标所采用的手段有决定权。

2. 领导人能受团体成员的拥护，大家对领导人发出的号召能积极响应。

如缺乏上述条件，领导人就无法实现其有效的领导。

克来奇提出了领导人的 14 项具体的功能：

1. 负责协调团体内的各项活动，并监督各项决定的实现。

2. 根据上级团体的要求与希望、团体内成员的要求与条件，制定出具体政策。

3. 决定为实现团体目标所采用的手段与方法。

4. 提供为实现团体目标所必需的专门情报与技术。

5. 代表团体和外界联系。

6. 协调团体内部各部门工作的平衡。

7. 对团体成员给予奖励与惩罚。

8. 解决团体内成员之间的纠纷。

9. 以身作则，成为团体的楷模。

10. 成为统一团体的精神支柱。

11. 团体内若有人失职、病缺、事假等，领导人有责任去补缺。

12. 向团体成员进行宣传，提供价值、信念等思想。

13. 成为团体成员心目中的知心人。

14. 团体遇到困难与失败时，领导人应该挺身而出，主动承担一切责任。

二、领导功能的测量

许多社会心理学家都对领导功能进行分析与测量。美国社会心理学家贝尔分析了领导功能之后，提出两个主要向度：一为工作取向，一为人情取向。工作取向的领导行为，偏重在团体目标的达成；人情取向的领导行为，偏重在维持团体成员的士气和内聚力，贝尔把这两个取向比喻为家庭中的严父与慈母。其他的一些心理学家通过研究认为，这两种取向较难同时在一个领导人身上体现出来，少数领导人是可能做到的，多数领导人难以做到。

美国俄亥俄州立大学编制了关于领导人行为的描述性问卷。研究者请团体的成员对他们的领导人就描述性问卷的项目加以评定，看领导人是否是“经常”、“较多”、“有时”、“很少”、“从未”表现每个项目上所陈述的行为，就可以知道该领导人在团体成员的心目中是工作取向还是人情取向。

纳尔宾关于领导人行为的描述性问卷如下：

（一）工作取向（关心工作）

1. 他对下级清楚地表述自己的态度。
2. 他在本单位中实施自己新的方案。
3. 他以极严格的手段抓管理工作。
4. 他批评那些工作表现不好的下级。
5. 他以不容他人质问的口气讲话。
6. 他分配下级做规定的工作。
7. 他坚持一定的作业标准。
8. 他做事有一定的计划性。
9. 他强调一定要在限期内完成工作。
10. 他规定工作的程序。
11. 他要弄清楚是否所有的下级都了解他在团体中的

地位。

12. 他要求下级遵照标准化的规则和法令。

13. 他让下级知道他对他们的要求是什么。

14. 他关心和注意下级是否充分发挥他们的能力。

15. 他注意下级的工作是否协调。

(二)人情取向(关心下级)

1. 他给下级以私人帮助。

2. 他做一些使下级感到愉快的小事情。

3. 他容易使下级了解他。

4. 他抽空听取下级的意见。

5. 他信守诺言。

6. 他关心下级个别人员的福利。

7. 他拒绝解释自己行为的原因。

8. 他从来没有不和下级商量而自行行动。

9. 他缓慢地接受新的方案。

10. 他以平等的态度对待每一个从员。

11. 他对现状愿意有所改变。

12. 他平易近人。

13. 他与下级谈话时,能使他们觉得轻松自然。

14. 他把下级所提的建议付诸实施。

15. 他在推行重要事项之前,先取得下级的赞同。

格林伍德等人的研究发现,工作取向与人情取向的两个领导功能的相关很低。也就是说,这两种取向是独立因素,两者很少有内在联系。

日本的三偶等人抓住了领导功能的两个取向,组成四种领导类型，三偶把上述每一种取向分成高低两种水平：

P 表示领导行为的工作取向高。

p 表示领导行为的工作取向低。

M 表示领导行为的人情取向高。

m 表示领导行为的人情取向低。

三偶把上述四项领导功能组合为四种领导类型：

PM(工作取向与人情取向均高)。

Pm(工作取向高而人情取向低)。

pM(工作取向低而人情取向高)。

pm(工作取向与人情取向均低)。

关于上述四种领导行为类型的现实性，三偶等人对日本的一些工矿企业进行了多次的现场调查，发现领导功能处于 PM 类型时，团体成员的生产效率和劳动积极性最高。处于 pm 类型时，团体成员的生产效率和劳动积极性最低。

中国科学院心理学研究所徐联仓等人根据日本三偶教授所提供的 PM 分析的材料，结合我国国情作了某些修改，在北京 A 厂和鞍山 B 矿进行试点调查，并将结果和日本国家标准进行了比较，发现 B 矿与日本标准几乎完全吻合，A 厂在 M 方面较差，而在 P 方面也接近日本水平。

我国台湾省心理学者顾吉卫编拟了一套适合当地实际情况的问卷，测试了台北企业单位的领导人，认为确实存在三偶所讲的四种类型：

1. 工作取向与人情取向均高者。

2. 工作取向高于人情取向者，属权威型领导。

3. 工作取向与人情取向均低者，属松弛型领导。

4. 人情取向高于工作取向者，着重人情关系的协调，多半是小型企业的领导人。

美国密西根大学教授弗莱西曼将领导行为的测量方法改为领导态度的测量，既可以由领导人作自我评定，也可以由团体成员评定领导人。

三、领导人的心理品质

在同一团体内总有许多成员，其中有的人居于领导地位，享有很高威信，形象突出；而更多的人都处于被领导地位，在团体中并不惹人注目。许多社会心理学家认为，团体领导人本身必定具有某些普通人所缺乏的人格特征。于是，在 20 世纪头二三十年内，一些心理学家纷纷研究团体领导人的心理品质。

（一）采用比较法研究领导人的心理品质

伯德整理了早期的一些研究，一共归纳出几十种领导人与被领导人之间有差异的特征。他经过仔细分析，发现这两类人发生差异的特征很不一致，原因是团体性质不同，如宗教团体、学术团体、老年团体、青少年团体、企业团体等的性质有较大差异，因此某一心理品质对某种团体是适用的，而对另一些团体并不适用。但也有一些心理品质在许多团体领导人中有共同性，共有四项，即智力、主动、幽默、外向。其中智力这一特征的一致性最高，即各团体领导人的智力一般都高于被领导人的平均智力。

有些心理学家认为，领导人智力水平高于普通人是合乎逻辑的，但并不意味着领导人智力水平必须远远超过一般人，如果是这样，当上领导人的可能性反而不大，因为绝顶聪明的人提出的主张，一般不大能被多数普通人真正理解与采纳。

研究者还指出，团体领导人大致具备以上四项共同心理品质，但并不是说，凡是具备以上四项心理品质的人必定会当上团体领导人，因为除此之外还要有客观上的机遇。而且，这四项心理品质还有程度上的不同。

（二）领导人的心理品质分析

美国社会心理学家斯德克迪尔分析了有关领导人心理品质的124项研究，认为从这些研究中要抽取出作为领导人必要的心理品质是非常困难的，虽然他从十多项研究中发现领导人有一些共同特征，如能力（判断能力等）、成就（知识经验等）、责任心（包括自信心、他人对他的信任等）、社会性（参加社会活动、协调人际关系）、地位（名望、经济条件等），但这些特征并不是领导人本身所固有的，很可能是在他成为领导人之后发展起来的。

苏联心理学家若拉列夫研究了领导人交往品质对集体领导的效率。他研究了200多个基层单位领导人的交往品质——健谈性与稳健性。研究一开始提出了两个基本假设：健谈性的增长对其领导会发生积极影响，稳健性的降低对其领导会产生消极影响。研究表明：

1. 适度的健谈性有可能达到领导活动的高效率，过分健谈往往容易干扰集体工作，大量的交往使人分心，因说话过多和不听其他人意见会妨碍协同动作。

2. 稳健性对领导人活动效率会发生影响。领导人极度的稳健，将会使班组工作效率降低。初步观察表明，这样的领导人对来自集体成员的“反馈”感觉不灵，同情心不足，缺乏有益于切实组织集体活动的其他品质。

（三）结合情境研究领导人的心理品质

有的社会心理学家认为，单独研究领导人的心理品质，难以证明领导人本身所固有的特征。他们认为“领导”既是社会情境的作用，又是个性特征的作用，是两者相互作用的结果，在生活中不可能有一种未在社会情境中存在的领导者潜在的个性品质。研究表明，领导是因情境而异、因团体而异的，领导者不可能绝对地优于他人。

还有的社会心理学家结合情境研究领导人的心理品质，得出了“一种情境需要有一种领导人”的观点。卡特反对把领导看作与情境完全相关的观点，他的研究发现，如果领导人对于既定情境完全是一对一的关系，那就无法进行科学的分析与概括。

四、领导人的影响力

（一）什么是影响力

一个团体的领导人要实现有效领导，必须具有影响力。影响力，就是一个人在与他人交往中，影响和改变他人心理和行为的能力。可以说，任何一个人都有影响力，但其强度各不相同。作为团体的领导人，他的影响力必然大于普通人。领导人的影响力从性质上看，可以分为强制性的影响力和自然性的影响力。

1. 强制性影响力，也可以称为权力性影响力，它是由社会赋予个人的职务、地位、权力等条件构成。可见，这种影响力并不是人人都有的，只有团体的领导人才有，这是领导人对被领导人发生一种强迫性的影响,如果在一个正式团体中,就表现为行政命令,被领导者表现为被动、顺从与服从。强制性影响力有两种基本形式:

奖励。团体领导人采用不同范围与不同程度的奖励手段,这对于那些被领导人来讲,当然有影响力,足以改变其心理和行为。

惩罚。团体的领导人有施行惩罚权,被领导者为了避免接受不愉快的甚至是痛苦的惩罚,必须执行团体向他提出的要求,接受领导人的影响。

2. 自然性影响力,也可以称为非权力性影响力,这种影响力任何人都有。它是由人们本身的特点所构成,团体领导人除了社会赋予他强制性影响力之外,更需要具有内在的号召力。领导人的内在号召力基于其本身的业务水平和道德品质。自然性影响力与强制性影响力不同,它对被领导人所产生的心理和行为的影响是心悦诚服的。这种自然性影响力的作用比强制性的影响力要大得多。

(二) 领导人影响力的心理效果

领导人的影响力对被领导人产生的心理效果有以下几个方面:

1. 服从感。被领导人对领导人的服从感是社会上传统观念作用的结果,在社会生活中,人们形成一种传统观念,认为领导人不同于一般人,他们有权,有才干,要比普通人强些。这种传统观念渗透到每一个人的头脑里,比较根深蒂固,因此,人们认为服从领导是每个被领导者应该履行的职责。

2. 敬畏感。由于居于领导地位的人,组织赋予他一定的职权，可以发布命令，施行奖励与惩罚的手段，领导人在一定程度上可以左右被领导人的行为、处境以及一切利害关系，因此被领导人会对领导人产生敬畏感。领导人的职位越高则权力越大，人们对他的敬畏感也更多，但这不是绝对的，由于职位高的领导人所管辖的范围过大，他不可能具体控制到每一个人，因此人们最敬畏的是其顶头上司，因为顶头上司对其下属的工作及前途可能会发生直接的影响作用。

3. 敬重感。被领导人对自己的领导总是尊敬的，这除了传统观念的影响之外，还与领导人过去的经历与资历有关，如果被领导人知道自己的领导人过去的光荣历史，就更加敬重这位领导人。

4. 敬爱感。一个领导人的一言一行若表现了高尚的道德品质以及民主作风，会使被领导人对他产生敬爱感。

5. 敬佩感。一个才能卓越的领导人可以使被领导人对他产生敬佩感。领导人的才能不仅限于有关领导方面，领导人如果能在球场上或文艺晚会上施展一下才能，则更能增加人们对他们的敬佩感。

6. 信赖感。一个人的知识与才能是密切地联系在一起的，有知识的领导者，由于经验丰富，见多识广，眼界开阔，容易取得人们对他的信任，并且产生信赖感。

7. 亲密感。一个领导人若平易近人，和蔼可亲，作风民主，关心群众生活疾苦，人们会对他产生一种亲密的感情。

以上七种心理效果不是绝然分开的，其中除第一、二项的心理效果依赖于外界所赋予的权力之外，其他各项心理效果都由领导人本身的心理素质和行为所造成。可见，提高领导人影响力的根本途径，在于领导人的自我修养，领导人的道德品质、政治思想水平及领导才能是主要的，领导人的知识以及对被领导人的态度、作风等是次要的，因为如果领导人缺乏高尚的道德品质与坚定的政治方向，那么其他品质也失去了价值。

五、领导人的领导方式

领导方式，是指领导人的领导作风。领导作风有民主的领导、专制的领导以及放任自流的领导三种。不同的领导方式会造成不同的心理气氛，而团体的心理气氛使成员的自我感觉与情绪受到影响，从而对其工作效率发生积极或消极的作用。

（一）勒温的领导方式实验研究

最早研究领导方式的是团体动力学的创始人勒温。勒温十分重视个人行为的动力，认为这种动力是一种内在的动力，而人的行为是以其内在动力为基础的，人的需要、兴趣、动机等心理因素就是一种内部动力。外界环境只是人们行为的导火线，人的行为方式及其向量（强度）决定于人的内部系统的需要的张力和外界导火线的关系。如果内部趋向——需要不迫切，则外界的环境——导火线的力量（外因）再强烈，也起不了作用；相反，如果内部的需要非常强烈，那么即使是非常微弱的导火线，也能引起强烈的反响。总之，在内因与外因的关系上，勒温是强调内因的作用的，认为人的动机是个人行为的动力。

勒温从这一观点出发，提出了团体动力学。团体动力，是指团体内在力量和外界环境作用的相互关系，在这相互关系中，内部动力是团体有效活动中的决定因素。团体的内在力量是指团体领导人、团体规范、价值观、团结、思想沟通等因素。勒温用一个专门名词来表达这些因素——团体中的心理气氛。它包括团体内各成员的相互关系,领导人与群众之间的相互关系,团结的程度,领导人的作风等等。

勒温的团体动力学观点有些就事论事,没有把团体心理气氛与社会联系起来,所以我国有些心理学者认为他的团体动力学的观点是封闭系统的观点。

勒温、利比特·怀特等人开展了对比不同领导方式的一系列实验研究。实验对象是10岁的男孩30名,分为6个组,每组5人,每天用二三十分钟时间制作石膏工艺品。小组领导人由大学生担任,分别扮演民主的、专制的和放任自流的领导人,进行轮组实验(两个星期轮换)。按照这种做法,作为领导人要实行三种不同的领导作风,每个小组都要经受三种不同的领导作风的领导者的领导。

专制组领导人,是自己一个人决定设计工作的一切方针,讲解技术,指定课题,指定小组成员作业时同谁搭配,还亲自进行表扬和批评,领导人和小组成员保持一定的距离,缺乏人情味;民主组领导人,鼓励组员们讨论并决定有关小组活动的方针,制定达到目标的步骤,领导人提出的各种方式方法仅供选择,从不下命令,组员们可以自由选择课题,能自由组合,领导人的批评与表扬尽量做到客观公正,力求把自己作为小组中的普通一员;放任组领导人,基本上是放弃了领导,对组员们的活动不管理、不评价、不参与,只是到了组员主动提出要求时才提出意见,否则就放任自流。

研究者设置了几个指标,将各组进行比较。结果表明,小组成员们的行为显著地受到领导作风的影响。

1. 放任组的工作做得很少，质量也差，但人与人的关系相处较好。

2. 民主组由于领导人的作风民主，使小组成员很好地团结起来，完成了工作任务，质量也很好，大家还对工作发生了兴趣。民主组的孩子自觉性也表现得很好，当领导人借故离开现场时，他们仍旧继续认真工作，在工作和游戏中表现出有创造性思维活动。

3. 专制组虽然也完成了指标，但工作质量不如民主组，当领导人借故离开现场时，成员们马上停止工作不干了，而且还表现出攻击行为和冷漠行为，破坏财物。他们对领导人有很大的依赖性，缺乏独创性。

上述实验是在实验室内进行的，脱离了社会影响，有其缺陷之处，但实验结果有普遍意义，故有一定的参考价值。

（二）重复勒温的研究

许多社会心理学家进行了类似实验，都支持勒温等人的研究。一些研究发现，在民主气氛下可以产生较高的生产率，但在有些情境下（例如团体成员素质较差），专制领导可能更有效果。还有的研究指出，在军队组织内，专制领导便于形成良好风气，权威主义性格的人比较喜欢专制的领导人。另外，日本的三偶通过研究指出，若要完成作业难度大的任务，专制的领导方式较为适宜。

华东师大心理学系学生曾重复勒温的研究，被试年龄、人数、分组、时间、作业内容（用橡皮泥代替石膏）以及设置的领导人等条件均同上述研究，但舍去了放任领导组，并通过观察、录音、分析作业、照相、问卷等方式收集材料，结果如下：

1. 作品的模仿性与创造性方面，可见下表：

	创造性作品(件)	模仿性作品(件)	小计(件)
民主组	69	3	72
专制组	41	20	61

从表中数字可见，无论从数量还是从质量(指创造性作品多)看，都是民主组优于专制组。

2. 小组工作的组织性方面，出现了三个特点：一是民主组成员都把作业产品堆放在一起，而专制组各人都把作业放在自己的面前；二是民主组逐渐形成小组的核心，而专制组各管各；三是在实验一星期之后，民主组有人提出，建立流水作业线，分工合作，而专制组无人提出。

3. 组内人际关系方面。在民主组内，人与人之间较亲密，而专制组人际关系较紧张。尤其是当专制组领导人表扬某一成员时，其他人表示不服气，有的当面找岔子，有的干脆放下手中的工作去查看被表扬人的作品。

各小组过了一次民主生活，民主组成员多作自我批评，专制组成员大多批评别人。参看下表。

	专 制 组	民 主 组
自我批评	3(人次)	8(人次)
批评他人	7(人次)	0(人次)

4. 纪律方面。专制组成员能听从指挥，安静，守纪律，倾向于集中领导。民主组成员比较兴奋，情绪激动，愉快，自由

讲话的次数多。

（三）现场研究

苏联社会心理学家叶尔绍夫等人十分重视工厂里生产小组中社会心理气氛。他们研究了生产组长的口头交往，发现组长口头交往的次数越多，则小组活动就越协调，生产越有成效；若小组内缺乏交往气氛，不太团结，组长就需要与组员作一定次数、有一定目的的交往，以消除彼此间可能引起冲突的紧张心理。因此组长必须及时与组员谈话，澄清事实真相，解释误会，劝告组员听取对方意见，防止组员产生不满和怀疑的情绪。

苏联社会心理学家还认为，生产小组内人与人之间（包括组长与组员、组员与组员）的称呼方式可以“影响社会心理气氛”，从而影响生产率。他们让生产小组内工人彼此以“你”相称，对组外人以“您”相称，他们认为这样做，便于加强联系，发展亲密关系，减少官僚习气，缩小彼此心理上的差距，所以在一定程度上激发了工人生产热情。

西方社会心理学家也十分重视社会心理气氛，他们强调要协调医生与病人关系，教师与学生关系，要为提高劳动生产率而创建有利的心理气氛，如设计合理的班组方案，预测舆论，以及广告宣传等方面，有些方法值得我们借鉴。

在我们的社会生活中，在劳动生产班组中，良好的社会气氛确实有利于工作，有利于心理健康。尤其是班组长能够采用民主领导方式领导小组，有利于促成良好的团体心理气氛，从而提高劳动生产效率。

主要参考书目

潘菽:《社会的心理基础》,上海世界书局,1930 年。

弗洛伊德:《精神分析引论新编》,高觉敷译,商务印书馆,1935 年。

F. 奥尔波特:《社会心理学》,赵演译,商务印书馆,1935 年。

水原泰介:《社会心理学》,东京大学出版会,1973 年。

中村阳吉:《心理学的社会心理学》,光生馆,1977 年。

辰野千寿:《教育心理学》,国土社,1977 年。

C. A. 基业斯勒:《相符行为的心理学》,[日]早川昌译,诚信书房,1978 年。

诧摩武俊:《性格的理论》,诚信书房,1978 年。

D. 麦克瑞格:《行为科学与管理》,许是祥译,中华企业管理发展中心(台),1979 年。

李长贵:《组织社会心理学》,中华书局(台),1979 年。

林荣模:《工业心理学》,正文书局(台),1980 年。

小川一夫:《人间与社会》,朝仓书店,1980 年。

野村昭:《人间与人间》,朝仓书店,1980 年。

佐　藤:《现代的社会心理》,诚信书房,1980 年。

彼得罗夫斯基:《普通心理学》,朱智贤等译,人民教育出版社,1981 年。

中野渡信行:《社会心理学》,中央经济社,1982年。

安德烈也娃:《社会心理学》,李剑等译,南开大学出版社,1984年。

W.巴克:《社会心理学》,南开大学社会学系译,南开大学出版社,1984年。

田中国夫:《现代社会心理学》,诚信书房,1982年。

时蓉华(主编):《两性世界》,华东师大出版社,1992年。

李美枝:《社会心理学》,大洋出版社(台),1994年。

时蓉华:《社会心理学》,东华书局(台),1996年。

Stevenson, H. W., *The development of prosocial behavior in large-scale collective societies: China and Japan*. Cambridge: Cambridge University Press, 1991.

Atwater, E., *Adolescence*. Englewood Cliffs, NJ: Prentice-Hall, 1992.

Myers, D. G., *Social psychology*. New York: McGraw-Hill, 1993.

Hatfield, E. & Rapson, R. L., *Love, sex, and intimacy*. New York: Harper Collins, 1993.

图书在版编目(CIP)数据

社会心理学/时蓉华编著. —2 版.
—上海:上海人民出版社,2002
ISBN 978-7-208-00229-6

Ⅰ. 社… Ⅱ. 时… Ⅲ. 社会心理学-
高等学校-教材 Ⅳ. C912.6

中国版本图书馆 CIP 数据核字(2002)第 011284 号

责任编辑 王舒娟 宋慧曾 钱 敏
封面设计 柯国富
美术编辑 王晓阳

社会心理学
(第 2 版)
时蓉华 著

出　　版 上海人民出版社
(200001 上海福建中路 193 号)
发　　行 上海人民出版社发行中心
印　　刷 常熟市新骅印刷有限公司
开　　本 850×1168 1/32
印　　张 12.5
插　　页 2
字　　数 255,000
印　　数 353,501—355,000
版　　次 1986 年 7 月第 1 版 2002 年 4 月第 2 版
印　　次 2021 年 2 月第 34 次印刷
ISBN 978-7-208-00229-6/B·41
定　　价 45.00 元